명사들의 졸업사

명사들의 졸업사

초 판 1쇄 발행 2014년 2월 7일
개정판 1쇄 발행 2016년 1월 30일

지은이 버락 오바마 외
옮긴이 안지은
펴낸이 한승수
펴낸곳 문예춘추사
편 집 조예원
마케팅 안치환
디자인 김선영

등록번호 제300-1994-16
등록일자 1994년 1월 24일
주 소 서울특별시 마포구 연남동 565-15 지남빌딩 309호
전 화 02 338 0084
팩 스 02 338 0087
블로그 moonchusa.blog.me
E-mail moonchusa@naver.com

ISBN 978-89-7604-292-7 03040

새로운 첫발을 내딛는 젊음에게 보내는 명사들의 진솔한 한마디!

세계 최고의 졸업사를 눈으로 듣는다!

명사들의
졸업사

버락 오바마 외 지음
안지은 옮김

문예춘추사

인생의 새로운 문을 나서는 젊은 청년들에게

끝날 것 같지 않던 겨울 추위가 조금씩 그 힘을 잃어가는 2월 무렵이면, 전국에 있는 학교는 '졸업식'이라는 행사를 준비하며 분주해집니다. 학생들은 지난 시간 많은 추억이 담긴 학교를 떠나며 새로운 학교, 혹은 사회라는 바다로 건너갈 채비를 하는 것이지요.

졸업 卒業. 규정된 교과 또는 교육 과정을 마친다는 뜻을 가지고 있는 저 단어는 '마침'을 의미하고 있지만, 사실 그 안에는 또 다른 '시작'을 담고 있기도 합니다. 다음 단계의 교육을 받기 위해 진학을 하는 친구들, 혹은 정말 모든 학교 교육을 마치고 사회로 나오는 친구들에게 졸업이란 무언가를 끝내고 마침표를 찍는 것이 아닌 새로운 곳에서 자신의 꿈을 그릴 새하얀 도화지를 만나는 셈이니까요.

매해 5월이 되면 미국 전역에 있는 대학 캠퍼스 곳곳에서는 따뜻한 햇살을 듬뿍 받으며 졸업식 행사가 치러지는데, 그들의 졸업식에는 우리와 다른 조금 특별한 점이 있습니다. 바로, 사회 각계각층에서 맹활약하고 있거나, 혹은 졸업생들에게 존경을 받는 명사들이 학교에 와서 자신들의 이야기를 들려주며 젊은이들의 졸업식을 축하해 주고 첫발을 내딛는 그들의 발걸음에 축복을 보내 주는 것이지요.

한 나라의 대통령과 영부인, 혹은 세계적 기업의 CEO나 아카데미 트로피를 여러 번 거머쥔 영화배우까지 그들의 연사 명단은 참으로 화려합니다. 사회 곳곳에서 활동하며 젊음을 보낸 그들이 이제 막 사회에 첫발을 내딛는 젊은이들에게 해주고 싶은 이야기는 많을 것입니다. 실패를 극복한 이야기, 인생철학, 혹은 당부의 말까지. 인생의 최고점에 당도한 것 같아 보이는 그들이 들려주는 이야기에는 자신만이 깨달은 삶의 지혜와, 꿈을 향한 열정, 그리고 아직 멈추지 않은 도전이 담겨 있습니다.

어느 시인의 말처럼, 흔들리지 않고 피는 꽃은 없을 것입니다. 졸업이라는 인생에 몇 안 되는 큰 행사를 치르는 젊은이들의 마음속에는 어려운 공부를 끝냈다는 기쁨과 동시에 진짜 어른으로서의 삶을 어떻게 살아야 하는지에 대한 두려운 마음이 가득할 것입니다. 하지만 명사들이 들려주는 진짜 삶에 대한 이야기가 젊은이들이 만나야 하는 앞으로의 삶에 응원의 힘을 보태줄 것입니다.

:: **차례**

7

You'll carry on learning. You'll carry on expanding.
And most importantly, some of those gaps will be filled with
the most precious thing of all; which is new thoughts,
new ideas, things that are going to change the world.

여러분은 배움을 계속해 나갈 것입니다.
그리고 점점 확장해 갈 것입니다.
가장 중요한 것은, 이 간극이 여러분들에게 있어
가장 소중한 것으로 채워질 것이라는 점입니다.
이를테면 새로운 사고, 새로운 아이디어, 세상을 바꿀 어떤 것들 말입니다.

명사
약력

Christopher Nolan

1970년 7월 30일 런던에서 태어났다. 어렸을 때부터 아버지의 카메라를 빌려 영화 찍는 것을 즐겼다. 유니버시티 칼리지 런던(UCL)에서 영문학을 전공했으며, 영화 동아리에 가입하여 영화에 대한 관심을 이어 나갔다. 〈미행〉(Following, 1988)으로 데뷔하여 〈메멘토〉(Memento, 2000)로 큰 성공을 거두었다. 대표작으로 〈인셉션〉(Inception, 2010), 〈다크 나이트〉(The Dark Knight, 2008), 〈인더스텔라〉(Interstellar, 2014) 등이 있다.

크리스토퍼 놀런
Christopher Nolan

프린스턴 대학교
Princeton University
(2015년 6월 1일)

프린스턴 대학교
Princeton University

1746년 설립된 미국 뉴저지 주 프린스턴에 있는 사립 종학대학교로 아이비리그에 속한 전통 명문 대학이다. 개교 이후 200년 넘게 남학생만 받아들였던 프린스턴 대학교는 1969년 예일 대학교, 하버드 대학교 등 다른 명문 대학교들과 함께 여학생 신입생을 허용하면서 남녀공학 체제로 개편되었다. 인문학, 사회과학, 자연과학, 공학 분야의 34개 학과가 개설된 대학과 대학원으로 구성되어 있다.

꿈을 좇는 대신, 현실을 좇아라

크리스토퍼 놀런 Christopher Nolan

감사합니다. 이 자리에 서게 된 것을 영광으로 생각합니다. 여러분은 모두 바깥세상으로 나가고 싶으시겠죠. 하지만 저는 이 아름다운 자연경관 속에서 아이스그루버 총장님이 마법의 분류 모자를 꺼내 드는 모습을 즐기고 있습니다. 저는 프린스턴 방문이 처음입니다. 어제 이곳에 도착하여 여기저기 둘러보았죠. 프린스턴의 정경은 그림처럼 아름답다는 말로는 이루 다 표현할 수가 없습니다. 낫소 스트리트를 따라 걷노라니 주유소가 에드워드 호퍼Edward Hopper의 그림처럼 보이더군요. 그러다 어떤 사람이 부서진 오렌지 상자와 1930년대의 녹슨 선풍기를 길가에 버리는 모습을 보았습니다. 제 눈에는 그 쓰레기마저 아름다워 보였습니다.

제가 이 자리에서 서서 여러분에게 하고 싶은 말은 바깥세상을 너무 두려워하지 말라는 것입니다. 여러분을 둘러싸고 있는 세상은 아름다우며, 여러분은 세상이 부러워하는 대상입니다. 여러분이 받은 교육 역시 세계가 부러워하고 있으며, 특히 예일의 부러움을 사고 있습니다.

또 제가 드리고 싶은 말씀은, 여러분은 살면서 이 학교를 졸업했다는 사실을 절대로 후회하지 않을 거라는 사실입니다. 다시 말하면, 동문회 주간에 졸업생 2만 5천 명이 이곳을 다시 찾은 것에는 다 이유가 있을 거라는 말입니다. 하지만 여러분은 앞으로 나아가야 합니다. 저는 유니버시티 칼리지 런던(UCL)을 나왔습니다. 이 학교는 제 인생에 큰 영향을 미쳤습니다. 이 학교는 제가 어디를 가든 저와 함께했습니다. 제 인생에서 얼마나 중요하냐고요? 먼저, 오늘 이곳에 함께 와 있는 제 아내 에마는 저의 프로듀서이기도 합니다. 우리는 대학 입학 첫날 만났지요. 그리고 대학에서 우리의 첫 번째 영화를 만들었습니다. 네 명의 아이를 두었고, 아홉 편의 영화를 만들었습니다. 아홉 명의 아이, 네 편의 영화인가? 헷갈리네요. 하지만 이 많은 아이들과 영화는 우리에게 매우 중요한 경험이며 앞으로도 계속 우리와 함께할 것입니다.

어쨌든 떠난다는 것은 슬픈 일입니다. 졸업식은 매우 슬프지요. 여러분도 느끼겠지만 마음이 먹먹해집니다. 하지만 우리는 떠날 준비가 되어 있습니다. 우리는 여기서 나갈 준비가 되어 있지요. 우리는 대학에 다니면서 속이 꽉 찬 브리 치즈처럼 지식을 채웠다고 생각하지만 사실은 구멍이 술술 뚫린 스위스 치즈임을 알게 됩니다. 저는 이러한 틈, 간극이 중요하다고 생각합니다. 그 이유는 이제 여러분이 밖으로 나가 그동안 있는 줄도 몰랐던 이 간극을 메워야 하기 때문입니다. 여러분이 알고 있던 지식의 간극 말입니다. 이 간극을 경험으로 채워야 합니다. 때로는 멋진 경험도 할 테고, 어떤 경험은 끔찍할 것입니다. 여러분은 앞으로 이런 식으로 배우게 될 것입니다. 프린스턴에서 성취한 것들은 앞으로의 경험을 통해 여러분을 나타낼 것입니다. 이곳에서 여러분이 얻은 것은 단지 지식만이 아닙니다. 배우는 방법, 그리고 배움의 가치도 배웠습니다. 제가 솔직하게 말씀드릴 수 있는 것은 학교를 졸업한 후 20년 동안 저는 대학에 다닐 때보다 훨씬 훌륭한 학생이 되었다는 것입니다. 여러분들도 마찬가지일 것이라 생각합니다.

여러분은 배움을 계속해 나갈 것입니다. 그리고 점점 확장해 갈 것입니다. 가장 중요한 것은, 이 간극이 여러분들에게 있어 가장 소중한 것으로 채워질 것이라는 점입니다. 이를테면 새로운 사고, 새로운 아이디어, 세상을 바꿀 어떤 것들 말입니다. 인셉션Inception의 개념을 믿는 사람으로서, 아이디어의 씨를 심으면 시간이 지남에 따라 더 확실한 것으로 성장할 것이라는 믿음을 가진 사람으로서, 저는 이 자리에서 여러분을 앞으로 나아가게 해 줄, 그게 아니면 어떤 식으로든 도움이 될 만한 이야기를 해야 한다는 책임감을 느낍니다.

그래서 저는 제가 졸업했던 때를 회상해 보았습니다. 20여 년 전, 아내와 제가 졸업식장에 앉아 세상의 문제에 대해 생각했던 때를 말입니다. 우리가 직면한 문제가 무엇일까? 인종차별, 소득 불평등, 전쟁…… 더 나열할 수도 있지만 이미 여러분이 알고 있는 것들입니다. 그럴 수밖에 없는 것이 지금도 그때와 똑같이 상황이기 때문입니다. 대체 지난 20년간 우리는 무엇을 했을까요? 그래서 제가 여러분에게 한마디라도 조언하려면, 저는 우리 세대가 한 일에 대해

냉철하게 바라볼 수밖에 없습니다.

사실 우리는 여러 근본적인 문제들을 아직 해결하지 못했습니다. 여기에는 그럴 만한 합당한 이유가 있을 수 있습니다. 우리가 세상 밖으로 나올 때 믿었던 건 이런 것이 아니었을까요? 만약 우리가 세상과 연결된다면, 지리적, 경제적 국경을 넘어 아이디어를 자유롭게 교환할 수 있다면, 우리가 서로 터놓고 이야기할 수 있다면 이러한 문제들이 모두 사라질 것이라고 말입니다. 안타깝게도 이제는 우리가 틀렸다는 것을 인정해야만 합니다. 우리는 잘못 알고 있었던 것입니다. 커뮤니케이션이 전부가 아닙니다. 자원도 마찬가지입니다. 지적 자원, 금융 자원 등, 우리 세대는 커뮤니케이션 인프라를 구축하고 엄청난 일을 해냈습니다. 하지만 우리가 자신을 갖고 주장했던 것만큼 아름답지는 않습니다. 저만 해도, 거의 매주 영상을 공유하는 새로운 방법과 구식 종이 인쇄법의 발명에 대해 비교하는 글을 접하곤 합니다. 얼마나 바보 같은 짓인지 굳이 소리 높여 외치지 않아도 됩니다.

여기에는 장단점이 있습니다. 예를 하나 들어 보죠. 비행기를 타고 여행을 간다고 가정해 보겠습니다. 미국을 횡단하는 낮 비행기를 타면 객실 안의 햇빛 가리개를 내립니다. 햇빛이 들지 않게 해서 냉방 비용을 아끼고 싶기 때문이겠죠. 뭐, 좋습니다. 비행기가 이륙할 때도 아무도 햇빛 가리개를 올리지 않습니다. 이 아름다운 나라를 횡단하는 내내 어느 누구도 햇빛 가리개를 올리지 않습니다. 누구도 창밖을 내다보지 않죠. 비행기 안에서 무엇을 하든 햇빛 가리개를 꼭꼭 치고 있습니다. 제가 창밖을 내다보면 사람들은 저를 째

려봅니다. 제가 그들을 햇빛으로 방해하기 때문이지요. 2008년 졸업 축사를 하셨던 스티븐 콜베어[1]를 모방하지 않기 위해서, 여러분은 이것을 미국에 대한 모독으로 해석할 수도 있습니다. 다른 데도 아니고 그랜드 캐니언을 날아가고 있단 말입니다. 저라면 더 멀리 갈 것입니다. 저는 이것을 현실에 대한 모독이라고 생각합니다.

물론 사람들이 비행기 안에 누워서 현실 속의 현실을 돌아다니는 내용의 영화를 만든 사람이 이런 말을 한다는 것이 아이러니하겠죠. 그러니 제가 어느 정도는 이러한 현상에 기여했다고 할 수 있겠네요. 하지만 이 멋진 세계를 횡단하는 비행기를 탄 여러분은 현대의 경이로움을 즐기고 있는 것입니다. 여러분은 미국에 대한, 아름다운 경관에 대한, 우리가 있는 곳에 대한, 이전에는 사람들이 갖지 못했던 것에 대한 관점을 갖기 시작하는 것입니다. 그리고 이것이 바로 제가 말하고자 하는 것입니다. 바로 '현실'입니다.

우리는 지난 20여 년 간, 그리고 시간이 지날수록 현실을 우리가 가진 꿈의 '가난한 사촌' 정도로 여겨 왔다는 생각이 듭니다. 우리는 현실을, 현실을 초월하는 아름다운 추상적인 사고의 중심에 있는 회색 자갈돌처럼 생각하는 듯합니다. 하지만 저는 주위를 둘러싼 우리의 꿈이나 우리가 생각하는 가상현실이나, 추상적 개념까지도 모두 현실의 부분집합이라고 생각합니다. 〈인셉션〉(Inception, 2010)은 이것에 대해 말하고 있습니다. 아직 이 영화를 보지 못한

---

1. Stephen Colbert : 〈존 스튜어트 데일리 쇼〉, 〈콜베어 르포〉 진행자로 잘 알려진 미국의 희극인이자 배우. 타임지에서 세계에서 가장 영향력 있는 인물 100인 중 한 명으로 선정된 적이 있으며, 2007년 출간한 《I Am America(And So Can You!)》는 그가 진행하던 콜베어 르포와 비슷한 정치적 풍자를 다루어 베스트셀러가 되었다.

분들께는 죄송합니다. 스포일러가 될 것 같네요. 영화의 마지막 부분에서 팽이가 계속 돕니다. 팽이가 돌다가 넘어질까, 아니면 계속 돌아갈까? 이것이 영화의 핵심입니다. 꿈일까, 아니면 현실일까? 레오나르도 디카프리오가 연기하는 캐릭터 '콥'은 아이들과 함께 있습니다. 그는 자신의 관점으로 현실을 봅니다. 그리고 그것이 주관적인 현실이라 해도 상관없다는 태도를 보이고, 그것이 곧 주제가 됩니다. 어쩌면 모든 층위의 현실이 다 유효할 수도 있습니다. 카메라는 돌고 있는 팽이를 계속 비추다가 팽이가 쓰러지려는 찰나 암전됩니다.

저는 제 영화를 보러 극장에 가서 사람들 눈에 띄지 않게 뒤쪽에 앉습니다. 거기서 관객들의 강렬한 반응을 확인할 수 있습니다. 대부분 신음 소리를 냅니다.

여기서 요점은 관객들에게 이 결말은 절대적으로 중요한 문제였다는 사실입니다. 자신이 눈으로 보고 있기는 하지만 영화는 어디까지나 픽션입니다. 일종의 가상현실이지요. 그럼에도 그동안 내가 만든 대부분의 영화들에 대해 받았던 질문 중 가장 많았던 것은 이것이 꿈이냐, 현실이냐는 것이었습니다. 이 질문이 사람들에게 중요한 이유는 현실과 관련이 있기 때문입니다. 현실은 중요합니다. 그것은 초월할 수 없는 것입니다. 우리는 이 시점에서 바깥으로 나가고자 하는 꿈이 있습니다. 현실은 뒤집히고 우리는 여기에 있습니다.

우리는 현실 세계에서 살고 있고, 현실 세계를 대면하고 있습니다. 저는 앞서 커뮤니케이션에 대해 말했습니다. 이제는 이 프레임을 바꿔야 할 때입니다. 여러분 세대가 우리 세대에 하지 못한 일을 해내야 합니다. 우리 세대는 우리가 온갖 놀라운 방식으로 세상을 변화시켰다고 굳게 믿고 있습니다. 그리고 온갖 방식을 동원해 여러분에게 주입시켰습니다. 우리는 '파괴'와 같은 고차원적인 단어를 사용합니다만, 그것은 본질적으로 일종의 경제 허무주의의 한 형태입니다. 이를 통해 사람들은 회사가 얼마만큼의 돈을 버느냐로 회사의 가치를 따지는 것이 아니라, 다른 회사가 돈 버는 것을 얼마나 방해할 수 있느냐로 따지는 것이지요. 어쨌든 이것으로 돈을 버는 사람도 있지요. 저는 여기서 약간의 기초를 닦고자 합니다. 우리는 알고리즘과 같은 어려운 말을 씁니다. 좋습니다. 어떤 사람이 알고리즘이라는 단어를 쓴다고 칩시다. 그 사람은 수학과 교수도 아니고 컴퓨터 공학자도 아닙니다. 그러면 그 사람 또는 그 사람의 회사는 실제로 자신들이 하는 일을 모호하게 가리기 위해 그 말을 사용하는 겁니다. 최소한 실제로 하는 일에 대해 책임을 질 생각이 없는 것이죠. 이 점에 대해 한번 의심해 보셔야 합니다.

저는 여러분이 근본적인 것들을 바라보면 좋겠습니다. 우리가 세상에서 무엇을 할 수 있을지, 어떻게 변화시키고 진보할 수 있을지, 실제로 어떻게 공을 앞으로 나아가게 할지, 이러한 근본적인 것들 말입니다. 오스카 와일드Oscar Wilde는 이렇게 말했습니다. "노년은 모든 것을 믿는다. 중년은 모든 것을 의심한다. 젊음은 모든 것을 안다." 여러분은 모든 것을 압니다. 저는 확실히 모든 것을 의심하는 단계에 있고, 그 일부를 여러분에게 전달하고 싶습니다. 앞으로 할 일이 엄청나게 많을 것이라고 생각합니다.

위대한 축사의 전통을 따라 그 방법에 대해서는 알려드리지 않겠습니다. 이것은 이제 여러분의 문제입니다. 축사의 전통에 따르면, 보통 연사들은 "꿈을 좇으라."고 말합니다. 하지만 저는 그렇게 말하지 않겠습니다. 그 말을 믿지 않기 때문입니다. 저는 여러분이 꿈을 좇지 않았으면 좋겠습니다. 대신 현실을 좇길 바랍니다. 현실을 좇으라는 말이 꿈을 희생하라는 말이 아니라, 꿈을 위한 발판으로 삼으라는 뜻으로 이해해 주기를 바랍니다. 여러분이 4년 동안 이루어 낸 위치에 서 있다는 것은 매우 의미 있는 일입니다. 이 위대한 학교 교육이 여러분에게 부여한 장점을 가지고 세상을 개선하고, 현실을 개선하기 위해 여러분은 무엇이든 할 수 있습니다. 여러분은 어떤 분야든지 진출할 수 있습니다.

근본적인 것을 바라보십시오. 여러분이 하는 일이 어떻게 사람들에게 영향을 미치는지를 말입니다. 여러분은 무한한 잠재력을 가지고 있습니다. 마지막으로, 배트맨에 대해 한마디 하겠습니다. 아무도 브루스 웨인에 대한 중요한 사실을 지적하지 않더군요. 그는 프린스턴에 다녔습니다. 하지만 졸업은 하지 못했죠. 따라서 내일부로 여러분은 브루스 웨인보다 나은 사람이 되는 겁니다! 여러분의 인생에서 가장 중요한 순간에 저를 초대해 주셔서 정말 영광입니다. 여러분의 미래가 매우 기대됩니다. 초대해 주셔서 다시 한 번 감사드립니다. 승승장구하는 앞날이 되기를 바랍니다. 감사합니다. ::

Your work is going to fill a large part of your life
and the only way to be truly satisfied is to do
what you believe is great work.
And the only way to do great work is to love what you do.

여러분이 진정으로 기쁨을 누릴 수 있는 유일한 길은
여러분 스스로 훌륭하다고 믿는 일을 하는 것입니다.
그리고 자신의 일을 위대하다고 자부할 수 있는 길은
자신의 일을 사랑하는 것입니다.

명사
약력

Steve Jobs

1955년 2월 24일 미국 샌프란시스코에서 태어난 직후 입양되었다. 고등학교를 졸업하고 리드 대학교에 입학하였으나 1년 만에 중퇴했다. 이후 1976년에 애플의 공동 창업주가 되어 큰 성공을 거두었다. 1985년, 애플을 나와 넥스트, 픽사 등의 회사를 경영하여 또 다른 성공을 맛보았으며, 1996년에 다시 애플로 돌아왔다. 이후 아이팟, 아이폰, 아이패드 등 세계를 뒤흔든 작품을 여럿 선보였으나 건강이 악화되어 2011년에 사망했다.

스티브 잡스
Steve Jobs

스탠퍼드 대학교
Stanford University
(2005년 6월 12일)

스탠퍼드 대학교
Stanford University

미국 캘리포니아 주에 있으며 미국 최고의 사립대학 중 하나로 꼽힌다. 1891년 555명의 남녀 학생들을 받아들이면서 개교하였으며 제2차 세계대전 이후 프레더릭 터먼 학장이 자급자족적인 지역산업과 기업을 세울 기업가정신을 발휘하도록 독려하면서 그것이 오늘날 실리콘밸리로 이어지게 되었다. 구글, 야후, 나이키 등 유명 창업자들을 비롯하여 미국 제31대 대통령 허버트 후버, 미국 최초의 여성 우주인 샐리 라이드, 작가 존 스타인벡 등이 이 학교를 졸업했다.

항상 갈망하고,
미련하게 정진하라

스티브 잡스 Steve Jobs

먼저, 세계 최고의 명문으로 꼽히는 이곳을 졸업하며 새 출발을 하는 여러분들과 함께하게 된 것을 영광으로 생각합니다.

저는 대학을 졸업하지 못했습니다. 솔직히 말하면, 태어나서 지금까지 대학교 졸업식을 이렇게 가까이서 보는 것도 처음입니다. 그런 제가 오늘 여러분께 그동안 살아오면서 겪었던 이야기 세 가지를 해볼까 합니다. 뭐 그리 대단한 것은 아니고, 그저 딱 세 가지 이야기입니다.

첫 번째 이야기는 점點을 잇는 것에 관한 것입니다. 저는 리드 대학이라는 곳에 입학한지 6개월 만에 자퇴를 하였습니다. 그 후 18개월 정도는 비정규 청강생 신분으로 머물다가 그것도 완전히 그만두었습니다. 제가 왜 그랬을까요?

이야기는 제가 태어나기 전으로 거슬러 올라갑니다. 제 생모는 대학원생 신분의 젊은 미혼모였습니다. 그래서 저를 낳으면 다른 사람에게 입양을 보내기로 결심했던 것이지요. 생모는 제 미래를 염려해서, 대학 정도는 졸업한 부부에게 입양되어야 한다는 생각을 가지고 있었습니다. 그래서 저는 태어나자마자 어느 변호사 부부에게 입양되기로 되어 있었지요. 그런데 제가 태어났을 때 그 부부는 마음을 바꿔, 자신들은 여자아이를 원한다고 했습니다. 그래서 대기자 명단에 있던 지금 저의 부모님들은 한밤중에 걸려온 전화를 받게 되었습니다. "우리가 예상하지 못한 사내아이가 태어났는데, 그래도 입양하실 건가요?" 그리고 그분들은 흔쾌히 "물론이죠!"라고 대답해 주었고요.

그런데 양어머니가 대학을 나오지 않았고, 양아버지는 고등학교도 졸업하지 않았다는 사실을 알게 된 생모는 입양동의서에 서명하는 것을 거부했습니다. 양부모님들이 저를 꼭 대학까지 보내주겠다고 약속한 후 몇 개월이 지나서야 화가 풀렸지요. 이것이 제 삶의 시작입니다.

17년 후, 저는 정말 대학에 가게 되었습니다. 그런데 저는 멍청하게도 스탠퍼드의 학비와 거의 맞먹는 수준의 대학을 선택했고, 평범한 노동자였던 양부모님이 힘들게 모은 돈을 고스란히 제 대학등록금에 써야 했습니다. 결국 6개월 후 저는 대학 공부에 그만한 돈을 쓸 필요가 없다는 생각을 했습니다. 내가 인생에서 진정으로 원하는 것이 무엇인지 알지 못했고, 대학 교육이 그것에 얼마나 도움을 줄 수 있는지 판단할 수 없었습니다. 그런데 저는 부모님이 평생 동안 모아 놓은 돈을 학비로 써 버리고 있었던 것이지요.

그래서 저는 대학을 그만두기로 결심했습니다. 모든 것이 잘 될 것이라는 믿음도 있었고요. 그 당시에는 그런 결정을 내리는 것이 다소 두렵기도 했지만 돌이켜 보면 그것은 제 인생 최고의 결정 중 하나였습니다. 학교를 그만 둔 순간, 저는 흥미 없던 필수 과목들을 듣는 것은 그만 두고 제 관심을 끄는 다른 과목들을 청강할 수 있게 되었습니다.

그것은 사실 낭만적이기만 한 것은 아니었습니다. 기숙사에 머무를 수 없었기 때문에 친구 집 마룻바닥에서 잠을 자기도 했고, 한 병 당 5센트씩 하는 콜라 병을 팔아서 먹을 것을 사기도 했습니다. 단 한 번이라도 제대로 된 음식을 먹기 위해 매주 일요일 저녁 7마일을 걸어서 하레 크리슈나 사원의 예배에 참석하기도 했습니다. 맛있더군요. 그렇게 순전히 호기와 직감만을 믿고 저지른 일들이 나중에는 값으로 매길 수 없는 값진 경험이 됐습니다.

예를 들어서, 제가 다녔던 리드 대학은 그 당시 미국 최고의 서체 교육 기관이었다고 생각합니다. 학교 곳곳에 붙어 있는 손으로 쓴 포스터와 표지물들은 굉장히 아름다웠습니다. 어차피 자퇴를 한 상황이라 정규 과목들은 더 이상 들을 필요가 없었기 때문에 이런 글자체들은 어떻게 만드는지 배워 보려고 서체 과목을 듣기 시작했습니다. 저는 세리프 체나 산 세리프 체를 비롯해서 다른 글씨들의 조합과 여백의 다양함을, 훌륭한 활자체를 만드는 것이 무엇인지에 대해 배웠습니다. 그것은 '과학적'인 방식으로는 따라 하기 힘든, 아름답고, 유서 깊고, 예술적인 미묘함을 가지고 있었으며 저는 그것에 푹 빠져 버렸습니다.

이런 것들 중 어느 하나라도 나의 삶에 실제로 도움을 줄 것이라는 생각은 하지 못했습니다. 그러나 10년 후, 우리가 처음으로 매킨토시 컴퓨터를 만들 때 그 모든 것들이 빛을 발했습니다. 우리가 설계한 컴퓨터에 그 모든 기능을 집어넣었으니까요. 그것은 아름다운 서체를 가진 최초의 컴퓨터가 되었습니다. 제가 만약 대학에서 그 과목을 듣지 않았다면 맥 컴퓨터는 절대 다양한 서체를 나타내거나 자동 자간 맞춤 기능을 가지지 못했을 것입니다. 매킨토시를 따라한 마이크로소프트사[2]의 윈도우는 물론이고, 어떤 개인용 컴퓨터도 우리처럼 하지 못했을 것입니다. 제가 만약 학교를 자퇴하지 않았고, 서체 수업을 듣지 않았다면 결국 개인용 컴퓨터는 오늘날처럼 놀라운 서체를 가지지 못했을 거예요. 물론 제가 대학에 있었을 때에는 미래를 내다보면서 점을 잇는 것이 불가능했습니다. 하지만 10년이 지난 지금에서야 모든 것이 너무나 분명히 드러났습니다. 달리 말하면, 우리는 미래를 내다보며 점을 이을 수는 없다는 말입니다. 우리는 오직 과거를 돌이켜 보면서 점을 이을 수 있을 뿐입니다. 따라서 여러분들은 지금 잇는 점들이 미래에 어떤 시점에 이르면 서로 연결될 것이라는 믿음을 가져야 합니다. 여러분들은 자신의 내면, 운명, 인생, 카르마[업], 그 무엇이든지 믿음을 가져야 합니다. 이런 믿음이 저를 실망시킨 적은 결코 없었습니다. 그리고 그것은 제 인생에서 모든 변화와 차이를 만들어냈습니다.

두 번째 이야기는 사랑과 상실에 관한 것입니다. 저는 인생을 살

---

2. Microsoft Corp : 1975년에 빌게이츠(Bill Gates)와 폴 알렌(Paul Allen)이 설립한 미국 소프트웨어 업체로서 개인용 컴퓨터에 사용되는 다양한 운영 프로그램을 개발한다.

면서 하고 싶은 것을 일찍 발견한 행운아였습니다. 워즈[3]와 함께 만든 애플은 우리 부모님의 차고에서 시작했습니다. 그때 저는 스무살 이었습니다. 우리는 열심히 일했고, 둘이서 시작한 애플은 10년후 4,000명의 직원을 거느린 20억 달러짜리 기업으로 성장했습니다. 내가 막 서른이 되었을 때 우리는 우리의 가장 훌륭한 발명품인 매킨토시 컴퓨터를 출시했고, 1년이 채 되지 않아 저는 해고를 당했습니다. 어떻게 자신이 만든 회사에서 해고를 당할 수 있느냐고요? 글쎄요, 애플이 점점 성장하면서 저는 저와 함께 회사를 경영할 유능한 경영자를 데리고 와야겠다고 생각했습니다. 그리고 첫 해는 그럭저럭 잘 유지가 되었습니다. 그런데 언젠가부터 우리가 비전을 바라보는 것에 차이가 있다는 것을 알게 됐고 우리는 결국 내부적으로 분열하기 시작했습니다. 이때, 우리 회사의 경영진들은 그의 손을 들어 주었죠. 그리고 저는 서른 살이 되던 해에 그렇게 쫓겨났습니다. 그것도 아주 공공연하게 말입니다.

성인이 되어 제가 초점을 맞춰왔던 모든 것들이 사라져 버리고, 저는 너무나 비참한 기분을 느꼈습니다. 저는 정말 몇 개월 동안 무엇을 해야 할지 알 수 없었습니다. 마치 달리기 계주에서 바톤을 놓친 선수처럼, 선배 기업가들에게 죄송한 마음을 느꼈고, 데이비드 팩커드[4]와 로버트 노이스[5]를 만나 이렇게 실패하고 만 것에 대해 사

---

3. Steve Wozniak : 스티브 워즈니악, 미국 출신의 컴퓨터 엔지니어로서 스티브 잡스와 함께 공동으로 애플을 창업한 설립자이다.

4. David Packard : 미국의 컴퓨터 장비업체인 휴렛팩커드(Hewlett Packard Company)의 공동 창업자 중 한 명.

5. Robert Noyce : 미국의 반도체 회사인 인텔(Intel)의 공동 창업자 중 한 명.

과했습니다. 저는 공식적으로 실패한 사람일 뿐이었고, 실리콘밸리[6]에서 멀리 도망치고 싶은 생각밖에는 할 수 없었습니다.

그런데 제 마음 속에서 무언가가 다시 천천히 일어나기 시작했습니다. 저는 여전히 제가 하는 일을 사랑하고 있다는 깨달음이었습니다. 애플에서 겪었던 일들조차 그런 마음을 바꾸지 못했고 비록 해고를 당하기는 했지만 저는 여전히 그 일들을 사랑하고 있었습니다. 저는 결국 다시 시작하기로 마음먹었습니다.

당시에는 알지 못했지만, 애플에서 해고당한 일은 제 인생에서 벌어질 수 있는 최고의 사건이라는 깨달음을 얻었습니다. 성공이 주는 중압감에서 벗어나 다시 새롭게 시작할 수 있는 가벼운 마음을 가지게 되었고, 저는 자유를 만끽하며 제 인생에서 최고의 창의력을 발휘할 수 있는 시기를 누릴 수 있게 되었습니다.

이후 5년 동안 저는 '넥스트NeXT', 그리고 '픽사Pixar'라는 이름의 다른 회사를 만들었고, 지금의 제 아내가 된 그녀와 사랑에 빠졌습니다. 픽사는 세계 최초로 컴퓨터 애니메이션 영화인 〈토이스토리 Toy story〉를 만들었고, 지금은 세계에서 가장 성공적인 애니메이션 회사가 되었습니다. 애플이 넥스트를 사들이는 전대미문의 사건을 시작으로 저는 애플로 돌아왔고, 넥스트 시절 개발했던 기술들은 현재 애플이 누리고 있는 르네상스의 중추적 역할을 감당하고 있습니다. 그리고 로렌과 저는 행복한 가정을 꾸리고 있습니다.

---

6. Silicon Valley : 반도체 재료인 실리콘(Silicon)과 산타클라라 인근 계곡(Valley)을 합쳐서 만든 말이다. 미국 서해안에 위치한 샌프란시스코에 인접한 계곡지대로서 첨단 기술 연구 단지를 가리킨다.

만약 제가 애플에서 해고당하지 않았더라면 이런 기쁜 일 중 어떤 것도 일어나지 않았을 것이라고 확신합니다. 그것은 너무나 쓰디쓴 약이었지만 그것이 필요한 환자도 있는 법이니까요. 때때로 인생이 여러분의 뒷통수를 때리더라도 결코 믿음을 잃지 않기를 바랍니다. 저를 이끌어 간 유일한 한 가지는, 제가 하는 일을 사랑하는 것에서 나온 힘이라고 믿습니다. 당신이 사랑하는 것을 찾아보세요. 당신이 사랑하는 사람이 먼저 다가오지 않듯 일도 마찬가지입니다.

여러분이 하는 일이 당신 인생의 많은 부분을 채울 것입니다. 여러분이 진정으로 기쁨을 누릴 수 있는 유일한 길은 여러분 스스로 훌륭하다고 믿는 일을 하는 것입니다. 그리고 자신의 일을 위대하다고 자부할 수 있는 길은 자신의 일을 사랑하는 것입니다. 만일 그것을 아직 찾지 못했다면, 주저앉지 말고 계속해서 그것을 찾으세요. 전심을 다하면 반드시 찾을 수 있습니다. 언젠가 그것을 발견할 때 여러분은 마음으로부터 그것을 알게 될 것입니다. 그리고 사랑하는 연인들처럼, 그것은 해가 지나면서 점점 좋아질 것입니다. 그러니 그것을 발견할 때까지 포기하지 마세요. 현실에 주저앉지 마세요.

세 번째 이야기는 죽음에 관한 것입니다. 제가 열일곱 살이었을 때, 이런 구절을 읽은 적이 있습니다. "하루하루를 인생의 마지막 날처럼 산다면 언젠가 당신은 바른 길에 서 있을 것이다." 그 구절에 깊은 감명을 받은 저는, 그 이후 33년 동안 매일 아침 거울을 보면서 스스로에게 묻고는 했습니다. "만약 오늘이 내 인생의 마지막 날이라면, 오늘 내가 하려는 것을 할 것인가?" 그리고 만약 "아니요."

라는 답이 나온다면, 저는 어떤 것이든 변화가 필요하다는 것을 깨달았습니다.

내가 곧 죽을 것이라고 생각하는 것은, 인생의 중요한 순간마다 큰 결정을 내릴 때 도움을 줍니다. 모든 외형적 기대들, 각종 자만심, 좌절이나 실패로 인한 두려움, 이 모든 것들은 죽음 앞에서는 아무것도 아니기 때문에 진실로 중요한 것들만 남게 됩니다. 죽음을 떠올리는 것은, 어떤 것을 잃을지도 모른다는 두려움에서 벗어나는 가장 좋은 길이라고 생각합니다. 이미 모두 잃어버린 상태라면, 더 이상 잃을 것도 없기에 마음이 시키는 방향으로 나가지 못할 이유가 전혀 없습니다.

약 1년 전, 저는 암 진단을 받았습니다. 아침 7시 30분에 검사를 받았는데, 췌장에 종양이 발견 되었습니다. 그 전까지 저는 췌장이 무엇인지도 몰랐습니다. 그런데 의사들이 말하기를, 거의 치료가 불가능한 종류의 암이라고 하면서 길어야 3개월에서 6개월밖에 살 수 없다고 했습니다. 주치의는 저에게 집으로 돌아가 신변 정리를 하라고 조언했습니다. 죽음을 준비하라는 뜻이었지요. 내 아이들에게 10년 동안 해줄 수 있는 것을 단 몇 달 안에 해치워야 된다는 말이기도 했고, 임종 시 가족들이 받을 충격이 크지 않도록 모든 것을 정리하라는 말이었으며, 작별 인사를 준비하라는 말이었습니다.

저는 하루 종일 검사를 받아야 했습니다. 그날 저녁 늦게 목구멍을 지나 장까지 내시경을 넣어서 췌장에서 세포를 떼어내는 조직검사를 받았습니다. 저는 마취상태였는데, 나중에 아내가 말해주기를, 현미경으로 세포를 분석한 결과, 치료가 가능한 아주 희귀한 췌장

암으로 밝혀져 의사들까지도 기뻐서 눈물을 글썽였다고 합니다. 그렇게 저는 수술을 받았고 지금은 건강해졌습니다.

그때만큼 죽음에 가까이 간 경우가 없었던 것 같습니다. 앞으로도 수십 년간은 그런 일이 없었으면 좋겠습니다. 이런 경험을 해보니 죽음이 때로는 유용하다는 것을 머리로만 알고 있을 때보다 더 정확하게 말할 수 있습니다. 누구도 죽기를 원하지 않습니다. 천국에 가고 싶다는 사람들조차도 그곳에 가기 위해 죽고 싶어 하지는 않죠. 하지만 죽음은 우리 모두의 숙명입니다. 아무도 피해 갈 수 없죠. 그리고 그래야만 합니다. 왜냐하면 삶이 만든 최고의 발명이 바로 죽음이니까요. 죽음은 변화를 만들어 냅니다. 새로운 것이 헌 것을 대체할 수 있도록 해줍니다. 지금 이 순간, 여러분은 새로움이라는 자리에 서 있습니다. 그러나 언젠가 머지않은 때에 여러분들도 새로운 세대들에게 그 자리를 물려줘야 할 것입니다. 너무나 극적으로 들렸다면 죄송하지만, 사실이 그렇습니다.

여러분들의 시간은 한정되어 있습니다. 그러니 다른 사람의 삶을 사느라고 시간을 허비하지 마십시오. 다른 사람들이 생각한 결과에 맞춰 사는 함정에 빠지지 마십시오. 다른 사람들의 견해가 여러분 자신의 내면의 목소리를 방해하는 소음이 되게 하지 마십시오. 그리고 가장 중요한 것은, 당신의 마음과 직관을 따라가는 용기를 가지는 것입니다. 마음과 직관은 당신이 진짜 원하는 것이 무엇인지 이미 알고 있을 것입니다. 나머지 다른 것들은 모두 부차적인 것입니다.

제가 어렸을 때, 제 나이 또래라면 누구나 다 알 만한 《지구 백과》라는 책이 있었습니다. 그 책은 여기에서 그리 멀지 않은 먼로 파크에 사는 스튜어트 브랜드라는 사람이 쓴 책인데, 그는 자신의 모든 것을 이 책에 불어넣었습니다. 개인용 컴퓨터나 전자 출판이 존재하기 전인 1960년대에 나온 그 책은 타자기와 가위, 폴라로이드 카메라로 만들어졌습니다. 말하자면 종이책 형태의 구글 같은 것이었는데, 구글이 나타나기 35년 전의 일이었고, 그것은 간단한 도구와 위대한 의지로 만들어진 역작이었습니다.

스튜어트와 친구들은 《지구 백과》를 몇 번 개정했고, 수명이 다할 때쯤에는 최종판을 내놓았습니다. 그 때가 1980년대 중반이었고, 제가 바로 여러분의 나이 때였습니다. 최종판의 뒤쪽 표지에는 이른 아침 시골길을 찍은 사진이 있었는데, 아마 모험을 좋아하는 사람이라면 히치하이킹을 하고 싶다는 생각이 들 정도였지요. 그 사진 밑에는 이런 말이 있었습니다.

"항상 갈망하고, 미련하게 정진하라." Stay Hungry. Stay Foolish.

그것이 그들의 마지막 작별인사였습니다. "Stay Hungry. Stay Foolish."

저는 이제 새로운 시작을 앞둔 여러분들이 여러분의 분야에서 이런 마음을 가지길 원합니다.

"Stay Hungry. Stay Foolish."

감사합니다. ⠰

Don't let complexity stop you. Be activists.
Take on the big inequities. It will be one of the
great experiences of your lives.

복잡한 현실 때문에 멈추지 마십시오.
행동하는 사람이 되어 불평등에 맞서 싸우십시오.
그것은 당신 인생에 있어서 가장 위대한 경험 중 하나가 될 것입니다.

Bill Gates

1955년 10월 28일 미국 워싱턴 주 시애틀에서 태어났다. 하버드 대학교에 입학했으나 중
퇴하고 폴 앨런과 함께 마이크로소프트사를 세웠다. 1990년대에 들어서 개인용 컴퓨터 보
급이 활발해지자 그의 MS-DOS의 위치도 확고해졌다. 게다가 윈도 95가 엄청난 성공을
거두자 빌 게이츠는 단숨에 세계 최고의 부호로 등극하였다. 2008년, 공식적으로 마이크로
소프트사에서 퇴사하고 자선단체인 빌&멜린다 게이츠 재단에서 무급 근무를 시작하였다.

빌 게이츠
Bill Gates

하버드 대학교
Harvard University
(2007년 6월 7일)

하버드 대학교
Harvard University

미국 매사추세츠 주에 있는 세계적인 명문 사립대학교로, 1637년에 설립된 미국에서 가장 오래된 고등교육기관이다. 1638년, 젊은 나이에 폐결핵에 걸린 존 하버드 목사가 재산의 절반과 도서 400여 권을 기부하면서 교명을 하버드 칼리지로 변경하였고 오늘날에는 2만 명이 넘는 학생들이 다니는 종합대학으로 발전했다. 시어도어 루스벨트, 존 F. 케네디, 버락 오바마, 반기문 UN사무총장 등 다양한 분야에서 수많은 유명 인사들을 배출했다.

당신의 재능을
위대한 경험에 사용하라

빌 게이츠 Bill Gates

　　보크 총장님, 루덴스타인 전 총장님, 파우스트 차기 총장님, 하버드 법인과 감독위원회 위원 여러분, 교수위원회 위원 여러분, 부모님들, 특히 이번 졸업생 여러분. 저는 30년이 넘게 기다렸습니다. "아버지, 제가 언젠가는 학교로 돌아가 졸업장을 받을 거라고 항상 말했었잖아요."라는 이 말을 하기 위해서요.

　　이렇게 시의적절하게 영예로운 자리에 설 수 있게 해주신 학교 측에 감사드립니다. 저는 내년에는 직업을 바꿀 예정입니다.[7] 직업을 바꾸면서 이력서를 새로 써야 할 텐데 최종 학력에 대학 졸업 학위증이 있다는 것은 매우 기분 좋은 일이 될 것이라고 생각합니다. 세계 최고의 명문으로 꼽히는 이곳을 졸업하며 새 출발을 하는 여러분들과 함께하게 된 것을 영광으로 생각합니다.

　　오늘 저보다 훨씬 빠른 시간 안에 학위를 취득한 졸업생 여러분

---

7. 마이크로소프트사에서 물러나 자선활동에 전념하게 되는 것을 의미.

들께 박수를 보냅니다. 크림슨[8]이 저를 가리켜 '하버드 중퇴자 중 가장 성공한 사람'이라고 해준 것도 굉장히 행복했습니다. 어쩌면 오늘 제가 졸업생 대표로 연설을 하게 된 이유는 모든 대학 중퇴자 가운데 최선을 다한 사람이라는 것이 이유가 아닐까 생각합니다.

그러나 저는 제가 친구 발머[9]가 경영대학원을 중퇴하도록 부추긴 사람으로 기억되기를 바라기도 합니다. 저는 나쁜 친구이지요. 그 점도 바로 제가 여러분의 졸업식 연사자로 초대받은 이유이기도 합니다. 만약 대학 중퇴자인 제가 여러분들의 입학식에 연설을 하러 온 것이었다면 오늘 이 자리에 모인 여러분들의 숫자는 훨씬 적었겠지요.

하버드 대학 재학 시절은 제게는 경이로운 경험이었습니다. 학교생활은 매력적이었고, 종종 제가 신청하지 않은 과목 강의실에도 들어가 수업을 듣고는 했습니다. 기숙사 생활도 아주 재미있었습니다. 저는 래드클리프에 있는 기숙사에서 생활했는데 제 방에는 항상 여러 명의 사람들이 모여 밤늦게까지 토론을 했습니다. 저는 늦잠 자는 것에 대해 별로 개의치 않아 한다는 것을 다들 알고 있었기

---

8. The harvard Crimson : Crimson은 약간 보랏빛을 띤 진홍색을 말하는데, 미국 하버드 대학의 공식 학교 색상이며 하버드 대학의 모든 스포츠 팀 이름이기도 하다. 여기서는 하버드 대학교 학생 신문을 일컫는다. 매주 월요일부터 금요일까지 하루 1편 이상씩 학생논설위원들이 글을 쓰는데, 세계 최고 대학 학생들답게 비판적 에세이의 기준을 완벽히 이해하여 글을 쓰기로 유명하다.

9. Steve Ballmer : 하버드 대학 시절 기숙사에서 빌 게이츠를 만나 인연을 맺었다. 빌 게이츠가 1학년 때 학업을 그만둔 것과 달리 그는 응용수학과 경제학에서 학사학위를 받고 스탠퍼드 대학 경영대학원을 다니고 있었는데 1980년 빌 게이츠의 제안으로 마이크로소프트사에 입사하였다. 빌 게이츠 뒤를 이어 2000년부터 2013년까지 마이크로소프트사의 최고경영자로 재직하기도 했다.

때문입니다. 이러한 생활은 제가 어떻게 반사회적 집단의 리더가 될 수 있었는지를 보여줍니다. 우리는 기존 사회에 순응하는 모든 사람들에게 거부감을 표시하는 방법으로 서로 마음을 모으는 데 집중했습니다.

래드클리프는 멋진 곳이었어요. 그곳에는 남학생보다 여학생이 많았고, 대부분의 남학생들은 수학, 과학 등을 전공하는 이과생이었습니다. 그런 비율은 저에게 최고의 가능성을 열어주었지요. 제가 지금 하는 말이 무슨 뜻이지 잘 아시죠? 하지만 애석하게도 가능성을 높이는 것이 결코 성공을 보장하는 것이 아니라는 슬픈 교훈을 배운 곳도 여기입니다.

하버드 시절 가장 중요한 기억이 시작된 것은 1975년 1월인데요, 기숙사 방에 있던 저는 세계 최초의 개인용 컴퓨터를 생산하기 시작한 뉴멕시코 주 앨버커키에 있는 어느 회사에 전화를 걸어 소프트웨어를 사지 않겠냐고 제안했습니다. 그쪽에서는 제가 그저 기숙사에 처박혀 있는 학생인 것을 알아채고 전화기를 내려놓을까 봐 조바심을 냈지만 그들은 "우리는 아직 준비가 덜 됐으니 한 달 뒤에 연락하세요."라고 말해주었어요. 정말 다행이었지요. 왜냐하면 저도 사실 소프트에어를 완성하지는 못했던 때였거든요. 그때부터 저는 밤낮으로 이 조그마한 프로젝트를 완성하는 데에 매달렸고, 그것이 제가 학업을 중단하고 마이크로소프트와의 중요한 여정을 시작하는 계기가 되었습니다.

제가 하버드 재학 시절에 관해 기억하는 것들은 모두 그러한 열정과 지성 한가운데서 보냈던 시간들입니다. 그것은 마음을 들뜨게도 하고, 위협적이거나 때로는 실망을 안겨주기도 했었지만 어쨌든 항상 무언가 도전의식을 불러일으키는 것들이었지요. 비록 저는 학교를 일찍 떠났지만 제가 하버드 재학 시절 쌓았던 우정과 아이디어들은 저를 변화시켰고 그것은 굉장한 특권이었습니다.

그러나 지난 시절을 돌아보면 몹시 후회스러운 일이 하나 있습니다. 그것은 제가 세계가 안고 있는 지독한 불균형, 즉 수백만 사람들의 생활을 절망에 빠뜨리는 부와 건강, 그리고 기회의 심각한 불평등에 대해 깊이 생각해 보지도 못한 채 하버드를 떠났다는 것입니다.

저는 이곳 하버드에서 경제학과 정치학의 새로운 사상에 대해서 배웠고, 과학이 이룩한 진보들에 대해서도 많은 공부를 했습니다. 민주주의를 통해서건, 탄탄한 공교육을 통해서건, 양질의 보건 서비스를 통해서건, 아니면 폭넓은 경제적 기회를 통해서건, 불평등을 줄이는 것은 인간이 이룬 가장 위대한 성과입니다.

그런데 저는 이 나라에서 그렇게 많은 젊은이들이 배움의 기회를 박탈당하고 있다는 사실을 거의 알지 못하고 대학을 떠났습니다. 게다가 개발도상국에 살고 있는 수많은 사람들이 이루 말할 수 없는 빈곤과 질병에 허덕이고 있다는 사실은 전혀 알지도 못했습니다. 이 사실을 깨닫기까지 십수 년이 걸렸습니다.

졸업생 여러분들은 저와는 다른 시기에 하버드에 왔습니다. 여러분은 이전의 하버드 학생들보다 세상의 불평등에 대해 더 많은 것을 알고 있습니다. 지금은 여러분의 시대입니다. 이렇게 눈부신 기술발전을 이룬 시대에 사는 여러분들이 어떻게 하면 이런 불평등을 떠맡아 이것을 어떻게 해결할 수 있을지 생각해 볼 수 있는 기회를 가지시기를 진심으로 바랍니다.

상상해 보세요. 일주일에 몇 시간, 혹은 한 달에 몇 달러의 기부가 가난한 사람들의 삶을 구하고 나아질 수 있도록 하는 데 쓰인다는 것을요. 여러분은 이 시간과 돈을 어디에 쓰시겠습니까? 아내 멜린다나 저는 같은 생각을 하고 있습니다. 우리가 가지고 있는 자원으로 어떻게 가장 많은 사람들에게 가장 좋은 일을 할 수 있을까 하는 것 말입니다.

이 문제에 관해 논의하면서 멜린다와 저는 수많은 아이들에 관한 기사를 읽었습니다. 우리나라에서는 이미 예전에 사라진 질병들 때문에 가난한 국가의 아이들이 매년 생명을 잃고 있습니다. 홍역, 말라리아, 폐렴, B형 간염, 황열병 같은 병들이죠. 제가 한 번도 들어보지 못한 로타바이러스[10]라는 질병 때문에 매년 50만에 가까운 아이들이 죽어가고 있어요. 미국에는 한 명도 없는데 말입니다.

정말 충격을 받았습니다. 우리는 그저, 죽어가는 수많은 아이들을 구할 수 있다면, 세계는 아이들을 구하기 위한 약을 개발하고 그것을 나누어 주는 것을 우선순위로 삼아야 한다고 생각했습니다만, 세상은 그렇지 않았습니다.

1달러도 채 되지 않는 돈으로 생명을 구하는 도움을 줄 수 있습니다. 단지 전달되지 않고 있을 뿐입니다.

만약 여러분이 모든 생명이 똑같이 소중하다고 믿는다면, 어떤

---

10. rotavirus : 방사상의 바이러스로 유아나 동물의 새끼에 위장염을 일으킨다.

생명은 구할 가치가 있고, 다른 생명들은 그렇지 않다는 사실을 알게 되는 것에 큰 혐오스러움을 느끼게 될 것입니다. 우리는 스스로에게 "이건 말도 안 돼. 그렇지만 만약 이게 사실이라면 우리의 기부가 그 아이들의 생명을 구하는 데 우선적으로 쓰여야 해."라고 말했습니다. 그래서 우리는 이 자리에 앉아 있는 누군가가 앞으로 할 수도 있는 일을 시작했습니다.

우리는 물었습니다. "어떻게 세계는 이 아이들을 죽게 내버려둘 수 있는 거지?" 답은 간단했어요. 그리고 가혹했죠. 자본주의 시장은 이런 아이들의 생명을 구하는 것에 대해 관심이 없고, 정부 역시 보조금을 지급하지 않아요. 그래서 아이들은 죽어갑니다. 그들의 어머니, 아버지 역시 자본주의 체계 안에서 아무런 힘도 없고, 제도 안에서 어떤 목소리도 낼 수 없기 때문이에요.

그렇지만 여러분과 저는 둘 다를 가지고 있습니다. 만약 우리가 자본주의를 보다 창의적으로 발달시킬 수 있다면, 만약 우리가 시장의 힘이 미치는 범위를 늘릴 수 있다면, 그래서 더 많은 사람들이 이익을 만들어 낼 수 있고, 아니면 최소한의 생활비라도 벌 수 있게 되고, 최악의 불평등으로 고통 받는 사람들에게 도움을 줄 수 있다면, 우리는 시장이 가난한 이들을 위해 보다 나은 일을 하도록 압박할 수 있습니다. 우리는 또한 전 세계의 정부들이 납세자들의 돈을 쓰면서 그들이 내는 세금을 보다 더 가치 있는 곳에 사용할 수 있도록 압력을 가할 수 있습니다. 산업에서 이윤을 내고 정치인에게는 투표를 통해 압박을 가하는 방법으로 가난한 이들의 요구를 충족시킬 접근법을 찾는다면, 우리는 세계의 불평등을 줄일 수 있는 지속적인 방법도 찾아낼 수 있을 것입니다. 이러한 일에는 제한도 없으며 결코 끝나지도 않을 것입니다. 그러나 도전에 응하려는 의식적인 노력이야말로 이 세상을 바꿔놓을 것입니다.

저는 우리가 해낼 수 있다고 낙관하지만, 희망이 없다고 주장하는 회의론자들은 "불평등은 처음부터 있던 것들이고 끝까지 사라지지 않을 것이다. 왜냐하면 사람들은 그것에 대해 신경 쓰지 않으니까."라고 말합니다. 저는 그 말에 전혀 동의하지 않습니다.

저는 우리가 무엇을 해야 하는지에 대해서는 잘 알지 못하더라도 마음에는 더 큰 배려심을 가지고 있다고 믿고 있습니다. 지금 여기 캠퍼스에 있는 우리들은 누구나 한번쯤 가슴 아픈 비극을 목격했을 것입니다. 그러나 우리는 아직 아무것도 하지 않았습니다. 그들을 안타깝다고 여기는 마음이 없어서가 아니라, 무엇을 해야 할지 몰랐기 때문입니다. 만약 도움의 방법을 알고 있었다면 우리는 행동했을 것입니다.

변화를 가로막는 장벽은 무관심이 아닙니다. 해결 방법이 복잡하다는 데에 있습니다. 복잡성이라는 장벽은 세 단계로 이루어져 있습니다. 배려의 마음을 행동으로 옮기려면 우리는 문제를 똑바로 바라볼 필요가 있습니다. 그리고 해결책을 찾고, 그 영향력을 주시해야 합니다. 인터넷을 비롯해 하루 종일 뉴스가 실시간으로 보도되고 있음에도 불구하고 사람들이 문제를 올바로 볼 수 있게 한다는 것은 여전히 복잡한 일입니다.

비행기 추락사고가 나면 관계자들은 즉시 기자회견을 엽니다. 그들은 수사를 하고, 원인을 알아내고, 앞으로는 유사한 사고가 없도록 하겠다고 약속합니다. 그러나 그들이 진정으로 솔직하다면 이렇게 이야기할 것입니다. "오늘 이 세상에서 사전에 예방할 수 있었던 원인으로 죽은 사람들의 0.5퍼센트가 이 비행기에 타고 있었습니다. 우리는 이 0.5퍼센트의 생명을 앗아간 사고의 원인을 해결하는 데에 가능한 모든 대책을 강구하기로 결정했습니다."

그래요, 더 큰 문제는 비행기 사고가 아니라 미리 예방할 수 있었던 수많은 죽음인 것입니다. 우리는 이런 사고로 죽은 사람들에 관한 기사를 자세히 읽지 않습니다. 미디어는 금세 또 새로운 것들을 보도합니다. 수많은 죽음은 더 이상 새로운 것이 아니기에 사람들의 관심에서 벗어나 쉽게 잊히고 맙니다. 설사 우리가 이러한 사건을 신문이나 TV를 통해 보거나 읽는다 해도, 이 문제에 계속 집중하기는 어렵습니다. 상황이 너무 복잡해 어떻게 도와야 할지를 모른다면 고통이 어떤 것인지도 알기가 쉽지 않기 때문입니다. 그래서 우리는 눈길을 돌리고 맙니다.

우리가 문제를 제대로 바라볼 수 있다면 그것은 첫 걸음을 뗀 것이고, 해결책을 찾기 위해 문제를 단순화하는 두 번째 단계로 다가갈 수 있습니다.

우리가 배려의 마음을 상대에게 표현하려면 해결책을 찾는 게 중요합니다. "우리가 어떻게 도울 수 있나요?"라는 질문에 기관이나 개인이 언제든 명쾌하고 올바른 해결책을 내놓을 수 있다면 우리는 행동에 옮길 수 있습니다. 그리고 이 세상의 어떤 배려도 헛되지 않다는 확신을 가질 수 있습니다. 그러나 방법이 복잡하다는 이유 때문에 그런 마음을 지닌 사람들이 어떻게 행동해야 할지 어렵게 만들고, 그런 마음을 갖는 것조차 힘들어집니다.

해결책을 찾기 위해 복잡한 과정을 없애는 것은 네 가지 단계를 통해 이루어지며 그것은 충분히 예측 가능합니다. 이 네 단계는, 목표를 정하고, 효과적인 접근법을 찾아내고, 이 접근을 위한 이상적인 기술을 알아내, 의약품처럼 정교한 것이든 모기장처럼 단순한 것이든 그동안 여러분이 이미 가지고 있는 기술을 현명하게 적용하는 것입니다.

에이즈를 예로 들겠습니다. 물론 넓게 보면 이 질병을 없애는 것이 목표지만 가장 효과적인 접근은 예방이죠. 약 한 알로 평생 동안 면역체계를 지켜주는 백신이 개발된다면 가장 이상적일 것입니다. 따라서 정부와 제약회사들과 재단들은 백신 연구 기금을 마련합니다. 그러나 그들이 하는 일은 10년 이상 지속될 것 같지 않습니다. 그래서 그동안에 우리는 우리가 지금 할 수 있는 것을 해야 하고, 지금 우리가 가지고 있는 가장 좋은 예방책은 사람들이 위험한 행동을 하지 않도록 알려 주는 것입니다.

이 네 단계를 처음부터 다시 반복하는 것이 목표에 이르는 가장 빠른 길입니다. 중요한 것은, 생각하는 것을 멈추지 말고 꾸준히 실행에 옮기는 것이며, 20세기에 횡행했던 말라리아나 결핵 같은 전염병이 만들어 놓았던 복잡한 일들이 다시 재발하는 것을 막는 일입니다.

문제를 직시하고 접근 방법을 찾은 후에 해야 할 마지막 단계는 여러분이 하는 일의 효과를 평가하고 그 일의 성공과 실패를 공유해서 다른 사람들이 여러분의 노력을 배우도록 하는 것입니다. 그러자면 물론 여러분은 통계자료를 가지고 있어야 합니다. 이러한 프로그램을 통해 수많은 어린이들이 추가로 예방주사를 맞을 수 있다는 사실을 보여주어야 하고, 많은 어린이들이 앞에서 예로 든 질병으로 인해 죽어가고 있다는 것을 알려야만 합니다. 이것이 이 프로그램을 활성화시킬 수 있을 뿐만 아니라 기업과 정부로부터 더 많은 투자를 끌어낼 수 있는 관건입니다.

하지만 사람들이 이 프로그램에 참여하기를 원한다면, 단지 통계 수치만 제공하는 것에 그치면 안 됩니다. 사람들이 가진 영향력을 알려주어 한 생명을 구하는 것이 그 가족에게 어떤 의미인지를 느낄 수 있게끔 해야 합니다.

저는 몇 년 전 다보스 포럼[11]에서 세계보건 분야에 패널로 참석한 적이 있습니다. 그곳에서는 수백만 명의 생명을 구하는 방법에 대해 논의하고 있었습니다. 수백만이요! 단 한 명의 생명을 구할 때의 감격을 생각해 보십시오! 그런 다음, 그 감격에 수백만을 곱하는 겁니다. 그러나 이 포럼은 제가 지금까지 참여했던 그 어떤 토론회보다 더 지루했습니다. 견딜 수 없을 정도로요.

그런데 인상적이었던 것은, 제가 어떤 소프트웨어의 열세 번째 버전을 소개하는 이벤트에서는 사람들이 지루해하지 않았다는 것입니다. 심지어 저는 그 이벤트에서 흥분에 겨워 소리치는 사람들을 보았습니다. 저는 사람들이 소프트웨어에 열광하는 일이 좋습니다. 그런데 왜 우리는 생명을 구하는 것을 주제로 하는 이벤트는 재

11. Davos Forum : 매년 스위스의 다보스에서 개최되는 '세계경제포럼' 연차총회의 통칭.

미있게 만들지 못할까요?

만일 여러분이 생명을 구하는 일의 효과를 사람들이 보고 느낄 수 있게 하지 못한다면, 여러분은 그들을 감동시킬 수 없습니다. 그리고 그 일을 어떻게 하느냐가 복잡한 문제입니다.

저는 낙관주의자입니다만, 우리 세계에서 불평등이 영원히 사라지지 않을 것이라는 것을 잘 알고 있습니다. 그럼에도 저는 낙관적으로 생각합니다. 불평등은 우리 주위에 항상 있었지만 우리는 지금껏 불평등을 잘라버릴 새로운 도구를 가지지 못한 것이 사실입니다. 이 새로운 도구야말로 우리가 지닌 배려의 마음을 최대한 활용할 수 있게 해줄 것입니다. 바로 이것이 미래가 과거와 다를 수밖에 없는 이유입니다.

오늘날 생명공학, 컴퓨터, 그리고 인터넷 등 지속적이고 괄목할 만한 혁신은 극심한 빈곤과 예방 가능한 질병으로 인한 죽음을 종식시킬 기회를 마련해 줍니다. 60년 전, 조지 마셜[12]이 졸업식에 와서 전쟁 이후의 유럽 국가들을 도울 방법에 대해 이야기했었습니다. 그는 이렇게 말했습니다. "저는 언론이 대중에게 전해주는 사실들은 엄청나게 복잡해서 길거리에 다니는 보통 사람들이 현 상황을 명백히 알기가 어렵다는 것이 가장 큰 문제라고 생각합니다. 현재로서 대중들이 상황을 온전히 파악하기란 실로 불가능 합니다."

마셜이 연설을 한 지 30년이 지난 후, 그러니까 지금으로부터 30년 전, 제 동기들이 저만 빼고 졸업을 할 때, 보다 작고, 개방적이고,

---

12. George Marshall : 1880 ~ 1959. 미국의 군인이자 정치가. 유럽의 경제부흥에 대한 공적을 인정받아 1953년 노벨평화상을 수상하였다.

시각적이며, 인간관계의 거리를 좁혀줄 기술이 모습을 드러내고 있었습니다. 저렴한 개인용 컴퓨터의 출현은 배움과 소통의 기회를 제공하는 강력한 네트워크 기술로 이어졌습니다.

그 마법같은 네트워크 기술은 단지 서로의 거리를 좁혀 주고 모든 사람을 당신의 이웃으로 만드는 데에만 그치지 않습니다. 그것은 같은 문제에 함께 뛰어들 수 있는 사람의 수를 급격하게 증가시키고 더욱 큰 혁신을 이끌어 냅니다.

그런데, 세상 사람들이 동시에 이러한 기술을 이용하고 있다고 해도 5명은 그렇지 않습니다. 즉, 많은 창의적인 인재가 이 토의에서 제외되어 있다는 것입니다. 다시 말해, 현실적인 지식과 관련 경험을 가진 똑똑한 사람들이 그들의 재능을 갈고 닦아서 그들의 아이디어로 세상에 기여할 기회를 놓치고 있다는 이야기입니다.

따라서 우리는 가능한 많은 사람들이 이러한 기술을 이용할 수 있도록 도와야 합니다. 왜냐하면 이러한 진보야말로 타인에게 무언가를 베풀고자 하는 마음을 더욱 촉진시켜주기 때문입니다. 이것은 정부 차원에서만이 아니라 대학교나 기업, 소규모 단체 및 심지어 개인들이 문제를 직시하고 해결 방법을 찾기 위해 노력하도록 도와줍니다. 또한 조지 마셜이 60년 전 언급했던 빈곤, 기아, 절망을 해결하기 위한 그들의 노력이 세상에 어떤 영향력을 미칠 수 있는지를 평가할 수 있도록 해줍니다.

하버드 가족 여러분, 여기 캠퍼스는 전 세계의 인재들이 모인 곳입니다. 무엇을 위해서일까요? 여기 하버드 대학 교수 여러분, 동문, 학생 및 기부자 분들이 여기 있는 사람들과 전 세계 사람들의 삶을 향상시키기 위해 자신들의 역량을 발휘한다는 것에 대해서는 의문의 여지가 없습니다. 그러나 우리가 조금 더 할 수 있는 것이 있지 않을까요? 하버드가 하버드라는 이름조차 들어보지도 못한 사람들의 삶을 향상시키는 데 그 지식을 바칠 수 있지 않을까요?

여기 하버드의 지적 선도자이신 학장님과 교수님들께 요청합니다. 여러분이 새로운 교수를 영입하거나 종신교수를 임명하거나, 교과과정을 검토하거나 학위 취득조건을 결정할 때 부디 스스로에게 물어보십시오.

우리의 최고 인재가 우리의 가장 큰 문제를 해결하고자 하는지? 교수들이 학생들에게 세계 최악의 불평등을 직시하고 고민하도록 권장하고 있는지? 하버드 학생들은 범세계적인 빈곤과 기아, 식수 부족, 학업을 계속하지 못하는 여학생들, 그리고 우리가 치료할 수 있는 질병으로 죽은 아이들에 대해 배우고 있는지? 지구상 최고의 특권을 가진 사람들이 최저의 권리를 가진 사람들의 삶에 대해 배우고 있는지에 대해서 말입니다.

이것은 듣기 좋으라고 하는 질문이 아니며 여러분은 소신 있게 답변을 해야 합니다.

제가 하버드 대학에 입학이 결정 되던 날 가슴이 뿌듯하셨던 어머니는 항상 다른 사람들에게 보다 많이 베풀어야 한다는 말씀을 해주셨습니다. 제 결혼식 며칠 전에는 신부이벤트를 총지휘하시면서 멜린다에게 쓴 편지를 큰 소리로 읽으셨지요. 그 당시 제 어머니는 암으로 투병중이셨는데, 편지를 통해 당신의 소신을 한 번 더 전하셨습니다. 편지 말미에는 다음과 같이 말씀 하셨어요. "많은 것을 받은 사람들에게는 보다 많은 의무가 요구된단다."

여기 캠퍼스에 있는 여러분이 가진 재능, 특권 및 기회 등을 생각해 보면, 세계는 우리에게 거의 무제한에 가까운 기대를 할 수 있습니다. 저는 이 시대에 대한 약속에 부응하기 위해 여기 있는 졸업생 모두가 심각한 불평등 같은 복잡한 문제를 직시하고 그것에 전문가가 되기를 바랍니다. 만약 여러분들의 향후 경력의 중심에 항상 이것을 염두에 두고 생활한다면 정말 경이로운 일이 벌어질 것입니다. 그러나 영향을 미치기 위해 그렇게까지 할 필요는 없습니다. 그저 여러분은 일주일에 몇 시간 동안 점점 성능이 좋아지는 인터넷에서 정보를 얻고 같은 관심사를 가진 다른 사람들을 만나고, 문제점을 파악한 다음 그것들을 무너뜨릴 수 있는 방법을 모색하면 됩니다.

복잡한 현실 때문에 멈추지 마십시오. 행동하는 사람이 되어 불평등에 맞서 싸우십시오. 그것은 당신 인생에 있어서 가장 위대한 경험 중 하나가 될 것입니다.

졸업생 여러분은 정말 환상적인 시대에 사회에 나오는 것입니다. 이제 하버드를 떠나게 되면 여러분은 우리 세대의 누구도 경험해 보지 못한 기술을 가지게 될 것이고, 우리가 몰랐던 범세계적 불평등에 대해 알게 될 겁니다. 그리고 그러한 앎을 바탕으로 여러분의 아주 작은 노력으로도 어려운 사람들의 삶을 변화시킬 수 있는데, 그 일을 돕지 않는다면 양심이 말하는 소리에 고뇌하게 될 것입니다. 여러분은 저희 세대보다 많은 것을 가졌습니다. 그러니 바로 시작하시고, 오래오래 꾸준히 계속하십시오. 여러분들이 알아야 할 바를 안다면 어떻게 실천하지 않을 수 있겠습니까?

그리고 지금부터 30년 뒤 여기 하버드에 돌아와서 여러분의 재능과 열정으로 이루어 온 일들을 떠올리기 바랍니다. 저는 여러분이 사회에서 이룬 직업적인 성과뿐만이 아니라 전 세계의 심각한 불평등을 해소하는 데 어떻게 기여했는지를 포함하여 스스로를 평가하게 되기를 원합니다. 인권 외에는 아무것도 갖지 못한 타 지역의 사람들에게 어떻게 여러분들이 기여했는지를 말입니다.

행운을 빕니다. ::

Bill Gates

We do not need magic to change the world,
we carry all the power we need inside ourselves already:
we have the power to imagine better.

세상을 바꾸는 데 마법은 필요 없습니다.
우리는 우리 마음속에 이미 세상을 바꿀 힘을 지니고 있습니다.
우리는 더 나은 세상을 상상할 수 있는 힘을 가지고 있습니다.

**명사
약력**

Joan Rowling

1965년 7월 31일 영국의 예이트에서 태어나 엑세터 대학교 불문학과를 졸업했다. 1990년에 포르투갈로 건너가 영어 강사로 일하다가 현지 기자와 결혼하고 딸을 낳았으나 곧 이혼하고 영국으로 다시 돌아왔다. 생활고에 시달리면서도 《해리 포터 시리즈》를 집필하였고, 출간 즉시 세계적인 베스트셀러가 되는 기염을 토했다. 2004년 미국 〈포브스〉지가 선정한 '10억 달러 이상 세계 최고 부호 클럽'에 처음으로 이름을 올렸다.

조앤 롤링
Joan Rowling

하버드 대학교
Harvard University
(2008년 6월 5일)

하버드 대학교
Harvard University

미국 매사추세츠 주에 있는 세계적인 명문 사립대학교로, 1637년에 설립된 미국에서 가장 오래된 고등교육기관이다. 1638년, 젊은 나이에 폐결핵에 걸린 존 하버드 목사가 재산의 절반과 도서 400여 권을 기부하면서 교명을 하버드 칼리지로 변경하였고 오늘날에는 2만 명이 넘는 학생들이 다니는 종합대학으로 발전했다. 시어도어 루스벨트, 존 F. 케네디, 버락 오바마, 반기문 UN사무총장 등 다양한 분야에서 수많은 유명 인사들을 배출했다.

실패가 인생의 마침표를 찍어주지는 않는다

조앤 롤링 Joan Rowling

　　우선 하버드 대학 측에 감사하다는 말씀을 전하고 싶습니다. 하버드 대학 졸업 연설이라는 더없이 영광스러운 기회를 얻었을 뿐만 아니라 연설에 대한 걱정과 두려움 때문에 지난 몇 주 동안 몸무게가 빠지면서 자연스럽게 다이어트 효과도 보았기 때문입니다. 그야말로 제게는 일석이조가 아닐 수 없습니다. 이제는 호흡을 좀 가다듬고 펄럭이는 붉은 깃발을 흘끔거리면서 저는 지금 최고의 교육을 받은 해리 포터 마법사들 모임에 참석했다고 생각하려 합니다.

　　졸업식에서 연설을 한다는 것은 아주 막중한 책임감이 느껴지는 일입니다. 적어도 제가 대학을 졸업하던 당시만 해도 저는 그렇게 생각하고 있었어요. 제 졸업식 때 연설을 하신 분은 저명한 영국 철학자 메리 워녹 남작부인Baroness Mary Warnock이었는데, 당시 그분이 한 연설이 오늘 제가 여러분 앞에서 무슨 말을 해야 하는지 준비하는 데 큰 도움이 되었답니다. 왜냐하면 그분께서 무슨 말씀을 하셨는지 전혀 생각나지 않았거든요. 오늘 여러분도 얼마 지나지 않아 제가 무슨 말을 했는지 잊어버릴 것이라고 생각하니 안심이 됩니다. 행여 제가 드리는 말씀 때문에 졸업생 여러분이 경영, 법조계, 정치 분야로 펼쳐진 전도유망한 장래를 포기하고 동성애자 마법사가 되겠다고 하면 어쩌나 하는 걱정을 덜게 되었으니까요.

몇 년 후에 여러분이 오늘 제가 드린 말씀을 모조리 잊고 기억하는 것이라고는 '동성애자 마법사'에 대한 농담뿐이라고 해도 졸업식 연설자로는 제가 워뎁 남작부인보다 한 수 위가 되는 겁니다. 저는 남작부인의 연설을 한마디도 기억하지 못하니까요. 도달 가능한 목표를 세우는 것이 자기발전의 첫걸음입니다.

사실, 저는 오늘 여러분 앞에서 무슨 이야기를 해야 하나 고민이 많았습니다. 제가 졸업할 당시 알고 싶었던 것은 무엇인지, 졸업 이후 지금까지 21년 동안 제가 깨달은 소중한 교훈은 무엇인지 곰곰이 생각해 보았습니다. 그리고 두 가지 답을 얻을 수 있었습니다. 우선 여러분이 학문적으로 이룬 성취를 기념하는 이 감격스러운 날, 저는 실패하면 어떤 이점이 있는지에 대해 이야기해야겠다고 마음먹었습니다. 두 번째로 이제 '진짜 삶'에 막 발을 들여놓게 된 여러분께 저는 상상력이 얼마나 중요한지 말씀 드리고 싶습니다. 실생활에 뛰어드는 마당에 상상력 이야기를 한다는 것이 공상적이거나 모순이 아니냐고 생각하시는 분들이 있을지도 모르겠지만 제 말씀을 끝까지 들어주시면 감사하겠습니다.

지금 마흔 둘인 저로서는 지금 나이의 절반인 스물한 살 졸업식 당시를 되돌아보는 것이 그리 반가운 일은 아닙니다. 21년 전, 저는 제 야망과 가족들이 저에 대해 가지고 있는 기대 사이에서 아슬아

슬한 줄타기를 하고 있었습니다. 당시 저는 제가 하고 싶은 일은 오로지 소설을 쓰는 것뿐이라고 굳게 믿었습니다. 그러나 가난한 집에서 태어나 대학 문턱에도 가보지 못하신 제 부모님은 저의 지나친 상상력이 흥미롭고 독특하기는 하지만, 주택융자금을 갚고 노후연금을 모으는 데에는 아무런 도움도 되지 않는다고 생각하셨습니다.

부모님께서는 제가 직업학교에 가기를 원하셨고, 저는 영문학을 공부하고 싶었습니다. 그래서 부모님과 저는 현대 언어를 전공한다는 절충안을 찾았는데, 이제 돌이켜보니 그 절충안은 부모님이나 저 모두를 만족시키지 못한 해결책이었습니다. 부모님께서 저를 학교에 데려다 주시고 자동차가 학교 모퉁이를 돌아 사라지기가 무섭게 저는 독일어를 포기하고 고전 문학부로 달려갔습니다.

제가 부모님께 고전을 공부한다고 말씀 드린 기억은 없습니다. 부모님께서는 아마 제 졸업식 날이 되어서야 그 사실을 알게 되셨을 거예요. 부모님께서는 대기업 중역이 되는 데 있어서 이 세상에 존재하는 모든 학문 가운데 그리스 신화보다 더 무용지물인 것은 없다고 생각하셨을 것입니다.

저는 그런 생각을 하시는 부모님을 조금도 원망하거나 비난하고 싶은 마음은 없다는 것을 분명히 말씀 드리고 싶습니다. 어느 정도 나이가 들면 자신의 인생이 잘못된 방향으로 나가게 된 것이 부모님 탓이라고 원망하는 태도도 버려야 합니다. 자기 인생의 운전대를 스스로 잡는 순간 어느 방향으로 갈지는 자신이 결정하고 그 결정에 대한 책임도 본인 스스로가 져야 하는 것이니까요. 제 부모님께서는 제가 가난으로 고생하지 않기를 바라셨을 뿐인데, 제가 부모님을 비난할 수는 없습니다. 부모님도 저도 가난을 겪었고, 가난이라는 것이 그리 달가운 경험은 아니라는 데에 똑같이 동의합니다. 가난하면 삶이 두렵고 버거워지며 때때로 심한 우울증에 빠지게 됩니다. 가난은 극심한 굴욕과 곤경을 의미합니다. 스스로의 힘으로 가난에서 헤어나는 것, 그것은 진정 자랑스러워할 만한 일이지만 가난 자체를 낭만적이라고 여기는 것은 어리석은 일입니다.

제가 여러분 나이에 가장 두려워한 것은 가난이 아니라 실패였습니다. 여러분 나이였던 저는 뚜렷한 이유도 목적도 없이 학교 강의는 거의 나가지도 않은 채 커피숍에 죽치고 앉아 소설을 썼습니다. 저는 학교공부를 등한시하기는 했지만 시험을 통과하는 데는 일가견이 있었고, 몇 년 동안 저와 제 친구들은 시험을 통과하는 것만으로도 성공에 다다른 것처럼 여겼습니다.

여러분처럼 젊고 재능 있고 제대로 교육을 받은 사람들은 어려움이나 가슴 아픈 일을 겪지 않았을 것이라고 생각할 만큼 제가 아둔하지는 않습니다. 아무리 재능이 많고 지적 능력이 뛰어난 사람이라도 변덕스러운 운명의 여신으로부터 자유로울 수는 없으니까요. 저는 오늘 이 자리에 있는 여러분이 아무 어려움 없이 순탄하고 만족스러운 삶을 살아왔을 거라는 생각은 한 순간도 해본 적이 없습니다.

그러나 여러분이 하버드를 졸업한다는 사실에서 저는 여러분이 실패하는 데에는 별로 익숙하지 않을 것이라는 점을 미루어 짐작할 수 있습니다. 성공하고자 하는 욕망 못지않게 여러분에게 동기를 부여할 수 있는 요인은 실패에 대한 두려움일 것입니다. 최고의 평판을 지닌 대학에서 공부한 여러분이 실패라고 여기는 것을 보통사람들은 성공이라고 여길지도 모릅니다. 그렇게 여러분은 이미 높은 곳을 날았습니다.

결국 무엇이 실패인지는 우리 스스로 결정해야 합니다. 그러나 우리 스스로 실패가 무엇인지를 규정짓지 않으면 세상이 만들어놓은 성공과 실패의 기준에 휘둘리고 맙니다. 졸업 후 겨우 7년이 지나자 제 삶은 어느 모로 보나 대단히 실패한 삶이었습니다. 결혼생활은 얼마 못 가서 파탄이 났고, 저는 졸지에 직장도 없이 자식을 키우는 처지가 되었습니다. 그리고 노숙자를 제외하고는 현대 영국사회에서 더할 나위 없이 가난한 사람이 되었습니다. 제 부모님께서 그렇게 걱정하셨던 것, 제가 그렇게 두려워했던 것이 현실이 되었고, 일반적인 기준에서 제 삶은 제가 알고 있는 그 어떤 사람의 삶보다 실패한 것이었습니다.

이 자리에서 실패가 달가운 경험이라고는 말씀드리지 않겠습니다. 당시 제 삶은 너무나 암울했고, 해리포터 성공 후 언론에서 제 삶을 일컬어 동화 같은 인생이라고 했는데, 당시 저는 그런 동화 같은 인생이 제게 찾아오리라고는 꿈에도 생각지 못했습니다. 어두운 터널의 끝이 어디인지, 얼마나 오랫동안 어두운 삶이 계속될지 알수가 없었습니다. 터널 끝에서 빛을 보게 되는 것은 그저 희망사항일 뿐 현실과는 너무나도 멀게 느껴졌습니다.

그런데 왜 실패의 이점에 대해 말하려 하느냐고 물으시겠죠? 바로 실패는 삶에서 불필요한 것들을 모두 벗겨내 버리기 때문입니다. 저는 실패한 제 자신을 있는 그대로 받아들이게 되었고, 제가 가진 모든 열정을 제게 가장 소중한 한 가지에 쏟아붓기 시작했습니다. 제가 소설 이외에 다른 것에 성공했었다면 제가 진심으로 원했던 일에서 성공하겠다는 굳은 의지를 다지지 못했을 것입니다. 이미 제가 그토록 두려워했던 실패를 경험했기 때문에 마침내 저는 실패에 대한 두려움으로부터 자유로워졌습니다. 그런 엄청난 실패를 겪고도 저는 여전히 살아 숨 쉬고 있었고, 제 곁에는 제가 너무나도 사랑하는 딸이 있었으며, 제게는 낡은 타자기 한 대와 원대한 꿈도 있었습니다. 제가 추락할 때 부딪혔던 딱딱한 바닥을 주춧돌 삼아 그 위에 제 삶을 다시 튼튼하게 지을 수 있었습니다.

여러분은 제가 겪은 만큼의 엄청난 실패를 겪게 되지 않을지도 모릅니다. 그러나 살다 보면 누구나 실패를 하게 마련입니다. 하지만 극도로 몸을 사리고 조심하면 실패를 면할지는 몰라도 그렇게 사는 것은 진정한 삶이 아닙니다. 실패가 두려워 아무 시도도 하지 않는다면 실패한 것이 없다 해도 이미 삶 자체가 실패이지요.

실패 덕분에 저는 시험을 통과해서는 얻을 수 없었던 마음의 안정을 찾았습니다. 실패를 통해서 저는 제 자신에 대해 더 잘 알게 되었습니다. 실패가 아니었다면 도저히 깨달을 수 없었을 것입니다. 저에게는 강한 의지가 있고, 생각했던 것보다 많이 단련되었으며, 보석보다 값진 진정한 친구들이 있다는 것을 알게 되었습니다.

실패를 겪고 나서 더 단단하고 지혜로워지면 앞으로 어떤 일이 있어도 살아남을 수 있다는 자신감을 갖게 됩니다. 스스로가 얼마나 강한지, 우리가 맺고 있는 인간관계가 얼마나 끈끈한지는 시련을 겪어보기 전에는 알 수가 없습니다. 이런 사실을 깨닫는 것이 진정 소중한 선물이지요. 이 깨달음을 얻기 위해 저는 혹독한 대가를 치렀지만 그것은 제가 얻은 그 어떤 자격증보다도 가치 있는 소득이었습니다.

타임머신을 타고 스물한 살 때로 되돌아간다면 저는 젊은 제 자신에게 이렇게 말하고 싶어요. 삶이란 무엇을 얻고 성취하는 것이 전부가 아니라는 사실을 깨달아야 행복할 수 있다고 말입니다. 여러분이 갖춘 자격요건, 화려한 이력서가 여러분의 인생은 아닙니다. 저와 비슷한 시대를 산 사람들이나 혹은 저보다 나이가 많은 사람들 가운데는 이 두 가지를 혼동하는 사람들이 많습니다. 그리고 여러분은 앞으로 그런 사람들을 수없이 만나게 될 것입니다. 삶은 힘들고 복잡하고 우리 뜻대로 되지 않습니다. 여러분이 이 사실을 알고 겸허히 받아들이면 그 어떤 고난도 이겨낼 수 있을 것입니다.

제가 상상력의 중요성을 두 번째 이야기로 삼은 이유를 여러분은 이렇게 생각하실 거예요. 제가 삶을 다시 추스르는 데 상상력이 큰 역할을 했기 때문이라고 말이지요. 그러나 그것이 전부는 아닙니다. 개인적으로는 부모님께서 잠들기 전 아이들에게 동화를 읽어주는 것이 소중한 경험이라는 주장을 옹호합니다만, 저는 더 넓은 의미에서의 상상력이 갖는 가치를 알았습니다. 상상력은 인간만이 가지고 있는 독특한 능력으로 인간은 상상력을 통해 현실에 존재하지 않는 것을 생각할 수 있고, 따라서 상상력은 모든 발명과 혁신의 원천입니다. 상황을 변화시키고 모르던 것을 알게끔 하는 상상력의 위력은 우리가 직접 경험하지 않고도 다른 사람들의 경험에 공감할 수 있도록 해주는 힘입니다.

제 삶을 형성하는 데 가장 큰 영향을 미친 경험 가운데 하나는 제가 해리 포터를 쓰기 전에 한 경험입니다. 물론 그때의 이야기가 해리 포터 내용에 많이 녹아 들어가기는 했지만 말입니다. 졸업 후 얼마 되지 않아 직장에서 얻은 경험들이지요. 20대 초반에 저는 런던에 있는 국제사면위원회[13] 본부의 연구부서에서 일하면서 생활비를 벌고 점심시간을 쪼개 소설을 쓰고 있었습니다.

저는 코딱지만 한 제 사무실에서 독재정권 하에서 탄압받는 사람들이 서슬이 시퍼런 권력의 눈을 피해 몰래 밀반출한 편지들을 읽었습니다. 목숨을 걸고 자기 나라의 상황을 바깥세상에 알리려고 애쓰는 사람들이 다급하게 손으로 휘갈겨 쓴 편지들이었습니다. 저는 흔적도 없이 사라져 버린 사람들의 사진을 보았는데, 이 사진들은 실종된 사람들의 가족과 친구들이 절박한 심정으로 저희에게 보낸 것들이었습니다. 저는 끔찍한 고문을 당한 사람들의 증언도 읽었고, 고문으로 인한 상처도 사진으로 보았습니다. 저는 즉결심판과 처형, 납치와 강간 등에 대해 증인들이 직접 쓴 기록도 읽었습니다.

제 동료들 가운데는 과거에 정치범이었던 사람들이 많이 있었습니다. 이들은 단지 권력자의 의견에 맞서는 용기를 가졌다는 이

---

13. Amnesty International, 國際救免委員會 : 국가권력에 의해 처벌 당하고 억압받는 각국 정치범들과 양심수를 구제하고 후원하기 위해 설치된 비정부 국제 인권 기구. 1961년 5월 영국인 변호사 베넨슨(Bennenson,P.)이 일요주간지 〈옵저버〉에 기고한 「잊혀진 수인들」이라는 논문이 계기가 되어 영국·아일랜드·서독·스웨덴·프랑스의 시민대표가 런던에 모여 이 기구를 창설하였으며, 런던에 사무국이 있다. 이데올로기·정치·종교상의 신념이나 견해 때문에 체포·투옥된 정치범의 석방, 공정한 재판과 옥중 처우 개선, 고문과 사형의 폐지 등을 목적으로 한다.

유로 삶의 터전에서 추방당하고 망명한 이들이었습니다. 우리 사무실을 찾아온 사람들 가운데는 정보를 제공하려는 사람들도 있었고, 고국에 남겨둔 가족친지나 친구들이 어떻게 되었는지 알아보려는 이들도 있었습니다.

저는 당시 저보다 어렸지만, 그의 조국에서 견뎌낸 것들 때문에 정신병을 앓게 된 한 아프리카 고문희생자를 결코 잊지 못할 것입니다. 그는 비디오카메라 앞에서 그에게 가해진 만행에 대해 증언하며 사시나무 떨듯 몸을 떨었습니다. 저보다 키가 30센티미터 정도 컸던 그는 마치 아이처럼 나약한 모습을 하고 있었습니다. 제가 맡은 임무는 그가 지하철역으로 잘 돌아갈 수 있도록 안내하는 것이었는데, 학대 때문에 인생이 산산조각이 난 이 사람은 깍듯하게 제 손을 잡고 제 미래에 대해 행복을 빌어줬습니다.

한번은 텅 빈 사무실 복도를 걷고 있는데 갑자기 문이 닫힌 어느 사무실에서 고통과 두려움에 찬 비명소리가 흘러나왔습니다. 저는 그렇게 고통스러운 비명소리는 들어본 적이 없었어요. 그 소리는 아마 제가 죽을 때까지 잊지 못할 것입니다. 그런데 그 비명소리가 흘러나온 사무실 문이 열리고 연구소 여직원이 머리를 문 밖으로 내밀더니 따뜻한 음료를 가져다 달라고 했습니다. 그녀가 청년에게 막 비보를 전했고 청년은 비명을 질렀던 것이지요. 그가 고국의 정권이 저지른 만행에 대해 거침없이 비판을 쏟아붓자 그에 대한 보복으로 그의 어머니를 체포해 처형을 했다는 소식이었습니다.

본부에서 일하던 20대 초반, 저는 하루도 빠짐없이 제가 얼마나 행운아인지 절실히 느꼈습니다. 민주적 절차에 따라 선출된 정부가 나라를 통치하고, 국민 누구나 법적 대리인을 선정하고, 공개재판을 받을 권리가 있는 나라에서 살고 있다는 것이 얼마나 행운인지를 말입니다.

매일매일 저는 인간이 권력을 잡거나 유지하기 위해 같은 인류에게 가할 수 있는 악행에 대한 많은 증거를 보았습니다. 제가 보고 듣고 읽은 이런 끔찍한 내용들 때문에 저는 말 그대로 악몽까지 꾸기 시작했습니다.

그러나 동시에 저는 그곳에서 일하는 동안, 인간의 선한 면에 대해서 이전보다 더 많이 알게 되었습니다. 국제사면위원회에서 일하는 수천 명의 직원들은 그들 자신은 신념 때문에 고문을 당하거나 투옥된 경험이 없지만 그런 고통을 겪은 사람들을 위해 일하고 있습니다. 공감의 힘은 단체행동을 불러일으키고, 그것은 생명을 구하며 감금된 자들을 해방합니다. 편안하고 안정된 삶이 보장된 보통 사람들이 힘을 모아서 자신들이 알지도 못하고 평생 만날 일도 없을 사람들을 구하려고 애씁니다. 그 과정 속에서 이뤄진 저의 작은 참여는 제 인생에서 가장 겸손하면서도 용기를 낼 수 있게 해주는 경험이었습니다.

지구상의 다른 생물들과는 달리 인간은 직접 경험하지 않은 것을 배우고 이해하는 능력이 있습니다. 스스로 다른 사람의 입장이 되어서 생각할 수 있는 것이지요. 물론 제 소설 속에 나오는 가상의 마법의 힘과 마찬가지로 이는 도덕적으로 중립성을 띤 능력입니다. 어떤 이는 이러한 능력을 다른 사람을 이해하거나 공감하는 데 쓰기보다는 다른 사람을 자기 마음대로 통제하고 조종하는 데 쓸지도 모릅니다.

많은 사람들이 자신이 가진 이러한 상상력을 전혀 사용하지 않고 사는 편을 택합니다. 이들은 자신이 직접 경험한 세상의 경계선 안에서 편안하게 사는 쪽을 택하고 자신이 지금과 다른 환경에서 태어났다면 어떠했을지 느껴보려고 애쓰지도 않습니다. 그들은 비명을 듣거나 철창 속을 들여다보려고 하지 않을 수도 있고, 그들과 직접 관련이 없는 복잡한 일에 대해 마음을 닫을 수도 있으며, 알려고 조차 하지 않을 수 있습니다.

저는 자신만의 방식으로 사는 사람들이 부럽기도 하지만 그들이 저보다 악몽에 덜 시달릴 거라고 생각하지는 않습니다. 좁은 공간에서 살기로 선택하는 것은 광장공포증의 형태로 이어지며 그것은 자체로 공포를 일으킵니다. 상상하지 않고 살려고 애쓰는 사람들은 더 많은 괴물을 만나게 됩니다. 그리고 그런 사람들은 더 큰 두려움에 시달립니다.

게다가 타인과의 공감을 거부하는 행위는 진짜 괴물들에게 힘을 휘두를 능력을 쥐어주게 됩니다. 우리가 스스로 악을 행하지는 않아도 악이 행해지는 상황을 외면하면 악의 공모자나 다를 바 없습니다.

열여덟 살 때, 제가 그 당시 정의 내리지 못한 어떤 것을 찾기 위해 도전정신을 가지고 들었던 고전학부의 복도 저편에서 배운 여러 가지 중 하나는 '내면에서 성취하는 것이 외부의 현실을 변화시킬 것'이라는 그리스 철학자 플루타르크Plutarch의 글이었습니다.

정말 놀라운 구절입니다만, 이 말의 진리는 우리 일상생활에서도 매일 수없이 증명되고 있습니다. 이 구절은 우리와 바깥세상이 연결되어 있음은 피할 수 없는 현실이고, 우리는 그저 우리가 존재한다는 사실만으로도 다른 사람들의 삶에 영향을 미친다는 뜻입니다.

그러면 오늘 하버드 대학을 졸업하는 여러분들은 다른 사람들의 삶에 얼마나 영향을 미치게 될 것 같습니까? 여러분의 지성과 어려운 일을 수행할 수 있는 능력, 여러분이 수료한 교육은 여러분에게 독특한 위치와 책임감을 부여했습니다. 여러분의 국적조차도 여러분을 남다른 위치에 서게 합니다. 여러분 대다수는 세계 유일의 강대국 국민입니다. 여러분이 행사하는 투표권, 여러분이 삶을 사는 방식, 여러분이 정부에 압력을 넣고 저항하는 방식은 미국 국경 너머 멀리까지 영향을 미칩니다. 이것이 바로 여러분의 특권인 동시에 짊어져야 할 책임이기도 합니다.

여러분께서 여러분의 위치와 영향력을 이용하여 발언권이 없는 이들을 대신해서 주장을 펼친다면, 만약 여러분이 힘 있는 사람들뿐만 아니라 힘없는 사람들과 동질감을 느끼려 한다면, 만약 여러분이 상상력을 발휘해서 여러분이 누린 혜택을 받지 못한 사람들의 인생에 자신을 이입시키는 능력을 유지한다면, 여러분의 자랑스러운 가족뿐만 아니라 여러분의 도움으로 더욱 나은 삶을 살게 된 수천수만의 사람들이 여러분의 존재를 기릴 것입니다. 세상을 바꾸는 데 마법은 필요 없습니다. 우리는 우리 마음속에 이미 세상을 바꿀 힘을 지니고 있습니다. 우리는 더 나은 세상을 상상할 수 있는 힘을 가지고 있습니다.

제 이야기는 거의 끝나갑니다. 여러분께 마지막으로 바라는 한 가지가 있다면, 그것은 제가 스물한 살 때 이미 가지고 있던 것에 관한 것입니다. 졸업식 날 제 곁에 있었던 친구들이 지금까지 평생 친구로 남아 있습니다. 그들은 제 아이들의 대부이자 대모이고, 정말 힘든 일이 있을 때 제가 의지할 수 있는 사람들이며, 넓은 아량을 베풀며 제 소설 속 죽음을 먹는 악령들에게 그들의 이름을 붙인 것에 대해서 고소하는 일을 하지도 않습니다. 졸업식 날 우리는 다시는 오지 않을 시간 속에서 함께한 소중한 경험으로 똘똘 뭉쳐 우리의 끈끈한 우정을 확인했습니다. 우리 중에서 누군가가 훗날 영국 수상 자리에 오른다면 그날 같이 찍은 사진이 요긴하게 쓰일 것이라는 계산도 하긴 했습니다.

그래서 저는 오늘 이 자리에 있는 여러분도 제가 지금까지 지녀온 우정 못지않은 우정을 간직하기를 바랍니다. 내일, 여러분이 오늘 제가 드린 말씀 가운데 한 마디도 기억하지 못하시더라도 세네카Seneca가 한 말만큼은 꼭 기억하시기 바랍니다. 세네카는 제가 출세의 사다리에서 떨어져 고대 현인들의 지혜를 찾고자 고전학부 복도를 내달을 때 마주쳤던 로마의 현인 가운데 한 분입니다. 그가 이렇게 말했습니다. "이야기에서 중요한 것은 이야기의 길이가 아니라 그 내용이 얼마나 훌륭한가 하는 점이다. 인생도 마찬가지다."

여러분이 내면이 충만한 삶을 살기를 기원합니다. 감사합니다. ▪▪

Joan Rowling

When you are 80 years old, and in a quiet moment of
reflection narrating for only yourself the most
personal version of your life story, the telling that will be most
compact and meaningful will be the series of choices you have made.
In the end, we are our choices. Build yourself a great story.

훗날 80세가 되어 자신의 지난 삶을 조용히 되돌아볼 때,
가장 중요하고 의미 있는 일은
여러분이 했던 일련의 선택들이었다고 생각하게 될 것입니다.
따지고 보면 우리는 우리의 선택에 의해 만들어진 존재입니다.
여러분 스스로 위대한 이야기를 만들어 가십시오.

1964년 1월 12일 미국에서 태어났다. 물리를 전공하여 대학교수가 되기를 꿈꿨지만 마음
을 바꿔 전기 공학과 컴퓨터 과학을 전공으로 선택하여 1986년 프린스턴 대학교를 졸업
했다. 이후 뉴욕 월스트리트에 위치한 투자회사 부사장으로 일하다가, 1994년 아마존닷컴
을 설립했다. 2000년 블루 오리진(Blue Origin)을 설립하고 우주여행선 프로젝트를 진행
하고 있으며, 2013년 워싱턴포스트를 인수했다.

제프 베저스
Jeff Bezos

프린스턴 대학교
Princeton University
(2010년 5월 30일)

프린스턴 대학교
Princeton University

1746년 설립된 미국 뉴저지 주 프린스턴에 있는 사립 종학대학교로 아이비리그에 속한 전통 명문 대학이다. 개교 이후 200년 넘게 남학생만 받아들였던 프린스턴 대학교는 1969년 예일 대학교, 하버드 대학교 등 다른 명문 대학교들과 함께 여학생 신입생을 허용하면서 남녀공학 체제로 개편되었다. 인문학, 사회과학, 자연과학, 공학 분야의 34개 학과가 개설된 대학과 대학원으로 구성되어 있다.

우리의 선택이
우리를 만든다

_____

제프 베저스 Jeff Bezos

　어릴 적에 저는 텍사스에 있는 조부모님 농장에서 여름을 보내곤 했습니다. 그곳에서 풍차를 고정하거나 소를 예방접종하거나 그 이외의 허드렛일을 돕곤 했죠. 우리는 매일 오후에 연속극을 함께 보았는데, 특히 〈우리 생애 나날들Days of our Lives〉을 즐겨 보았습니다. 제 조부모님은 에어스트림[14] 캠핑 트레일러를 끌고 미국과 캐나다를 여행하는 카라반 클럽Caravan Club 회원이었습니다. 우리는 몇 번의 여름휴가를 이 카라반 클럽과 함께했습니다. 우리는 캠핑 트레일러를 할아버지 차에 달고 다른 300명의 에어스트림 모험가들과 함께 여행을 떠났습니다. 저는 제 조부모님을 사랑하고 존경했으며, 이 여행을 진심으로 기대하곤 했습니다. 그중 제가 열 살 무렵에 한 여행은 특별한 여행으로 남아 있습니다. 저는 커다란 차 뒷

_____

14. Airstream : 1931년 창립자 월리 바이엄(Wally Byam)이 설립한 캠핑 트레일러 제조업체. '캠핑족의 로망', '할리우드 스타들이 사랑하는 캠핑 트레일러'라는 수식어를 얻으며, 현재 미국에서 가장 오래된 캠핑 트레일러 브랜드로 자리매김했다.

좌석에서 놀고 있었습니다. 할아버지께서는 운전을 하고 계셨고, 할
머니는 조수석에 앉아 계셨습니다. 할머니는 여행을 하는 동안 계
속 담배를 피우셨는데, 저는 담배 냄새가 정말 싫었죠.

그 당시 저는 대략의 값을 어림잡아 간단하게 계산하는 일에 빠
져 있었습니다. 자동차의 주행거리나 식료품 비용 같은 것을 계산
해 별로 쓸데없는 통계 수치를 알아내는 것 말이죠. 당시 저는 흡연
에 관한 캠페인을 들었습니다. 정확히 기억나지는 않지만 담배 한
모금에 수명이 몇 분 줄어든다는 내용이었습니다. 담배를 한 모금
빨 때마다 수명이 2분 정도 준다는 내용이었던 것 같습니다. 어쨌든
저는 할머니의 경우를 계산해 보기로 했습니다. 할머니가 하루에
담배를 몇 개비 피우는지, 한 개비당 몇 모금을 흡입하는지 계산했
습니다. 만족할 만한 수치를 계산해 낸 후 저는 앞좌석으로 고개를
내밀고는 할머니의 어깨를 툭 치면서 자랑스럽게 말했습니다. "담
배 한 모금에 수명이 2분씩 줄어든다면, 할머니는 이미 9년의 수명
을 잃었어요."라고 말입니다.

그다음 일어난 일을 생생히 기억합니다. 제가 예상했던 것과는
전혀 다른 상황이 발생했죠. 저는 제가 똑똑하고 수학을 잘한다는
칭찬을 받을 줄 알았습니다. "제프, 너는 정말 똑똑하구나. 그 어려
운 걸 계산하고 1년에 몇 분이 줄어드는지 알아내고, 게다가 나누
기까지 했으니 말이다."라는 식의 칭찬 말입니다. 하지만 저는 칭찬
을 듣지 못했습니다. 칭찬은커녕 할머니는 울음을 터뜨리셨습니다.
뒷좌석에 앉아 있던 저는 안절부절못했습니다. 할머니가 우시자 말
없이 운전을 하시던 할아버지는 차를 갓길에 대셨습니다. 할아버지

는 차에서 내려 제가 앉아 있던 뒷좌석 문을 열고 저보고 따라오라고 하셨습니다. 저는 혼나게 될까요? 할아버지는 매우 지적이고 조용한 분이셨습니다. 단 한 번도 제게 심한 말을 하신 적이 없었죠. 하지만 이번에는 처음으로 꾸중을 들을 수도 있다고 생각했습니다. 아니면 차로 돌아가 할머니에게 사과하라고 말씀하실 수도 있다고 생각했습니다. 제 조부모님과 이런 상황에 처해 본 적이 없었던 저는 어떤 일이 발생할지 감을 잡을 수 없었습니다. 우리는 캠핑 트레일러 옆에 멈춰 섰고, 할아버지는 저를 쳐다보셨습니다. 그리고 잠시 침묵이 흐른 뒤 할아버지는 부드럽고 조용하게 말씀하셨습니다. "제프, 너도 언젠가는 똑똑한 사람이 되기보다는 마음이 따뜻한 사람이 되는 것이 더 어렵다는 것을 알게 될 거다."

제가 오늘 여러분께 말씀드리고자 하는 것은 재능과 선택의 차이입니다. 영민함은 재능이고 따뜻함은 선택입니다. 재능은 처음부터 주어진 것이기 때문에 갖추기가 쉽죠. 하지만 선택은 어렵습니다. 난관에 부딪혔을 때 여러분은 여러분의 재능을 이용해 이를 극복하고자 하는 유혹에 빠질 수 있습니다. 하지만 이렇게 하면 여러분의 선택에 해를 입힐 수도 있습니다.

여러분은 많은 재능을 갖고 있습니다. 여러분이 갖고 있는 재능 가운데 하나는 영리함과 뛰어난 두뇌라고 저는 확신합니다. 엄청난 경쟁을 뚫고 대학에 입학한 것만 봐도 여러분은 분명 영리한 사람들입니다. 여러분이 영리하지 않았다면, 학생처장님께서 입학을 허락하지 않았을 겁니다.

여러분이 가진 영리함은 유용하게 쓰일 것입니다. 이 영리함 덕분에 여러분은 경이로운 세상을 경험할 테니까요. 지금까지 문명을 발전시켜 온 우리 인류는 앞으로 놀랄 만한 업적을 이룰 것입니다. 우리는 청정에너지를 많이 생산해 낼 수 있는 방법을 개발할 것이고, 세포벽을 뚫고 들어가 세포를 치료하는 원자 단위 크기의 작은 기계를 조립할 것입니다. 이번 달에는 생명체 합성에 성공했다는 놀라우면서도, 한편으로는 예측 가능한 소식이 전해졌습니다. 수년 내에 우리는 생명체를 합성해 낸 것뿐만 아니라, 이 생명체를 용도에 맞게 조작할 수도 있을 겁니다. 저는 여러분이 인간의 뇌에 대한 모든 것을 밝혀 주리라 믿습니다. 쥘 베른Jules Verne, 마크 트웨인Mark Twain, 갈릴레오Galileo, 뉴턴Newton과 같이 여러 시대에 걸쳐 호기심이 많았던 사람들은 모두 바로 지금과 같은 세상에 살기를 원했을 겁니다. 우리는 문명이라는 재능을 많이 갖게 될 겁니다. 지금 제 앞에 앉아 있는 여러분 각자가 개인적으로 많은 재능을 갖고 있는 것처럼 말입니다.

이런 재능을 여러분은 어떻게 사용하시겠습니까? 그리고 여러분의 재능을 자랑스러워하실 겁니까, 아니면 여러분의 선택을 자랑스러워하실 겁니까?

16년 전 저는 아마존Amazon을 출범시키려는 생각을 갖고 있었습니다. 웹 사용이 매년 2,300퍼센트 증가한다는 사실을 알았기 때문입니다. 이렇게 빠른 성장세는 결코 듣도 보도 못한 것이었으며, 가상의 공간에 수백만 권의 책을 전시하는 인터넷 서점을 개설한다는 것은 제게 매우 가슴 설레는 일이었습니다. 당시 저는 막 서른이 됐고, 1년 전에 결혼을 한 상태였습니다. 저는 아내 매켄지Mackenzie

에게 직장을 그만두고 이런 미친 짓을 하려고 하는데, 대부분의 신규 사업이 그렇듯 실패할 가능성이 크며 거기에 대해 아무런 구체적인 대책도 갖고 있지도 않다고 말했습니다. 저와 프린스턴 대학동창이자, 저기 두 번째 줄에 앉아 있는 아내 매켄지는 제게 이 사업을 추진하라고 말했습니다. 어렸을 때 저는 차고에서 여러 가지 것들을 만들어 냈습니다. 제가 만든 것 중에는 타이어에 시멘트를 채워 만든 자동문 폐색기, 고장 난 우산과 은박지로 만든 태양열 조리 기구, 그리고 형제들을 골려 주려고 만든 오븐용 냄비 알람 시계등이 있었습니다. 저는 늘 발명가를 꿈꿔 왔고, 아내는 제가 열정을 좇기를 원했습니다. 당시 저는 뉴욕에서 똑똑하고 유능한 사람들로 가득한 증권회사에 다니고 있었습니다. 저는 매우 현명한 사장님을 존경했습니다. 하루는 사장님을 찾아가 인터넷에서 책을 파는 회사를 설립하고 싶다고 말했습니다. 그러자 사장님은 센트럴 파크 Central Park를 산책하자고 하시더군요. 그러고는 제 이야기를 귀담아들으시더니 이렇게 말씀하셨습니다. "괜찮은 생각이긴 하지만, 좋은 직장을 구하지 못한 누군가가 하는 것이 더 나을 것 같군." 저는 사장님의 말씀이 어느 정도는 일리가 있다고 생각했습니다. 그리고 그는 최종 결정을 내리기 전에 이틀만 더 생각해 보라고 설득했습니다. 사업 경험이 없었던 저는 어려운 선택이었지만, 결국 이 사업을 해 보기로 결정했습니다. 저는 일단 뛰어든 일에 실패해도 후회하지 않을 거라 생각했습니다. 만약 시도조차도 해 보지 않는다면, 그에 대한 후회가 제 곁을 떠나지 않을 것이라고 생각했습니다. 많은 고민 끝에 저는 지금의 생활보다는 덜 안정적인, 즉 열정을 좇는 길을 선택했습니다. 저는 이 선택을 자랑스럽게 여기고 있습니다.

내일부터 여러분은 삶이라는 현실을 써 나갈 겁니다.

여러분의 재능을 어떻게 사용하시겠습니까? 어떤 선택을 하시겠습니까? 타성에 젖은 삶을 사시겠습니까, 아니면 열정을 좇는 삶을 사시겠습니까? 독단을 무조건 따르겠습니까, 아니면 새로운 신념의 주인공이 되시겠습니까? 편안한 삶을 선택하시겠습니까, 아니면 봉사와 모험의 삶을 선택하시겠습니까? 비판에 움츠러들 것입니까, 아니면 여러분의 신념을 따르시겠습니까? 여러분의 생각이 잘못된 것을 알았을 때 이를 모면하려 할 것입니까, 아니면 사과할 것입니까? 거절당하는 것을 두려워하시겠습니까, 아니면 좋아하는 것을 추구하시겠습니까? 안전한 길을 가시겠습니까, 아니면 긴장감 넘치는 길을 가시겠습니까? 힘들 때 포기하시겠습니까, 아니면 계속 자신만의 길을 가시겠습니까? 냉소주의자가 되시겠습니까, 아니면 무언가를 만드는 사람이 되시겠습니까? 다른 사람들을 짓밟고 똑똑한 사람이 되시겠습니까, 아니면 따뜻한 마음을 가진 사람이 되시겠습니까?

과감히 제 예상을 말해 보겠습니다. 훗날 80세가 되어 자신의 지난 삶을 조용히 되돌아볼 때, 가장 중요하고 의미 있는 일은 여러분이 했던 일련의 선택들이었다고 생각하게 될 것입니다. 따지고 보면 우리는 우리의 선택에 의해 만들어진 존재입니다. 여러분 스스로 위대한 이야기를 만들어 가십시오. 감사합니다. 그리고 행운이 있기를 바랍니다. ::

Great leaders do not just want to secure compliance.
They want to elicit genuine enthusiasm, complete trust,
and real dedication. They don't just win the minds of their teams,
they win their hearts. If they believe in your organization's
mission and they believe in you, they will not only do their
daily tasks well, but they will do them with true passion.

위대한 리더는 그저 자신의 말만 따르는 것을 원하지 않습니다.
그들은 진정한 열의, 완전한 믿음, 진실한 헌신을 이끌어 내기를 원합니다.
그들은 팀원의 마음을 얻기를 원합니다.
그들이 조직의 임무를 믿고 여러분을 믿는다면,
맡은 일을 훌륭히 잘해낼 뿐만 아니라 진정한 열정을 갖고 일할 것입니다.

명사
약력

Sheryl Sandberg

1969년 8월 28일 미국에서 태어났다. 1991년에 하버드 대학교 경제학과를, 1995년에는
하버드 경영대학원을 모두 최우등으로 졸업했다. 이후 맥킨지 앤 컴퍼니와 미국 재무부
비서실에서 근무했고, 2001년부터 2008년까지 구글 글로벌 온라인 판매 및 운영 부회장
을 역임하였다. 2012년 〈포브스〉가 선정한 '세계에서 가장 영향력 있는 여성' 12위에 올랐
으며 2014년 1월 현재에는 페이스북의 최고 운영 책임자로 활약하고 있다.

셰릴 샌드버그
Sheryl Sandberg

칭화 대학교
清華大學
(2015년 6월 27일)

칭화 대학교
清華大學

1911년 4월 26일, 중국 정부가 의화단 운동의 결과로 인한 배상금 명목으로 미국에 조차하던 지역에 미국 유학생 양성기관인 '칭화학당(淸華學堂)'을 설립하였다. 이후에 '칭화학교'로 개칭하였고 종합대학으로 바뀌었으며, 1928년 국립대학으로 개편하면서 국립칭화대학교로 이름을 바꾸었다. 세계에서 가장 아름다운 대학으로 뽑힌 적이 있으며, 중국 최고의 명문대학으로 명성을 얻고 있다.

세상을 이끄는 것은 사람이다

셰릴 샌드버그 Sheryl Sandberg

이 자리에 서게 된 것을 진심으로 영광으로 생각합니다. 경영대 첸 잉이 학장님, 칭화 대학교 경제경영학부의 교수진, 자랑스러운 가족과 든든한 친구들, 그리고 무엇보다 2015년 졸업생 여러분께 감사드립니다. 제 상사인 마크 저커버그Mark Zuckerberg와는 달리 저는 중국어를 할 줄 모릅니다. 이 점에 대해 사과드립니다. 하지만 마크가 저에게 전달해 달라는 메시지가 있었습니다. 주허(祝贺, 축하합니다)! 이곳에서 여러분의 졸업식을 축하하게 되어 정말 기쁩니다.

첸 학장님이 저에게 축사를 부탁하셨을 때, 저는 생각했습니다. '나보다 훨씬 젊고 멋진 학생들 앞에서 이야기하라고? 못할 거 없지.' 제가 페이스북에서 매일 하는 일이 그겁니다. 마크는 저보다 열다섯 살이나 어리고 대부분의 동료는 마크의 동년배지요. 저는 젊은 사람들과 일하는 것이 좋습니다. 물론 아닐 때도 있어요. "휴대전화 없는 대학 생활은 어땠어요?"라고 물어보거나, "셰릴, 잠깐 와 주

실래요? 나이 든 사람들이 이 기능을 어떻게 생각할지 궁금해요"라고 말할 때는 별로지요.

저는 1991년에 대학을 졸업하고, 1995년에 MBA를 졸업했습니다. 그다지 오래전은 아니에요. 하지만 이것 하나는 말씀드릴 수 있네요. 지난 25년 동안 이 세계는 엄청나게 변했습니다. 제가 MBA에 다닐 때, 우리는 하버드 최초의 온라인 수업을 만들고자 했어요. 당시 인터넷에 실명을 사용한다는 것은 상상조차 할 수 없는 일이었기 때문에 예명 목록을 만들어 돌려야 했습니다. 하지만 90명이 동시에 온라인에 접속하는 것이 불가능했기 때문에 시스템이 계속해서 다운됐고, 결국 실패하고 말았습니다.

그러나 시스템이 다운되는 동안, 우리는 미래를 스쳐보았습니다. 정보기술이 우리와 동료, 친척, 친구들을 연결해 주는 그런 미래를요. 오늘날 우리가 사는 이 세상은 제가 여러분 자리에 앉아 있을 때만 해도 상상할 수 없는 모습이었습니다. 그리고 지금으로부터 25년이 지난 후, 여러분은 여러분 세대의 세상을 만드는 데 일조하고 난 뒤일 것입니다.

칭화 대학의 졸업생으로서 여러분은 중국뿐만이 아닌, 세계의 리더가 될 것입니다. 중국은 교육 성취도와 경제 성장의 측면에서 세계 선두를 달리고 있습니다. 비단 정치와 경영 분야의 리더만이 중국의 중요성을 인정하고 있는 것이 아닙니다. 미국의 많은 부모들도 이를 인정합니다. 제가 사는 샌프란시스코 베이 지역에서 가장 들어가기 어려운 학교는 중국어를 가르치는 학교입니다.

하지만 중요한 사실은 세상을 이끄는 것은 국가가 아니라, 사람이라는 것입니다.

여러분은 오늘 졸업과 동시에 리더십을 향한 첫걸음을 내디뎠습니다. 여러분은 어떤 리더가 되시겠습니까? 타인에게 얼마나 큰 영향을 미칠까요? 세상에 어떤 자취를 남기시겠습니까?

페이스북에는 "크게 생각하라 Think big"라는 포스터가 벽에 붙어 있습니다. 포스터를 보면서 매일 자신에게 더 많은 것을 하라고 도전장을 던지는 것입니다. 이 포스터에는 중요한 리더십 교훈을 반영하고 있습니다. 오늘 저는 여러분에게 중요한 네 가지 리더십 교훈에 대해 말씀드리고자 합니다.

첫째, 행운은 용기 있는 자를 좋아합니다.

페이스북은 사람들이 정보기술을 사용하여 개개인을 이어 준다면 더 나은 세상이 될 수 있을 것이란 믿음으로 존재합니다. 마크의 믿음은 아주 확고했기 때문에, 그는 하버드를 자퇴하고 임무를 쫓아 몇 년 동안 오로지 이것에만 매달렸습니다. 마크가 한 일은 행운이 아닙니다. 용기입니다.

마크만큼 젊은 나이에 자신의 열정을 찾기란 쉬운 일이 아닙니다. 저는 제가 원하는 일을 찾는 데 훨씬 오래 걸렸습니다. 제가 졸업 가운을 입고 앉아 있을 때는, 페이스북 같은 곳에서 일하게 될 것이라고 생각지도 못했습니다. 그때는 인터넷이 존재하지도 않았죠. 마크는 겨우 열한 살이었고요. 저는 제가 정부나 자선단체에서 일할 줄로만 알았습니다. 다른 회사는 영리만을 추구하는 데 비해 정부나 자선단체 같은 기관은 세상을 좀 더 나은 곳으로 만들 줄 알았습니다. 하지만 제가 재무부에서 일할 때 정보기술 회사가 이 세상

에 미치는 영향이 얼마나 큰지 멀리서 지켜보았고, 마음을 바꾸었
습니다. 정부에서 하던 일이 끝났을 때, 저는 실리콘밸리에 가기로
결심했습니다.

 지금 돌이켜 보면 꽤 빠른 판단이었습니다. 하지만 2001년에는,
아무리 좋게 보려야 볼 수 없었죠. 테크 버블Tech bubble이 터진 뒤
였고, 대기업들은 직원을 대량 해고했습니다. 소규모 기업은 문을
닫았고요. 저는 4개월 안에 직장을 구하리라 마음먹었지만, 거의 1
년이 걸렸습니다. 제가 구직 면접을 봤던 한 정보기술 회사의 대표
는 이렇게 말하기도 했습니다. "친구 부탁이라 일단 면접은 보지만
당신 같은 사람은 절대 고용하지 않을 거요. 정부에서 일하던 사람
은 이 분야에서 일 못합니다."

 결국, 어느 회사에 들어가게 되었고, 14년이 지난 지금도 여전히
저는 정보기술 분야에서 일하는 것이 좋습니다. 애초에 제 계획은
이게 아니었지만 결국은 이렇게 됐지요.

 만약 여러분이 한 분야에서 일하고 있지만 다른 분야를 갈망한
다면 그곳으로 갈 방법을 찾아야 합니다. 그리고 그것이 맞지 않는
다면 다시 시도하세요. 여러분의 열정을 불러일으킬 어떤 것, 다른
사람이 아니라 바로 여러분에게 중요한 일을 찾을 때까지 계속 노
력하세요. 열정과 기여를 조합할 수 있다는 것은 흔한 기회가 아닙
니다. 또한 행복으로 가는 확실한 길이기도 합니다.

 둘째, 피드백은 선물입니다.

 페이스북에서 저의 성과를 판가름하는 가장 결정적인 요소는 마
크와의 관계입니다. 제가 페이스북에 입사했을 때, 저는 마크에게

마음에 걸리는 일이 있으면 언제든지 공유하고 바로 논의할 수 있도록 매주 피드백을 달라고 요청했어요. 마크는 즉시 승낙했고, 저에게도 피드백을 달라고 하더군요. 처음 몇 년 동안 우리는 매주 금요일마다 회의를 하면서 크고 작은 일들에 대해 논의했습니다. 그리고 몇 년이 지나고, 솔직한 피드백 공유가 관계의 일부가 되었고, 이제는 매주가 아닌 실시간으로 피드백을 주고받고 있습니다.

상사로부터 피드백을 받는 것도 중요하지만 부하 직원의 피드백도 못지않게 중요합니다. 부하 직원은 상사를 즐겁게 하려는 마음이 크고, 비판하거나 의문을 제기하는 것을 원하지 않기 때문에 이는 쉬운 일이 아닙니다.

일례로, 월 스트리트Wall Street에서 이런 일이 있었습니다. 1990년, 밥 루빈Bob Rubin이 골드만 색스Goldman Sachs의 대표로 취임했습니다. 첫 주가 지났을 때, 그는 회사 장부를 보다가 거액을 금에 투자했다는 것을 알게 되었습니다. 그는 이유를 물었습니다. 그러자 돌아온 대답은 "대표님 때문입니다."라는 말이었습니다. "나 때문이라고?" 그가 되물었죠. 알고 보니 전날 그가 거래소를 둘러보다가 누군가에게 "금이 흥미 있어 보이는군."이라고 한마디 한 것입니다. 그 한마디는 이내 "루빈이 금을 좋아한대."라고 퍼져 나갔고, 누군가가 수백만 달러를 금에 투자한 것입니다. 보스를 즐겁게 하려는 요량으로요.

이보다 규모는 작지만 저도 비슷한 일을 겪었습니다. 페이스북에 입사했을 때, 저의 임무 중 하나는 사업적 측면을 강화하는 것이었습니다. 하지만 지금의 페이스북을 존재하게 한 엔지니어링 위주의

문화는 파괴하지 않으면서요. 그래서 제가 시행했던 것 중 하나가 저와 회의할 때에는 파워포인트 프레젠테이션을 사용하지 않는 것이었습니다. 처음에는 좋게 말했습니다. 모두 제 말을 무시하고 계속 프레젠테이션을 하더군요. 2년이 지난 후, 공식적으로 말했습니다. "좋아요, 저는 규칙을 싫어하지만 이제부터 규칙을 만들겠어요. 앞으로의 회의에서 프레젠테이션은 금지입니다."

한 달쯤 뒤, 글로벌 세일즈 팀을 모아 놓고 연설을 하려는데 누군가 저에게 말하는 거예요. "올라가시기 전에 알아 두어야 할 것이 있어요. 클라이언트에게 파워포인트를 쓰지 말라고 해서 다들 기분이 별로 안 좋아요." 저는 충격을 받았습니다. 클라이언트에게 파워포인트를 금지한 적은 없거든요! 파워포인트 없이 어떻게 클라이언트에게 발표를 합니까? 그래서 연단에 올라 이렇게 말했습니다. "첫째로, 저에게 파워포인트를 쓰지 말라는 말이었습니다. 둘째, 앞으로 클라이언트에게 프레젠테이션을 쓰지 말라든가 하는 나쁜 아이디어를 들으면 말해주세요. 제가 요구한 것이라고 해도 제가 틀렸다고 말하세요!"

훌륭한 리더는 대부분 직원이 권위에 도전하는 것을 불편해 한다는 걸 압니다. 그러니 상사 쪽에서 피드백을 구해야 합니다. 저는 파워포인트 실수에서 이러한 교훈을 얻었습니다. 저는 이제는 동료에게 "더 잘하려면 어떻게 해야 할까?" 하고 묻습니다. 그리고 저에게 솔직하게 말해 줄 배짱을 가진 직원에게 늘 고마워합니다. 공개적으로 칭찬도 합니다. 저는 동료와 어깨를 나란히 하고 걸을 때 가장 잘 리드할 수 있다고 믿습니다. 말할 때뿐만 아니라 들을 때도 마찬가지지요.

셋째, 남의 문제란 없습니다.

제가 처음 일을 시작했을 때, 리더 자리에 있는 사람들을 보고 이렇게 생각했습니다. "저 사람들은 참 좋겠다. 저렇게 통제권이 많으니"라고요. 그러니 제가 경영대학원의 리더십 과정에서 "직급이 올라갈수록 다른 사람에게 더 많이 의지하게 된다."라는 말을 들었을 때 얼마나 놀랐겠어요. 당시 저는 교수님이 틀렸다고 생각했습니다.

하지만 교수님이 옳았습니다. 지금은 세일즈 팀이 저를 의지하는 것이 아니라 제가 세일즈 팀에 의존하고 있습니다. 그들이 부족하면 그것은 제 잘못입니다. 리더로서 제가 뭔가를 성취했다면 그것은 오로지 나 스스로가 해낸 것이 아니라, 우리 팀원 모두가 해낸 일입니다.

세계 가국의 회사는 각자 그들의 문화에 맞는 방식으로 운영합니다. 하지만 분명히 보편적인 리더십 원칙은 존재한다고 생각합니다. 그중 하나가 지시하는 것보다 고무하는 것이 낫다는 것입니다. 맞습니다, 거의 모든 조직에서 사람들은 상사가 시키는 대로 일합니다. 하지만 위대한 리더는 그저 자신의 말만 따르는 것을 원하지 않습니다. 그들은 진정한 열의, 완전한 믿음, 진실한 헌신을 이끌어 내기를 원합니다. 그들은 팀원의 마음을 얻기를 원합니다. 그들이 조직의 임무를 믿고 여러분을 믿는다면, 맡은 일을 훌륭히 잘해낼 뿐만 아니라 진정한 열정을 갖고 일할 것입니다.

두 달 전 갑자기 세상을 떠난 제 사랑하는 남편 데이브 골드버그Dave Goldberg보다 더 사람의 마음을 얻은 사람도 없을 것입니다. 데이브는 진심으로 직원을 고무하는 리더였습니다. 자상하고 너그러 웠으며, 사려 깊었지요. 그는 주위 모든 사람의 업무 성과를 높였습 니다. 데이브는 자신이 설립한 회사 서베이몽키[15]의 대표로서 그렇 게 했고, 저와 아이들에게도 그렇게 했지요.

우리의 친구 빌 걸리는 실리콘밸리의 벤처 캐피탈리스트입니다. 그는 다른 사람들에게 데이브처럼 되라고 역설하는 글을 올렸어요. "데이브는 우리에게 훌륭한 인간이 어떤 것인지에 대해 정확히 보 여 주었습니다. 하지만 데이브의 위대함이 경쟁적이거나 위협적인 것이 아니었기에 결코 우리를 좌절시키지 않았습니다. 오히려 부드 럽고, 고무적이며, 이타적이었습니다. 그는 스스로 모범을 보이는 리더의 전형적인 모습이었습니다."

하버드 MBA의 프랜시스 프레이 교수는 "리더십이란 당신의 존 재로 타인을 더 낫게 만들고, 당신이 없을 때도 그 효과가 지속되게 하는 것"이라고 말했습니다. 데이브처럼, 여러분도 경력을 쌓으면서 다른 사람에게 이런 일을 할 수 있습니다.

네 번째는 '린 인(LEAN IN, 기회가 있으면 바로 뛰어들라)'입니다.

중국 속담에 "여성이 하늘의 반을 지고 있다."라는 말이 있습니 다. 이 속담은 세계 어디에나 인용되며, 여성은 중국의 역사와 지금 현재에도 특별한 역할을 맡고 있습니다.

세계가 여성의 위치와 발전을 논의했던 장소가 바로 이곳 베이

---

15. SurveyMonkey : 온라인 설문조사 소프트웨어 업체. 여러 사람의 의견을 모으는 간단 한 질문부터 전문적인 설문까지 다양하게 활용할 수 있어 개인부터 기업까지 폭넓은 회원 층을 보유하고 있다. 현재 온라인 설문조사 시장 중 75%를 차지하고 있으며, 큰 역량을 가 진 기업으로 성장하고 있다.

징이었습니다. 1995년, 여성의 삶과 의사 결정에 있어 적극적이고 평등한 참여를 요구한 "베이징 여성회의 행동 강령Beijing Declaration and Platform for Action"이 189개 정부에 의해 채택되었습니다. 그리고 작년, 이 역사적 선언의 20주년을 맞아 베이징의 약속, 즉 여성과 남성의 평등을 실현하기 위해서 리더들이 이곳에 다시 모였습니다.

우리는 모두 여성의 중요성과 힘을 알고 있지만, 각국의 리더십 역할을 보면 압도적으로 남자가 많습니다. 미국을 포함한 거의 모든 나라에서 여성이 리드하는 기업은 상위권 기업의 6퍼센트 미만입니다. 업계별로 봐도 여성의 리더십 역할은 적습니다. 이는 우리에게 영향을 미치는 의사 결정에 있어서, 여성의 목소리가 평등하게 반영되지 않는다는 것을 의미합니다.

남성과 여성 사이에 리더십 격차가 존재하는 이유는 많습니다. 노골적인 차별, 가정에서의 더 많은 책임, 근무 환경의 유연성 부족, 가장 중요한 이유는 정형화된 기대입니다. 전 세계적으로 문화는 각기 다르지만 남성과 여성에 대한 고정관념은 매우 유사합니다. 중국 및 세계 여러 국가에서 여성의 위상이 변하고 진화하고 있지만, 전통적인 기대와 고정관념은 여전히 남아 있습니다. 지금도 미국과 중국을 비롯한 여러 나라에서는 남성이 리드해야 하고 공격적이고 성공하기를 기대합니다. 여성에게는 나누고 유화하고 순종하기를 기대합니다. 우리는 소년과 남성에게 리더십을 기대합니다. 하지만 어린 소녀가 리드하면 다른 사람을 쥐고 흔든다는 의미로 '보시bossy', 중국어로는 '치앙시強使'라고 합니다.

다른 사회적 장벽도 여성의 진출을 방해합니다. 여성은 "관시(關

係, 관계)"와 같은 전문적인 네트워크와 승진에 매우 중요한 역할을
하는 공식, 혹은 비공식 사교에서 제외되는 경우가 많습니다. 이러
한 현상은 미국에서도 흔히 볼 수 있는데, 대부분의 남성들은 여성
멘토보다는 남성 멘토를 선호합니다.

저는 남성의 절반이 가정을 맡고 여성의 절반이 사회적 역할을
담당한다면, 더 나은 세상이 될 것이라고 생각합니다. 다행히도 우
리는 이러한 편견을 깨고 진정한 평등으로 나아갈 수 있습니다. 아
버지가 어머니를 도와 가사와 육아를 돌본다면, 가정의 균형을 찾
을 수 있습니다. 평등한 결혼이 더 행복하고, 적극적인 아버지가 성
공하는 자녀를 키웁니다. 우리는 어린 소녀에게 "bossy"라고 말하는
사람에게 다가가, "저 소녀는 쥐락펴락하는 게 아니라 뛰어난 리더
십 기술이 있는 겁니다."라고 말해야 합니다.

저는 이 점 또한 분명히 하고 싶습니다. 평등은 여성에게만 좋은
것이 아닙니다. 평등은 모두에게 좋은 것입니다. 일하는 여성은 경
제 성장의 원동력입니다. 남녀 차별 없이 개인의 재능을 인정하는
회사는 그렇지 않은 회사보다 더 높은 실적을 올립니다. 작년에 이
자리에 섰던 알리바바[16] 대표 잭 마Jack Ma는 "알리바바의 성공 비
결은 여성들이 많다는 것입니다. 여성이 없으면 알리바바도 없습니
다."라고 말했습니다. 알리바바에서는 여성 직원이 40퍼센트를 차지
하고 그중 35퍼센트가 고위직입니다. 전 세계의 그 어떤 회사보다
도 여성의 비율이 높습니다.

---

16. Alibaba : 인터넷 전자상거래 포털 사이트. 중국 제조업체와 국외 구매자들을 위한 기업
대 기업(B2B) 사이트로 현재 중국 전자상거래 시장의 약 80%의 점유율을 차지하고 있다.

훌륭한 리더는 자신과 비슷한 사람만 발전시키는 것이 아니라 모두를 발전시킵니다. 여러분이 훌륭한 리더가 되길 바란다면, 팀에서, 혹은 회사에서 남성뿐만 아니라 여성에게도 힘을 부여하십시오.

우리의 동료들 역시 우리를 발전시킵니다.《린 인Lean In》이 2013년에 처음 출간되었을 때, 여성이 야망을 실현할 수 있도록 힘을 부여하는 것을 목표로 하는 비영리 프로젝트인 'LeanIn.org'도 함께 발족했습니다. LeanIn.Org는 또래들이 모여 정보도 교환하고 공부도 할 수 있는 소규모 그룹인 '린 인 서클Lean In Circles'을 구성하도록 지원합니다. 현재 100개국이 넘는 나라에 2만 3,000개 이상의 서클이 있습니다.

제가 만나 본 최초의 국제 린 인 서클은 베이징에 있었습니다. 서로 직업적 야망을 나누고 '셩누shengnu', 즉 노처녀라는 개념에 도전하는 젊은 전문직 여성들의 모임이었습니다. 지난 2년 동안 평등을 지지하는 남녀 직장인부터 대학생에 이르기까지 중국 전역에 이러한 네트워크가 만들어졌습니다. 그중 하나가 칭화에 있는데, 오늘 아침에 이들을 만났습니다. 저는 그들의 학업과 경력에 대한 열정에 고무되었습니다. 한 회원이 저에게 이렇게 말했습니다. "제가 처음 린 인 칭화에 가입했을 때 '정의로운 대의에는 많은 지원이 따른다'는 중국 속담을 완전히 이해하기 시작했다."라고요.

저는 성 평등 문제를 해결하는 데 있어 여러분 세대가 제 세대보다 훨씬 나을 거라 생각합니다. 따라서 우리는 여러분에게 의지합니다. 여러분이야말로 더욱 평등한 세상을 위한 희망입니다.

오늘은 축하의 날입니다. 여러분이 이룬 것, 여러분을 이 순간까지 오게 한 그동안의 노력을 축하하는 날입니다.

또 감사의 날입니다. 지금까지 여러분을 도와주고, 보살펴 주고, 가르쳐 주고, 응원해 주고, 위로해 준 사람들에게 감사하는 날입니다. 또한, 깊이 생각하는 날입니다. 여러분이 어떤 리더가 될 것인지 생각해 보는 날입니다.

저는 여러분이 중국뿐만 아니라 세계의 리더가 될 것이라고 생각합니다. 여러분 모두를 위해 다음 네 가지를 기원합니다.

첫째, 여러분이 용기 있고 운이 좋기를. 행운은 용기를 좋아합니다.

둘째, 여러분이 필요한 피드백을 주고받기를. 피드백은 선물입니다.

셋째, 여러분이 모두에게 힘을 줄 수 있기를. 남의 문제란 없습니다.

넷째, 여러분이 평등을 지지하기를. 린 인!

축하합니다! ::

Illumination-or wisdom-is precisely what we most need today.
Part of wisdom is recognizing that there is a purpose to our life
that may not be immediately obvious as our life unfolds.

깨달음, 즉 지혜는 우리가 오늘을 살아가는 데 가장 필요한 요소입니다.
지혜라는 것은 우리 삶이 흘러가는 것처럼 당장 명백하게 드러나는 것은 아니지만,
삶에는 목적이 있다는 사실을 깨닫게 해줍니다.

명사 약력

Arianna Huffington

1950년 7월 15일 그리스에서 태어났다. 16세에 영국으로 이주해 1971년 케임브리지 대학
교에 입학했고 경제학 석사학위를 받았다. 1986년 마이클 허핑턴 미국 공화당 상원의원
과 결혼하여 워싱턴 정계에 발을 내딛었으나 1997년에 이혼했다. 그녀가 52세에 창간한
〈허핑턴 포스트〉는 2011년에 미국 온라인 포털사이트인 AOL에 매각되었다. 현재 아리아
나 허핑턴은 허핑턴 포스트 미디어그룹 회장 겸 편집장 지위에 있다.

아리아나 허핑턴
Arianna Huffington

사라 로렌스 대학교
Sarah Lawrence College
(2011년 5월 20일)

사라 로렌스 대학교
Sarah Lawrence College

1926년 설립된 미국 뉴욕 주 용커스에 위치한 사립 리버럴 아츠 칼리지. 이 학교는 입학 시험 때 SAT를 전혀 참고하지 않는다. 그 대신 고등학교 내신 성적과 작문 평가, 운동, 예술 등 과외 특별 활동과 교사 추천서를 중요한 평가 지침으로 사용한다. 이 대학교의 저명한 동문으로 미국의 영화감독 브라이언 드 팔마, 패션 디자이너 베라 왕, 예술가 오노 요코, 미국의 정치인 람 이매뉴얼, 영화 제작자 J. J. 에이브럼스 등이 있다.

삶의 목적이 무엇인지 아는 것이 가장 큰 지혜이다

아리아나 허핑턴 Arianna Huffington

　　로렌스 총장님과 이사회 임원, 여러 교수님들, 뿌듯한 마음으로 앉아 계신 부모님과 가족 그리고 친지 여러분, 무엇보다 여러분의 생에 특별한 순간을 함께 할 수 있도록 초대해주신 2011년도 졸업생 여러분에게 영광의 인사를 드리며 깊이 감사드립니다. 제 두 딸 아이도 여러분처럼 대학에 다니고 있는데 큰 아이는 내년에 졸업반이 되고 작은 아이는 2학년이 됩니다. 그래서 그런지 이 자리가 제게는 더욱 뜻깊게 다가옵니다.

　　이곳은 가장 신비스럽고 굉장한 자리입니다. 저는 총장님 댁에서 저녁식사를 하기 위해 어제 저녁에 이곳에 왔는데요, 어느 남자 졸업생 한 사람을 만났습니다. 그런데 그 친구는 어머니와 함께 학교에 다녔다는 거예요. 아, 물론 기숙사 방을 함께 쓰지는 않았다고 하더군요. 아버지 뒤를 따라 이 학교에 다닌 이사회 임원도 계셨습니다. 오늘 이 학교를 졸업하면 파리로 떠날 학생도 있었는데, 벌써 자신의 자서전을 다 써놓았다고 하더군요. 여러분이 짐작하는 대로 자서전 곳곳에서 이 학교를 떠나고 싶지 않다는 말이 놀라울 정도로 자주 나왔습니다.

제임스 조이스[17] 연구가이신 로렌스 총장님을 학교 대표로 모시고 있다는 것이 여러분에게는 아주 큰 행운입니다. 잘 알려지지 않은 사실이지만, 2005년 〈허핑턴 포스트[18]〉를 창립할 당시 저는 우리 잡지 이름을 〈허핑턴스 웨이크 Huffington's wake〉라고 할 작정이었습니다. 그리스 신화처럼 중의적인 단어와 비유들을 사용해서 세상을 풍자한 기사로 가득 채울 생각이었습니다. 그래서 소설 속 주인공인 레오폴드 블룸[19]과 스티븐 디덜러스[20]가 직접 쓰는 블로그 형식이 될 예정이었지요. 그 기사를 읽은 사람들은 아무도 없지만, 모든 사람들이 그걸 읽은 척할 수 있는 것 말이에요.

음…… 어쨌든, 여러분은 해냈습니다. 축하합니다! 지금이야 대학 졸업이 그다지 특별한 일이 아니라고는 하지만, 저는 여러분이 대단해 보입니다!

여러분이 곧 진출할 세상을 잘 살펴보면, 분할 스크린을 보는 듯한 느낌이 들 것입니다. 그리고 여러분이 화면의 어느 쪽을 보느냐

---

17. James Aloysius Joyce : 1882 ~ 1941. 아일랜드의 소설가이자 시인으로 20세기 문학에 커다란 변혁을 초래한 작가이다. 대표작에 《더블린의 사람들》, 《율리시스》 등이 있다.

18. The Huffington Post : 오늘날 가장 성공한 온라인 저널리즘으로 평가 받는 미국의 대표적인 블로그 뉴스 사이트. 칼럼니스트로 활동하던 아리아나 허핑턴이 2005년 5월 설립했으며, 2011년에 미국 인터넷 서비스 회사인 AOL(America Online, Inc.)이 인수했다. 700여 명의 기자와 4만여 명의 블로거가 다양한 주제를 놓고 집필하며 전세계 독자들과 소통하는 미디어이다.

19. Leopold Bloom : 제임스 조이스가 1922년에 발표한 《율리시스》의 주인공.

20. Stephen Daedalus : 제임스 조이스가 1916년에 발표한 《젊은 예술가의 초상》의 주인공.

에 따라 세상을 보는 관점이 완전히 달라집니다. 현재를 바라보는 시각은 물론이고, 특히나 미래에 대한 생각도 바뀌게 될 거예요.

화면 반쪽을 살펴볼까요. 마치 부조리와 분노가 판을 치고, 근대 과학이 존재하기 이전의 중세 시대 세상 같지요. 확실한 건 아무것도 없고 사실은 중요하지 않으며 진실은 자기주장에 묻히기 십상이고요.

프랑스 차기 대통령 후보로 지목되기도 했던 IMF 의장이 강간미수 혐의로 구속되는 일이 벌어지기도 했습니다. 캘리포니아 전 주지사가 10년 전 집안일을 돕던 가정부와의 사이에 아이가 있다는 사실을 인정하기도 했지요. 그건 그렇고, 이런 이야기들을 들으니까 더욱더 여성들이 지도자로 나서야 한다는 생각이 들지 않나요? 여성 지도자가 강간 혐의로 구속됐다는 마지막 기사가 언제였지요?

어쨌든 지금은 우리나라 국민 중 70퍼센트가 생각하기를, 우리는 잘못된 길을 가고 있다고 말하는 시대입니다. 2,500만 명에 이르는 사람이 직업을 구하지 못하거나 불완전고용 상태가 되면서 아메리칸 드림은 점점 퇴색되어가고 있습니다. 무엇보다도 놀라운 것은 학생들이 갚지 못한 학자금 대출이 1조 달러(1,000조 원)에 달하면서 그 금액이 신용카드 빚보다 더 높아졌다는 사실입니다. 게다가 독립했던 젊은이들이 다시 부모님 집으로 들어가는 비율이 34퍼센트라는 놀라운 수치로 뛰어올랐다고 합니다.

또한 국회의원이나 대통령 후보로 나선 이들이 진화론을 믿지 않으며 지구 온난화가 근거 없는 소문에 지나지 않는다고 생각하는 세상입니다. 정치인들은 본인의 생각은 없고 누구나 다 알 수 있는 사실만 늘어놓고 있어요.

하지만 또 다른 세상이 있습니다. 바로 여러분이 만들어낼 세상이지요. 대중 매체에서 도널드 트럼프[21]의 대선 출마나 킴 카다시안[22]의 새 남자친구 이야기를 집중적으로 다룰 때에도 여러분들은 또 다른 세상을 만드는 데 힘을 쏟아야 합니다. 분할된 다른 한쪽 화면에는 창의적이고 혁신적이며 공감과 열정이 흘러넘치는 세상을 만들어 나가야 합니다. 여러분은 역사상 가장 긴밀히 연결된 세대입니다. 그리고 여러분은 인간의 존재 가치나 진정한 삶의 의미에 대한 광대무변한 수수께끼를 고민하며 중요한 질문을 던지겠지요.

1990년대에 저는 《네 번째 본능the fourth instinct》이라는 책을 쓰면서 인간의 기본적 세 가지 본능인 생존, 성, 권력 외에 또 다른 본능에 대해 파헤쳐 보았습니다. 그것은 우리가 속한 공동체와 세상의 경계선을 넓히고자 하는 본능이었지요. 그것은 다른 세 가지 본능과 마찬가지로 인간이라면 누구나 가지고 있는 기본적인 욕구이지만, 우리는 그리 중요하게 여기지 않았습니다.

특히 경제가 와해된 요즘 같은 시대에 인간에 살아가는 데 공감 능력이 점점 더 중요한 역할을 한다는 것을 깨닫게 된 것은 어쩌면 몹시 불행할 일일 수 있습니다. 사실, 요즘처럼 경제적으로 어렵고, 정치적 혼란이 심해지고, 기술 변화가 급격히 이뤄지는 시대에 사는 우리에게 공감 능력이란 21세기의 생존과 번영을 위해 무엇보다

---

21. Donald Trump : 1946 ~ 현재. 세계에서 가장 성공한 부동산 투자자이며, 《부자 아빠 가난한 아빠》로 세계적인 돌풍을 일으킨 동기부여 전문가.

22. Kim Kardashian : 1980 ~ 현재. 미국 출신 모델 겸 배우.

필요한 자질이라 할 수 있습니다.

조너스 소크[23] 박사는 세상을 떠나기 직전에 우리가 생존과 경쟁을 기반으로 한 A시대에서 협력과 의미가 기반이 된 B시대로 이행하고 있다고 말했습니다. 세계가 이런 엄청난 변화를 겪는 동안 우리의 가치관도 변하지만, 우리가 놓치고 있는 가장 중요한 사실은 지능지수가 아니라 지혜가 필요하다는 사실입니다. 제가 이 학교의 '진정한 지혜'라는 교훈을 아주 좋아하는 이유이기도 한데요, 지혜보다 더 중요한 것은 없기 때문입니다.

세계 곳곳에서 기업, 대중 매체, 정계 할 것 없이 훌륭한 지도자라는 사람들은 매일같이 끔찍한 결정을 내립니다. 그들에게 부족한 것은 지능이 아니라 지혜입니다. 결국, 지도자가 지녀야 할 리더십이란, 타이타닉호가 난파하기 전에 빙하를 찾아내는 능력이거든요.

트위터가 존재하기 훨씬 전인 3세기에 철학자 플로티노스는 지식의 세 가지 근원을 의견, 과학 그리고 깨달음이라고 설명했습니다. 깨달음, 즉 지혜는 우리가 오늘을 살아가는 데 가장 필요한 요소입니다. 지혜라는 것은 우리 삶이 흘러가는 것처럼 당장 명백하게 드러나는 것은 아니지만, 삶에는 목적이 있다는 사실을 깨닫게 해줍니다. 어떤 일, 특히 아주 비통한 일들은 우리가 그것을 꼭 겪어보지 않더라도 단지 과거를 되돌아보는 것만으로도 충분히 이해할 수 있으니까요.

---

23. Jonas Salk : 1914 ~ 1995. 미국의 면역학자로 러시아 유태인 이민자 부모 사이에서 태어나 가난한 유년 시절을 보냈으나 의사 대신 연구자의 길을 선택한 후 백신 연구에 몰두해 소아마비 백신을 개발했다. 그러나 많은 사람들을 질병으로부터 해방시키기 위해 백신 특허 신청을 거부했으며 '기적을 낳은 연구가'라는 칭호를 받고 있다.

한 가지 예를 들어 볼까요. 저는 20대에 만나보지도 않은 남자와 사랑에 빠진 적이 있었습니다. 저는 그 사람이 쓴 글을 정말로 사랑했어요. 그 남자의 이름은 버나드 레빈Bernard Levin이고 〈런던타임스〉 기자였습니다. 저는 그 사람이 쓴 칼럼은 모두 스크랩하고 밑줄을 쳐가면서 읽고 마음에 새겼습니다. 마침내 그 사람을 직접 보게 되었을 때에는 너무 긴장한 나머지 혀가 굳어 말도 제대로 나오지 않더군요. 어찌됐든 그 사람은 저를 저녁 식사에 초대해 주었고, 저는 머리를 손질하러 미용실에 가는 대신 그 사람이 쓴 글을 모조리 읽으면서 첫 데이트를 준비했었지요. 특히 북아일랜드에 대한 기사들은 빼놓지 않고 모조리 읽었습니다. 물론 데이트를 하는 동안 북아일랜드 이야기는 나오지도 않았어요. 그렇게 우리는 7년을 사귀고 헤어졌습니다. 당시 서른이었던 저는 아이를 너무 갖고 싶었어요. 그 사람은 고양이를 키우고 싶어 했고요. 그래서 저는 그 당시 몹시 두려워하던 일을 저질러버렸습니다. 제가 무척 사랑하던 사람 곁을 떠난 거지요. 아이들을 낳고, 책을 쓰고, 허핑턴 포스트를 만들고 지금 여러분 앞에 서서 졸업식 축사를 하는 이 모든 일이 그 남자가 저와 결혼을 하지 않은 덕분에 가능한 일이었습니다.

명심하세요! 아셨죠? 살다 보면 꼬였다고 생각했던 일이 종종 다른 일을 더 잘 풀리게 만드는 요인이 되고는 합니다. 어제 만났던 맥스 티셔Max Teicher라는 졸업생에게 들은 이야기인데요. 맥스는 미술 수업을 정말 듣고 싶었지만 이미 수강 정원이 다 차버리는 바람에 포기해야 했는데, 결국 대신 신청해 들은 철학 수업에 푹 빠져들었다고 합니다. 맥스의 경우도 '전화위복'이라고 할 수 있지요.

지혜의 핵심 요소는 대담성입니다. 두려움이 아예 없는 상태가 아니라 두려움이 우리 앞을 가로막지 못하게 하는 상태지요. 저는 제 삶에서 아주 힘겨웠던 시절을 늘 떠올립니다. 출판사마다 제가 쓴 책의 출판을 꺼려 37번이나 퇴짜를 맞았습니다. 25번 정도 퇴짜를 맞았을 때 여러분은 제가 아마 이렇게 말했을 거라고 생각하겠지요. "아휴, 뭔가 잘못된 것 같아. 다른 일을 찾아봐야겠어."

수중에 돈 한 푼 없이 맥이 쭉 빠진 채 런던의 성 제임스 거리를 걷다가 바클레이스 은행Barclays Bank을 발견했던 기억이 납니다. 저는 은행 안으로 들어갔지요. 아주 당당하게 대출 창구로 가서 책임자를 불러 다짜고짜 대출을 해달라고 부탁했습니다. 저한테는 담보 잡힐 자산이 하나도 없었는데도 이언 벨이라는 은행원이 저에게 대출을 해 주었어요. 그 일이 제 인생을 바꾸어 놓았습니다. 대출을 받은 덕분에 그 뒤로 13번이나 더 퇴짜를 맞았지만 생활을 유지할 수 있었으니까요.

마침내 한 출판사에서 책을 출간하겠다고 나섰습니다. 동화에 보면 주인공이 어두운 숲속을 헤맬 때면 여기저기서 주인공을 도와줄 동물이 불쑥 등장해서 숲을 벗어나는 길을 가르쳐 주고는 하잖아요. 그래요, 인생도 마찬가지입니다. 주인공을 도와주는 동물로 위장한 인간이 곳곳에 숨어 있어요. 이언 벨 같은 사람이요. 저는 아직도 그분께 해마다 잊지 않고 크리스마스카드를 보냅니다.

끈기가 성공과 실패를 좌우하는 일은 아주 흔하게 일어나지요. 성공할 때까지 얼마나 오랫동안 참고 견디느냐에 달려 있을 뿐이에요. 그러니 주저앉기 직전에 한 번만 더 일어나세요.

제 어머니는, '천사들은 스스로 가볍다고 생각하기 때문에 날 수 있다.' 같은 기분 좋은 격언을 포함해서 저에게 많은 것을 가르쳐 주셨는데요, 그중에 살면서 가장 도움이 됐던 말은 실패가 성공의 반대말이 아니라는 사실이었습니다. 성공하려면 누구나 실패를 겪어야만 하거든요.

그리고 그 말은 곧 실패에 대한 두려움이 우리의 앞길을 가로막게 해서는 안 된다는 의미를 담고 있기도 합니다. 여러분 머릿속에 사는 몹시 사악한 룸메이트가 하는 의심의 목소리에 귀를 기울이면 안 됩니다. 몽테뉴[24]는 이런 말을 했습니다. "내 삶에는 끔찍한 일들이 많았지만, 대부분은 일어나지도 않았다."라고요.

저는 멋진 어플을 만들기 위해 매일 뛰어난 엔지니어들과 함께 일합니다. 그런데 현대인에게 가장 필요한 어플은 마음과 몸, 그리고 정신의 상태를 측정하고 상황에 맞는 정확한 조치나 방법을 제시해서 즉시 정상상태로 되돌아오게 만들어 주는 것이 아닐까 하는 생각이 들었어요. 이를테면 '영혼을 위한 GPS'로 불러도 되겠지요.

저는 사라 로렌스 대학이 여자 대학교이던 초창기 시절에 진행했던 '생산적인 여가 활동'을 아주 좋아합니다. 학생들은 각자 한 주를 정해서 정원 손질이나 공예품 만들기, 탭댄스, 별 관찰이나 불어 수업 같은 과외 활동을 했었지요.

세상과 끊임없이 연결되어 살아가는 현대인에게 생산적인 여가

---

24. Montaigne : 1533 ~ 1592. 프랑스의 르네상스 시대를 대표하는 철학자·문학자이며 사상가. 길고 짧은 여러 개의 장으로 이루어져 전체 3권으로 구성된 산문 수상집 《수상록(隨想錄, Essais)》은 몽테뉴가 쓴 유일한 책으로 후세의 과학주의·민주주의의 원천이 되었다.

활동이 지닌 의미는 그 어느 때보다 훨씬 더 중요해 보입니다. 저는 그것을 '잠시 플러그를 뽑고 재충전을 하는 시간'이라고 부르고 싶네요.

어머니가 돌아가셨을 때, 저와 어머니는 가장 중요한 점에서 아주 다른 사람이었다는 것을 깨달았습니다. 어머니는 마치 아이처럼 세상의 시간과 상관없이 늘 여유롭게 사신 반면 저는 현대사회의 속도에 맞추느라 늘 바쁘게 살았다는 것이지요. 시계를 들여다보면 늘 생각했던 것보다 시간이 많이 흘러 있고는 했어요. 어머니에겐 온 세상이 늘 인간적이고 따뜻했습니다. 시장이라도 가는 날이면 라벤더나 로즈마리가 얼마나 싱싱할지 생각하면서 반나절 내내 즐거워하셨거든요. 시장을 돌아다니는 어머니의 모습은 마치 예술품 감정가가 루브르 박물관을 누비고 다니는 것 같았지요. 그런 정물화들을 만지고 냄새 맡을 수 있다는 점이 박물관과는 달랐지만요. 만약 여러분이 세상의 시간과는 상관없이 일상의 바쁜 생활에 여유로운 순간을 접목할 수 있다면 정말 축복이 될 것입니다.

니콜라스 카[25] 교수가 쓴 글을 보면 이런 말이 있습니다. "효과적으로 정보를 수집해야 하는 때가 있으면 비효율적인 명상을 할 시간도 필요하다. 기계를 조작해야 하는 시간도 필요하지만 정원에 멍하니 앉아 있는 시간도 분명히 필요한 것처럼." 여러분이 뛰어들 세상에는 이제 명상을 즐길 정원이 별로 남아 있지 않습니다. 그러니까 정원이 눈에 띄기만 하면 잠시 걸음을 멈추고 고요함에 흠뻑

---

25. Nicholas Carr : IT미래학자이며 경제 칼럼니스트.

취해 보시기 바랍니다. 여러 가지 일을 동시에 해내느라 삶의 소중
한 부분을 놓치는 일은 없기를 바랍니다.

잠을 충분히 자는 것도 재충전을 위한 가장 효과적인 방법 중에
하나라는 것을 기억하세요. 잠이 모자라면 생산성과 효율성을 크게
해칠 수 있습니다. 수년 동안 아침 일찍부터 밤늦게까지 일하며 스
스로를 괴롭힌 뒤에야 저도 잠의 중요성을 깨닫게 되었습니다.

그리고 남성성을 과시하는 남자들이 분위기를 좌우하는 회사에
서는, 여성은 더 힘들게, 더 오랫동안, 더 늦게까지 일을 해야만 인
정받을 수 있는 것처럼 느끼는 경우가 종종 있습니다. 그런데 수면
부족은 정력과 연관될 수도 있어요. 한번은 자기는 딱 네 시간만 자
도 충분하다는 남자랑 저녁을 먹은 적이 있었는데요, 잠을 다섯 시
간 잔다고만 했어도 그에게 좀 더 관심이 갔을 거라고 이야기해 주
고 싶었습니다. 충분한 수면과 생산적인 여가 활동은 지혜를 활용
하는 열쇠이며 우리의 삶을 보다 특별하게 만들어 줍니다.

이타주의[26]의 근원을 파헤친 한 연구에 따르면, 심리학자인 어빈
스타우브Ervin Staub 박사는 제2차 세계대전 동안 나치의 감시를 피
해서 유대인을 숨겨 주다가 목숨을 잃을 뻔했던 남성과 여성들의
심리를 분석했습니다. 그리고 '선은 악과 마찬가지로 아주 사소한
부분에서 시작된다.'라는 결론을 얻었습니다. 약속을 잘 지키는 일
과 같은 아주 사소한 부분이 점점 더 커져 우리가 사는 공동체 전체
에 긍정적인 영향을 미치게 된다는 것입니다.

---

26. 利他主義 : 사랑을 주의로 하고 질서를 기초로 하여 자기를 희생함으로써 타인의 행복
과 복리의 증가를 행위의 목적으로 하는 생각, 또는 그 행위.

물론 여러분 모두는 사라 로렌스에서 여러 가지 방법으로 이런 사실을 체험한 것처럼 보입니다. 어린이집 실습, 감옥 체험 행사에서 했던 '글을 쓸 권리'에 관한 교육, 용커스 공립 도서관에서 열린 미술 전시회, 공립학교 극장 봉사 활동, 노숙자를 위한 숙소 마련 운동 등등 말입니다. 저는 여러분 모두 〈허핑턴 포스트〉에 직접 체험한 활동에 대한 글을 써주셨으면 합니다. 여러분이 작성한 기사가 다른 사람들의 마음을 움직여 선행을 베풀 수 있도록 만들 테니까요.

스스로 다른 사람들보다 앞서 있다고 자부하는 마케팅 전문가들은 이미 사람들에게 선행을 베풀고 싶어 하는 욕구가 있다는 점을 광고에 잘 활용하고 있습니다. 어느 날 밤, 호텔에 앉아 있는데 광고 하나가 눈길을 끌더군요. 잔잔한 피아노 선율과 함께 광고가 시작하더니 뒤이어 목소리가 들렸습니다. "자발적으로 나선 사람들 수백만 명, 과연 이 방법밖에 없었을까요?" 그다음 선행을 베푸는 사람들 사진이 다양하게 등장했습니다. 고장 난 차를 고치는 운전자를 도와주는 사람, 화재 진압을 한 후 지친 소방관 등의 모습이요. 그리고는 이런 구절이 화면에 등장하면서 광고는 끝이 납니다. "선행을 베푼 사람들을 위해서." 무슨 광고인지 감이 오나요? 시바스 리갈Chivas Regal 위스키 광고였어요.

시바스 리갈 위스키가 술을 팔면서 이타주의가 좋은 방법이라고 여겼다면, 여러분은 지금 이 시대가 요구하는 게 무엇인지 아실 겁니다.

지금이 바로 다른 사람들을 위해서 잠깐 멈추어야 할 때입니다.

특히 워싱턴에 사는 다른 사람들을 위해서 문제를 해결하고 우리 시대의 왜곡된 점을 바로잡아야 할 때입니다. 그러니까 이제 아름다운 캠퍼스를 뒤로 하고 떠나는 여러분은 부디 우리를 구해줄 백마 탄 지도자를 기다리지는 마십시오. 그 대신 거울에 비친 지도자에게 눈을 돌리세요. 여러분 마음에 잠재된 리더십을 끌어내는 것입니다. 세상은 여러분을 간절히 필요로 합니다. 과감하게 위험을 무릅쓰고, 실패해도 괜찮습니다. 실패를 하면 할수록 성공에 가까워지고 있다는 뜻이니까요. 그리고 더욱 중요한 점은 세상이 바뀐다는 것입니다. 삶의 균형을 이루면서 더 즐겁게 생활하세요. 잠도 푹 자고 늘 감사하는 마음을 가지도록 하십시오.

대단히 감사합니다. ::

Well, it's a start. On this day of triumphantly graduating, a new door is opening for you; a door to a lifetime of rejection. It's inevitable. It's what graduates call the real world.

이제 시작입니다. 당당하게 졸업을 맞는 오늘, 여러분 앞에 새로운 문이 열립니다.
평생 여러분을 따라다닐 '거절의 문' 말입니다.
이는 피할 수 없는 사실입니다. 사회로 나간 이들은 이를 현실이라고 부릅니다.

,,

명사
약력

Robert De Niro

1943년 8월 17일 미국에서 태어났다. 아카데미상을 두 차례, 골든 글로브상을 한 차례 받은 영화배우이자 감독, 제작자이다. 오랜 친구이자 창조의 원천인 마틴 스코세이지 감독과 함께한 작품 〈비열한 거리〉가 세상에 나온 후 할리우드 최상급 배우들과 어깨를 나란히 했다. 100여 편에 가까운 작품에 출연하며 노장의 힘을 보여주고 있다. 주요 작품으로는 〈대야망〉, 〈대부2〉, 〈원스 어폰 어 타임 인 아메리카〉, 〈위대한 유산〉, 〈인턴〉 등이 있다.

로버트 드 니로
Robert De Niro

뉴욕 대학교
New York University
(2015년 5월 22일)

뉴욕 대학교
New York University

1831년 뉴욕시티대학교University of the City of New York로 설립되었다. 다음 해 시청 근처에
있는 건물에서 교실을 임대해 수업을 시작했으며 1896년 현재의 이름으로 교명을 변경했
다. 미국에서 가장 규모가 큰 사립대학 중 하나이며, 로버트 드 니로가 축사를 한 티시 예
술대학The Tisch School of the Arts은 행위 예술과 미디어 아트 전문 교육 기관으로 미국 최
고의 명문 '영화인력시장'이라고도 불린다.

열정은 언제나
상식을 뛰어넘는다

로버트 드 니로 Robert De Niro

그린 학장님, 다른 학과의 학장님들, 대학 집행부, 교수진, 직원, 졸업생 부모님과 친구들, 그리고 뉴욕대 티시 예술대학Tisch School of the Arts 졸업생 여러분. 여러분에게 축사를 할 수 있도록 허락해 주신 것에 대해 감사드립니다. 티시 졸업생 여러분. 여러분은 드디어 해냈습니다. 그리고 이제 완전히 망했죠.

생각해 보세요. 간호대학 졸업생들은 모두 직장을 구할 겁니다. 치과대학 졸업생들도 모두 취업을 할 겁니다. 레너드 앤 스턴 경영대학Leonard N. Stern School of Business 졸업생들도 걱정 없습니다. 의대 졸업생들도 하나둘씩 일자리를 얻을 겁니다. 자부심이 강한 법학대학 졸업생들도 문제없습니다. 직장을 구하지 못한다 하더라도 상관없습니다. 그들은 변호사이지 않습니까. 영문학 전공자들도 문제없습니다. 집에서 소설을 쓰면 되니까요. 교사들도 모두 일을 하고 있겠죠. 보수가 형편없고 힘든 직업이지만, 일은 할 수 있습니다. 회계학 전공자들도 모두 직장을 구합니다.

여러분은 어떤가요? 회계사들이 부럽나요? 그렇지 않을 겁니다. 그들은 선택을 했습니다. 회계학 자체를 좋아했을 수도 있지만, 오히려 합리적 사고, 논리, 그리고 상식에 입각해 성공과 안정을 보장할 수 있는 직업으로서 회계사를 선택한 것은 아닌가 하는 생각이 듭니다. 티시에서 합리적 사고, 논리, 상식이라니. 지금 장난합니까? 여러분은 이런 선택을 하지 않았습니다. 여러분은 재능을 발견했고, 열망을 키우며 자신의 열정을 깨달았습니다. 여러분이 그것을 느끼고 물리칠 수 없다면 함께 가는 수밖에 없습니다. 예술의 세계에서는 언제나 열정이 상식을 능가하기 마련입니다. 여러분은 단지 꿈을 좇는 게 아니라, 자신의 운명을 거머쥐려는 중입니다. 여러분은 댄서, 가수, 안무가, 음악가, 영화감독, 작가, 사진작가, 감독, 제작자, 배우, 그리고 예술가입니다. 그래요. 여러분은 완전 망한 거죠. 좋은 소식은 이런 일이 첫 직업으로는 나쁘지 않다는 것입니다. 자의든 타의든 여러분은 선택을 했기 때문에, 가야 할 길은 분명합니다. 쉽지는 않지만 분명하긴 합니다. 여러분은 계속 나아가야만 합니다. 간단합니다. 여러분은 티시를 마쳤습니다. 다시 말해 여러분이 티시를 졸업한 건 정말 대단한 일입니다.

이제 시작입니다. 당당하게 졸업을 맞는 오늘, 여러분 앞에 새로운 문이 열립니다. 평생 여러분을 따라다닐 '거절의 문' 말입니다. 이는 피할 수 없는 사실입니다. 사회로 나간 이들은 이를 현실이라고 부릅니다. 한 회사에 입사하기 위해 오디션을 볼 때, 여러분은 현실을 경험하게 될 겁니다. 여러분의 프로젝트를 실현시켜 줄 후원자를 찾을 때, 현실이 나타날 겁니다. 여러분이 쓴 대본을 회사에 제출하거나, 연출 분야 혹은 안무 분야에서 직업을 찾으려고 할 때, 여러분 앞의 문이 닫혀 있다는 사실을 알게 될 겁니다. 여러분은 이럴 때 어떻게 대처합니까? 바륨[27]이나 바이코딘[28]이 효과가 있다는 이야기를 들었는데 글쎄요, 여러분은 너무 풀어져 있으면 안 됩니다. 그리고 우리가 해야 할 일을 해야죠. 또한 여러분은 어느 정도의 고통은 받아들일 줄도 알아야 합니다. 고통이 없다면, 우리는 무슨 얘기를 할 수 있을까요? 졸업식에 참석한 수많은 졸업생들과 그들의 가족 앞에서 연설을 해야 한다고 가정할 때, 술 몇 잔 마시는 것은 예외로 하더라도 말입니다. 거절당한다는 것은 마음 아픈 일입니다만, 대부분 별것 아닙니다. 감독이나 제작자, 혹은 투자자에게 여러분의 능력을 보여줘야 할 때 그들은 다른 사람을 마음속에 생각하고 있을 수도 있습니다. 최근 영화 〈셀마〉(Selma, 2014)에서 마틴 루터 킹Martin Luther King 역할을 위해 오디션을 봤을 때도 이런 일이 생겼습니다. 그 역을 잘 소화할 자신이 있었기 때문에 정말 섭섭했죠. 저는 그 배역이 저를 위해 쓰였다고 생각했습니다. 하지만 감독은 다른 생각을 갖고 있었고, 그녀의 생각이 맞았다는 것을 여러분도 알고 계시죠? 감독은 항상 옳은 판단을 하는 것 같습니다. 오해하지는 마세요. 데이비드 오옐러워David Oyelowo(〈셀마〉의 주인공)의 연기는 대단했습니다. 저라면 영국인을 캐스팅하지는 않았겠지만 말입니다.

실제로 있었던 두 가지 이야기를 더 들려드리겠습니다. 저는 〈대

---

27. Valium : 신경 안정제.

28. Vicodin : 마약성 진통제.

야망〉(Bang the Drum Slowly, 1973)의 대본을 일곱 번이나 읽었습니다. 처음 두세 번은 헨리 위겐Henry Wiggen 역을 생각하면서 읽었는데, 이 역은 결국 마이클 모리아티Michael Moriarty에게로 돌아갔습니다. 저는 감독을 위해 읽었고 제작자를 위해 읽었습니다. 그러자 그들은 브루스 피어슨Bruce Pearson 역을 읽어 보라고 했습니다. 저는 감독을 위해 읽었고 제작자를 위해 읽었습니다. 제작자의 아내를 위해서도 읽었습니다. 저는 그들 모두를 위해 읽었습니다. 이는 마치 그들이 보다 나은 배역을 찾을 때까지 제가 오디션을 계속 봐야만 한다는 것과 같았습니다. 저는 당시 그들이 원했던 것이 무엇인지 알지 못합니다만, 그들이 다른 배역을 찾지 못하고 제게 배역을 맡긴 것이 기쁩니다. 한번은 연극 오디션을 본 적이 있습니다. 그쪽 관계자들과 계속 일을 했었기 때문에 저는 배역을 따낼 거라고 거의 확신했습니다. 하지만 연극은 저 없이 무대에 올랐습니다. 배역을 잃기 싫었지만 어쩔 수 없었죠. 무명 배우에게 배역을 뺏기는 것은 흔한 일이고, 저도 이해합니다. 이는 개인의 잘못이 아닙니다. 단지 감독이 다른 배우를 염두에 두고 있었을 뿐입니다. 여러분은 주변에서 많은 조언을 듣게 될 겁니다. 감독, 스튜디오 대표, 스폰서, 대부분 거리를 두려고 하기는 하지만 작가를 통해서도요. 그리고 동료에게서도 마찬가지입니다. 그래도 저는 작가를 사랑합니다. 저는 촬영장에서 작가가 항상 옆에 있도록 합니다. 모든 이들이 하는 모든 이야기를 귀담아듣고 여러분 스스로의 소리에도 귀를 기울이세요.

앞으로 제가 할 이야기는 대부분 영화에 관한 것이지만, 여러분 모두에게도 적용될 거라고 생각합니다. 여러분은 모든 분야에서 이와 비슷한 상황을 만날 겁니다. 감독이 옳은 방향으로 나아가도록 하는 것이 곧 여러분이 그를 돕는 것입니다. 여러분은 아마 감독과 다른 관점으로 일을 시작할 겁니다. 감독은 전체적인 그림을 그릴 것이고, 여러분은 자신의 캐릭터에 대해서만 생각할 겁니다. 여러분이 지금 내놓는 의견은 훗날 경력을 쌓은 이후에 내놓는 것만큼의 신뢰를 받지 못할 겁니다. 감독이 여러분을 고용한 것은 오디션이나 대본을 읽는 여러분에게서 무언가를 보았기 때문이며, 작품에 맞는 부분을 발견했기 때문입니다. 여러분은 자신의 방식을 보여 줄 수 있는 기회를 얻을 수도 있지만, 최종 결정은 감독의 몫입니다. 훗날 주목할 만한 작품을 하고 난 후에는 감독이 여러분을 보다 신뢰할 수도 있겠지만, 크게 바뀌는 점은 별로 없습니다. 여러분이 자기 방식대로 연기할 기회가 더 늘어나고 여러분의 연기가 최고라고 감독이 치켜세울 수 있겠죠. 하지만 영화와 직접 관련된 경우, 여러분은 감독이 최종 결정을 내리는 편집실 근처에는 얼씬거리지도 못할 겁니다. 여러분이 감독과 함께 일할 수 있을 때가 최고입니다.

배우로서 여러분은 자신이 맡은 캐릭터와 자기 자신에게 충실하길 원할 것입니다. 하지만 요점은 여러분이 배역을 맡았다는 것이고 이는 매우 중요한 부분입니다. 감독 혹은 제작자로서도 여러분은 자신과 일에 충실해야 합니다. 영화, 춤, 연극 등은 단순하게 예술가들이 연기를 하고 자신의 개성을 표출하는 자리가 아닙니다. 이는 예술가 집단의 헌신과 협업으로 이루어지는 예술 작품입니다. 규모도 매우 크죠. 제작사, 의상 디자이너, 촬영감독, 메이크업과 헤어 담당자, 무대감독, 조감독, 안무가, 제가 언급하지 않은 수많은 사람들까지 모든 사람들이 중요하고 핵심적인 역할을 합니다. 감독 혹은 제작자, 안무가, 회사의 예술 감독들의 영향력은 막강하지만 이런 영향력은 지위에서 나오는 것이 아니라 신뢰, 존경, 비전, 노력, 그리고 다시 한 번 얘기하지만 협업에서 나오는 것입니다. 여러분은 아마 어떤 감독보다도 자신에게 엄격해질 겁니다. 여러분에게 너그러워지라는 말은 하지 않겠습니다. 저는 여러분이 이 길이 쉬울 것이라고 판단해 이를 선택했다고는 생각지 않습니다. 여러분은 일에 관해 감독에게 답을 해야 하기도 하지만 여러분 스스로에게도 답을 해야 합니다. 이로 인해 갈등이 생길 수 있습니다. 여러분은 자신의 방식대로 연기를 하고 싶은데 감독은 다른 생각을 갖고 있을 경우에는 감독과 이야기를 나누세요. 그러다 보면 타협점이 나올 수도 있습니다. 항상 양쪽의 입장을 고려해야 하지만, 야단법석을 떨지는 마세요. 이는 민주적이지 못하니까요. 촬영장이나 무대에서 누군가는 최종 결정을 내려야 합니다. 그 사람은 모든 상황을 고려해야 하는 감독입니다. 그러니 고집부리지 마세요. 여러분이 영화에 출연하지 않는다면, 그 누구도 여러분이 생각하는 '올바른 방법'을 볼 수 없을 테니까요. 저는 여러분 모두가 지금 마음속에 품고 있는 의문에 대한 답을 갖고 있습니다. 맞아요, 전공을 연출로 바꾸기에는 너무 늦었다는 대답 말입니다.

오늘 연설을 준비하면서 저는 티시 학생 몇 명에게 연설에 대한 조언을 구했습니다. 그들은 무엇보다도 연설을 짧게 해 달라고 하더군요. 그리고 학생들에 대한 조언을 많이 하지 않아도 상관없다는 것이었습니다. 이미 모두 알고 있고, 아무도 신경 쓰지 않으니 연설을 짧게 하라는 겁니다. 평생 할 일이 정해져 있는 여러분께 조언을 한다는 것이 제게는 어려운 일입니다만, 제가 제 아이들에게 해줄 조언을 들려드릴 수는 있습니다. 첫째로 무슨 일이 있어도 티시 예술대학은 가지 말라고 할 것입니다. 대신 회계학 학위를 따라고 하겠지요. 그리고는 제 말에 모순되는 진부한 이야기를 늘어놓을 겁니다. 실패를 두려워하지 말라고 말입니다. 마음을 열고 새로운 경험과 새로운 생각을 받아들이는 모험을 하라고 말할 겁니다. 직접 가 보지 않으면 절대 알 수 없으며, 용기를 갖고 세상에 나가 기회를 잡아야 한다고 말할 것입니다. 만약 그 아이들이 예술을 한다고 하면, 저는 그들과 같은 생각을 가진 개인들이 모여 만든 진취적이고 도전적인 공동체, 즉 티시와 같은 공동체를 찾아가길 바랄 것입니다. 만약 아이들이 예술에 대한 재능과 열정을 갖고 있다면, 저는 그들에게 어떤 일이든 협업을 통해 더 나은 결과를 얻을 수 있으며, 그들이 전체를 책임지는 것이 아니라, 자신이 관여한 부분에 대해서만 책임을 진다는 것을 알려줄 것입니다. 비평가나 관객들에게 나쁜 평가를 받을 수도 있지만, 그것은 여러분의 책임이 아닙니다. 왜냐하면 여러분은 여러분이 할 수 있는 모든 것을 쏟아부을 테니까요. 여러분이 연기한 캐릭터를 평가하는 것은 여러분이 아닙니다. 그리고 여러분이 출연한 작품에 대한 비판에 흔들려서는 안 됩니다. 에드 우드Ed Wood, 페데리코 펠리니Federico Fellini 혹은 마틴 스코세이지Martin Scorsese와 함께 일하더라도 여러분의 일에 대한 헌신과 과정은 동일할 겁니다. 하지만 여러분이 최선을 다하더라도 충분한 결과가 나타나지 않을 때도 있습니다. 최선을 다했다면 그것으로 족할 것입니다.

여러분은 학교에서 계속 A를 받았나요? 그렇다면 축하드립니다만, 현실에서도 계속 A를 받을 수는 없습니다. 오르막이 있다면 내리막도 있는 것이 현실입니다. 오늘 여러분께 드리고 싶은 말씀은 그래도 괜찮다는 겁니다. 저는 오늘 멋진 학사모와 가운을 입고 있는 여러분이 아닌, 일상적인 기술 표준품 인증TSOA, Technical Standard Order Authorization 티셔츠를 입고 있는 여러분의 모습을 볼 수 있습니다. 등에는 "거절, 이는 개인의 문제가 아닙니다."라는 문구가 적혀 있고, 앞에는 여러분의 좌우명이자 기도문이며 슬로건이기도 한 "다음 기회에"라는 문구가 새겨진 티셔츠 말입니다.

여러분이 배역을 구하지 못했을 때 제가 하고 싶은 말이 바로 "다음 기회에"라는 말입니다. 여러분은 다음에 기회를 잡을 것입니다. 그렇지 않다면, 그다음이 될 것입니다. 화이트 오크 터번White Oak tavern 레스토랑에서 웨이터 자리를 구하지 못했을 때에도 "다음 기회에"라는 말을 해드리고 싶습니다. 여러분은 다음 레스토랑이나 조지프 바Joseph's bar에서 일자리를 구할 수 있을 겁니다. 줄리아드Julliard에 못 들어갔다고요? 그럼 "다음 기회에" 예일Yale이나 티시에 들어가면 됩니다. 이런 농담을 좋아하시는군요? 좋습니다.

물론 티시를 선택하는 것은 예술을 선택하는 것과 같습니다. 이는 여러분의 첫 번째 선택이 아니라 유일한 선택입니다. 저는 티시는커녕 대학 문턱에도 가 보지 않았습니다. 게다가 고등학교 3학년을 채 마치지 못했고, 2학년 때도 학교를 제대로 다니지 않았습니다. 그럼에도 저는 오랫동안 제 자신을 티시 공동체의 일원으로 생각해 왔습니다. 저는 티시라는 이웃과 함께 성장했습니다. 저는 1964년에 이 학교를 졸업한 마틴 스코세이지를 포함한 많은 티시 졸업생들과 함께 일했습니다. 여러분은 같은 학교에서 함께 공부를 했기 때문에, 서로를 신뢰하고 의지하는 관계를 형성했습니다. 이로 인해 여러분은 창조적 위험을 무릅쓰기가 보다 수월해질 것입니다. 모두가 함께한다는 생각을 갖고 있으니까요. 우리가 오랫동안 한사람과 계속해서 일한다는 것은 놀랄 만한 일은 아닙니다. 저는 지금까지 마틴 스코세이지 감독과 8편의 영화를 찍었고, 앞으로도 그와 함께할 생각입니다. 마틴 스코세이지는 편집자인 셀마 스쿤메이커 Thelma Schoonmaker와 약 25편의 영화를 함께 찍었는데, 그들은 셀마가 1963년 여름 티시에서 학생 영화를 만들 때 처음 만났죠. 저는 카사베티스Cassavetes, 펠리니Fellini, 히치콕Hitchcock과 같은 감독들과도 여러 영화를 찍었는데, 이는 레퍼토리 극장[29]과 비슷했습니다. 그리고 요즘은 데이비드 오 러셀David O Russell과 웨스 앤더슨Wes Anderson이 이 전통을 이어가고 있죠. 직업 현장에서 우정과 튼튼한 유대를 쌓으세요. 이런 관계를 유지함으로써 무엇을 얻을 수 있는지 여러분은 예상하지 못할 것입니다. 중요한 창조적 변화, 혹은 커다란 감동을 줄 수 있는 세세한 부분을 얻을 수도 있습니다. 〈택시 드라이버〉(Taxi Driver, 1976)를 촬영할 당시 마틴과 저는 주인공인 트래비스 비클Travis Bickle의 머리를 모호크식으로 했으면 했습

---

29. Repertory company : 한 시즌에 몇 개의 레퍼토리를 준비하여 그것을 순서대로 상연하는 극장.

니다. 이는 주인공의 성격을 나타내는 데 중요한 부분이었죠. 하지만 저는 이어 곧바로 촬영에 들어가는 〈라스트 타이쿤〉(The Last Tycoon, 1976)에서 장발로 나와야 했기 때문에 그렇게 할 수 없었습니다. 가발은 금방 티가 날 테니 섣불리 시도하기 어려웠죠. 우리는 점심을 먹으며 이 문제를 고민하다가 최고의 메이크업 아티스트인 딕 스미스Dick Smith를 찾아가 도움을 요청했습니다. 여러분이 이 영화를 봤다면, 딕 스미스의 기술이 대단하다는 것을 알게 될 겁니다. 그리고 이제 그 머리가 가발이었다는 것도 알게 됐습니다. 창조적인 능력을 갖고 있는 친구들과 우정을 쌓고, 직장에서 탄탄한 유대와 협력 관계를 유지한다는 것이 앞으로 여러분에게 어떤 영향을 끼칠지 지금은 알 수 없을 것입니다. 마틴 스코세이지는 2014년 여기서 졸업 축사를 했습니다. 그리고 금요일인 오늘 우리는 여러분이 오랜 시간을 보낸 앨리슨Alison 학생회관에 있습니다. 이곳에 잠시 멈춰 서서 여러분이 이룬 것을 축하하기 위해서 말입니다. 여러분은 풍성하고 도전적인 미래를 향해 나아갈 것입니다. 저는 앞으로 감독과 제작자가 될 졸업생들에게 제 사진과 이력서를 나누어 주기 위해 이곳에 왔습니다.

공연과 미디어 아트의 미래를 열어 갈 젊은 창작자들로 가득 찬 이곳에 저를 초대해 주신 것에 대해 기쁘고 영광스럽다는 뜻을 전합니다. 여러분 모두 잘 해내리라 믿습니다. 행운을 빕니다. 다음 기회에요! 감사합니다. ::

> Grab the good people around you and don't let them go.
> The biggest asset that this school offers you is a group of
> peers that will be both your family and your school for life.

주위 사람들을 꽉 잡고 절대 놓치지 마세요.
학교가 준 가장 큰 자산은 바로 친구입니다.
그들은 여러분의 인생에 있어서 가족이자,
평생 옆에 두고 배울 수 있는 학교 같은 존재입니다.

명사
약력

Natalie Portman

1981년 6월 9일 이스라엘에서 태어났다. 세 살 때 미국으로 이주했고 뤽 베송의 〈레옹〉
(Leon, 1994)으로 첫 데뷔를 했다. 〈스타 워즈〉 시리즈에 출연하는 동안 하버드 대학교에
입학하여 심리학을 전공했고 2003년 학사 학위를 취득했다. 〈클로저〉(Closer, 2004)로
골든 글로브상 여우조연상을 수상했으며, 〈블랙 스완〉(Black Swan, 2010)으로 영국 아
카데미상, 전미 영화 비평가 협회상, 미국 배우 조합상 등에서 여우주연상을 수상했다.

내털리 포트먼
Natalie Portman

하버드 대학교
Harvard University
(2015년 5월 27일)

연설
대학
연혁

하버드 대학교
Harvard University

미국 매사추세츠 주에 있는 세계적인 명문 사립대학교로, 1637년에 설립된 미국에서 가장 오래된 고등교육기관이다. 1638년, 젊은 나이에 폐결핵에 걸린 존 하버드 목사가 재산의 절반과 도서 400여 권을 기부하면서 교명을 하버드 칼리지로 변경하였고 오늘날에는 2만 명이 넘는 학생들이 다니는 종합대학으로 발전했다. 시어도어 루스벨트, 존 F. 케네디, 버락 오바마, 반기문 UN사무총장 등 다양한 분야에서 수많은 유명 인사들을 배출했다.

경험이 부족함을 받아들이고 자산으로 사용하라

내털리 포트먼 Natalie Portman

안녕하세요, 2015년 졸업생 여러분. 이 자리에 서게 된 것을 매우 영광으로 생각합니다. 쿠라나 학장님, 교수진, 부모님, 졸업생 여러분께 감사드립니다. 그리고 4학년 학생 위원회에도 감사드립니다. 이 졸업 축사 제의는 제가 받아본 요청 중에 가장 놀라운 일이었습니다. 그리고 저는 제의를 받아들일 수밖에 없었습니다. 이미 위키리크스[30] 유출과 소니Sony 해킹 사건을 통해 제가 하버드에 초대받았다는 소문이 퍼졌기 때문이죠. 저는 이메일에 "와, 정말요? 그러면 재미있는 대필 작가가 필요할 거 같은데 어쩌죠?"라고 썼습니다. 그렇게 답변을 보낸 이유는 제가 졸업한 2003년 졸업식에 유명한 코미디언 윌 페럴Will Ferrell이 축사를 했던 것이 생각나서였어요. 어젯밤 마신 술이 덜 깼든 정신이 말짱하든 오늘만큼은 웃고 싶지 않을까요?

---

30. Wikileaks : 정부나 기업, 단체 등의 불법 · 비윤리적 행위와 관련된 비밀 문서를 폭로하는 고발 전문 웹사이트.

또 하나, 축사 제의를 받아들일 수밖에 없는 이유가 있습니다. 제가 하버드를 졸업한 지도 벌써 12년이 지났지만 저는 아직도 제 가치에 대해 불안감을 느낍니다. 여러분이 지금 이 자리에 있는 것은 다 그만한 이유가 있어서입니다. 저는 이 사실을 끊임없이 스스로에게 상기시켰습니다. 오늘 이 자리에서 서니 제가 1999년 하버드에 갓 입학했을 때가 생각납니다. 여러분은 그때 유치원생이었을 겁니다. 그날은 제게 충격과 놀라움의 연속이었습니다. '난 하버드에 들어올 만큼 똑똑하지도 않은데 혹시 착오가 있었던 것은 아닐까?'라고 생각했고 입을 열 때마다 내가 멍청한 여배우가 아니라는 것을 증명해야만 할 것 같았습니다.

본격적으로 축사를 시작하기 전에 먼저 사과의 말을 꺼내야 할 듯합니다. 제 이야기가 별로 재미있지는 않을 거예요. 저는 코미디언도 아니고 대필 작가도 구하지 못했습니다. 하지만 제가 이 자리에 선 이유는, 하버드가 오늘 여러분에게 졸업장을 줄 것이라는 사실을 말하기 위해서입니다. 여러분은 이유가 있어서 이곳에 왔습니다. 때때로 불안하고 경험이 부족해 타인의 기대나 기준 또는 가치에 따라서 행동할 수도 있겠지만, 그것을 가꾸고 연마해서 자신만의 길을 찾을 수 있습니다. 그 길은 타인이 여러분에게 원하는 모습이 아니라, 스스로 특별한 이유를 가지고 여러분이 정한 길이어야 합니다.

저는 얼마 전 네 살 난 아들을 데리고 놀이공원에 갔습니다. 거기서 아들이 공놀이하는 것을 지켜봤지요. 아이는 엄청난 집중력으로 목표를 향해 공을 던지더군요. 극성스러운 유대인 엄마인 저는 아들의 모습을 보고 이미 머릿속에 아들이 메이저리그 선수가 되는 모습을 상상했습니다. 그 조그만 팔로 온 힘을 다해 공을 던지는 걸 보며 저는 문득 깨달았습니다. 아들이 저렇게 공을 열심히 던지는 이유는 조잡한 플라스틱 장난감을 얻기 위해서라는 것을요. 결과로 얻어지는 상은 게임 자체보다 훨씬 짜릿하니까요. 물론 저는 아이가 게임 자체의 도전을 즐기길 원했습니다. 연습을 통한 개선이라든지, 잘하고 있다는 만족감, 게임의 목표를 달성했을 때의 성취감 같은 것 말입니다. 하지만 이러한 가치는 팔을 쭉 벌린 채 벽에 붙어 있는 천 원짜리 플라스틱 장난감으로 인해 가려져 버렸습니다. 바로 그러한 과정이 상인데 말이지요. 우리는 아이들의 본성을 통해 우리 안에 내재된 성향을 알 수 있습니다. 저는 아들을 통해 저 자신을 봅니다. 여러분들도 마찬가지일 것입니다. 이러한 상들은 특권이나 부, 명성, 권력 같은 거짓 우상으로 나타납니다. 물론 제가 오늘 초대받을 수 있었던 것은 하버드 졸업생이라는 이유도 있었지만 제 생애 가장 원하던 상을 손에 넣었기 때문일지도 모릅니다. 그 상은 플라스틱도 아니고 조잡하지도 않습니다. 바로 오스카Oscar 상이니까요.

우리가 축사에서 흔히 듣는 비유가 있습니다. 많은 것을 이룩한 사람들은 성취의 열매가 늘 믿을 만한 것은 못된다고 말합니다. 하지만 저는 성취의 열매도 충분히 아름다우며, 실제로 교훈적이라고 생각합니다. 성취란 여러분이 당위성을 알면 훌륭한 것이 되지만, 그렇지 않으면 끔찍한 덫이 되고 맙니다.

저는 롱아일랜드에 있는 사이오셋Syosset이라는 공립학교를 다

넜습니다. 반가워요 사이오셋. 저와 같이 학교를 다니던 여학생들은 프라다Prada 백을 메고, 기계로 머리를 말고, 특유의 말투를 사용했습니다. 코네티컷에서 아홉 살 때 전학을 온 저는 그들과 동화되려고 열심히 그들을 따라 했습니다. 플로리다 오렌지, 초콜릿 체리… 제가 고등학교 때 인터넷이 막 시작되었고 사람들은 제가 배우라는 것에 크게 신경 쓰지 않았습니다. 학교에서 저는 제 몸보다 큰 가방을 메고, 선생님이 수정하기 위해 그어 놓은 줄이 싫어서 항상 수정액을 갖고 다니기로 유명한 학생이었습니다. 친구들은 졸업 앨범에 사인을 해 주면서 저에게 "제퍼디Jeopardy" 같은 퀴즈 프로그램에 나가 보라고 권하곤 했습니다.

제가 하버드에 입학한 건 〈스타워즈 에피소드 1〉(Star Wars Episode 1, 1999)이 개봉한 직후였습니다. 저는 다른 사람들의 시선을 의식하기 시작했습니다. 저를 유명세 덕분에 하버드에 들어왔지, 정작 하버드에서 공부할 수준은 아니라고 생각할까 봐 두려웠습니다. 사실 크게 틀린 이야기도 아니었고요. 하버드에 들어오기 전까지 10페이지는커녕 5페이지짜리 리포트도 써 본 적이 없었으니까요. 저는 고등학교 때 공부하던 것에 비하면 여기서는 거저먹기라고 생각하는 명문 사립학교 출신 학생들의 느긋한 눈빛에 겁을 먹고 말았습니다. 일주일에 1,000페이지의 전공 서적을 읽고 50페이지가 넘는 논문을 써야 한다는 생각에 숨이 막히더군요. 저는 제 의견을 어떻게 말해야 하는지 몰랐고 심지어 말을 잘하지도 못했죠. 열한 살 때부터 연기를 해 왔지만, 연기가 너무 시시하고 의미 없는 일이라고 생각했어요. 학자 집안에서 자라다 보니 사람들이 저를 진지하게 받아들이는 걸 중요하게 생각했거든요. 신입생 오리엔테이션 첫날, 우물쭈물하며 제대로 말도 못하고 있을 때 다섯 명의 학생들은 정말 똑똑하게 자신을 소개하더군요. "나는 대통령이 될 거야. 내가 이 말을 했다는 것을 기억해 줬으면 해." 그들이 누구냐고요? 버니 샌더스Bernie Sanders, 마크 루비오Mark Rubio, 테드 크루즈Ted Cruise, 버락 오바마Barrack Obama, 힐러리 클린턴Hillary Clinton이죠. 저는 진심으로 그들을 믿었습니다. 제가 스스로를 끊임없이 의심하고 있을 때, 그들은 인내심과 자신감만으로 자신을 증명하는 듯 보였습니다. 저는 단지 유명했기 때문에 하버드에 들어온 것이었어요. 이런 불안감에 쫓긴 나머지, 저는 하버드에서 정말 진지하고 의미 있는 것을 해 보기로 결심했습니다. 세상을 바꾸고 더 나은 곳으로 만들기로 말입니다. 열여덟 살 때, 저는 이미 배우 경력 7년 차였고, 대학에서 좀 더 진지하고 심오한 길을 찾을 수 있을 것이라 생각했습니다.

그래서 1학년 가을, 신경 생물학과 고급 근대 히브리 문학을 듣기로 결심했습니다. 저는 진지하고 지적이었으니까요. 말할 필요도 없이 저는 이 두 과목 모두 F를 받았어야 했지만 B를 받았습니다. 그리고 지금까지도 일요일마다 학점 인플레이션의 이교도 신들을 위해 작은 인형을 태우고 있답니다. 제가 히브리 문학과 신경 반응의 메커니즘으로 고군분투하고 있을 때, 주위 친구들은 요트 타기와 팝 문화 프로그램에 대한 리포트를 쓰고, 교수님들은 〈매트릭스〉의 전설에 관해 이야기하고 있었습니다.

저는 '진지함을 위한 진지함'은 그 자체의 전리품이며, 무조건 좋

다고만은 할 수 없다는 것을 깨달았습니다. 그것은 나 자신이 누구
인지에 대해 내가 원하는 것만 보고자 하는 허세였습니다. 제가 배
우가 된 데에는 나름의 이유가 있었고, 저도 그 일을 사랑했습니다.
제 동료와 멘토들을 통해 그것이 합당하고 최고의 이유였다는 것을
알 수 있었어요. 4년 동안 특별한 무엇인가를 해 보려고 노력한 후
지금 여러분들이 앉아 있는 자리에 앉았을 때, 저는 영화가 있는 곳
으로 돌아가고 싶어 더는 참을 수 없을 지경에 이르렀다는 것을 깨
달았습니다. 저는 다른 사람의 삶을 상상하고 다른 사람들도 똑같
이 그렇게 할 수 있도록 돕는 이야기를 만들고 싶습니다. 저는 저만
의 이유를 찾았습니다. 되찾았다고 해야 할까요? 여러분은 오늘, 혹
은 내일 그 보상을 받을 것입니다. 그것은 바로 여러분 손에 있는
하버드 학위지요. 하지만 그 뒤에 있는 여러분의 이유는 무엇인가
요? 하버드 졸업장은 제게 호기심과 창의력을 안겨 주었습니다. 이
곳에서 얻었던 용기, 우정, 파광이 꽃을 치는 것이 아니라 꽃이 드
리운 그림자를 비추는 것이라는 그레이엄 교수님의 강의, 변화하는
종교적 힘으로서의 극장에 관한 스캐어리 교수님의 강의, 단지 상
상만으로 시각이 활성화된다는 캐슬린 교수님의 강의를 통해서 말
이지요.

　네, 맞습니다. 이런 것들은 요즘 제가 받는 질문들에 아무런 도움
이 되지 않습니다. "어떤 디자이너의 옷을 입나요?", "어느 헬스클럽
에 다니죠?", "어떤 화장품이 좋아요?" 이런 류의 질문들이요. 하지
만 이제는 이런 질문들을 바보 같다고 생각하지 않습니다. 하버드
학위와 다른 상들은 나를 여기까지 이끌어 준 경험의 상징입니다.

목판으로 장식된 강의실, 가을이면 울긋불긋 물들던 나뭇잎, 토스카니니의 핫 바닐라, 도서관의 푹신한 의자에서 명작 소설 읽기, "우하! 시티 스텝스, 시티 스텝스, 시티 스텝스[31]"라고 소리 지르며 구내식당을 가로질러 뛰어가던 경험들. 지금은 그 시절을 돌아보며 낭만적으로 이야기할 수 있지만, 그때 저는 낭만적이지만은 않은 시기를 보냈습니다. 첫사랑과 헤어졌고, 우울증 부작용 때문에 시판이 중지된 피임약을 먹었죠. 겨울이면 햇볕을 차단한 채 저를 어둠 속으로 몰아넣곤 했습니다. 3학년 때가 특히 힘들었는데 교수님과 면담을 하면서 몇 번이나 울기도 했습니다. 아침에 일어나는 것도 이렇게 힘든데 어떻게 큰일을 할 수 있겠느냐며 말입니다.

한때는 하는 데 의의를 갖자고 목표를 삼은 적도 있었습니다. 저는 그때 점보 사이즈의 사워 패치 키즈[32]를 집어삼키라고 해도 10페이지짜리 과제만 끝낼 수 있다면 소원이 없겠다고 생각했습니다. 고작 숙제만 했을 뿐인데 엄청난 무엇인가를 해낸 기분이었어요. 저는 계속 하는 데 의의를 갖자고 스스로 되뇌었습니다. 2년 전 저는 남편과 함께 도쿄의 멋진 초밥 식당에서 식사한 적이 있습니다. 저는 생선을 먹지도 못합니다. 엄격한 채식주의자이지요. 그러니 그 음식이 얼마나 맛있었는지 짐작할 수 있으시겠죠. 그저 채소뿐이었는데도 초밥은 정말 상상을 초월하는 것이었습니다. 식당에는 테이

---

31. City Step : 미국 매사추세츠의 케임브리지에 살고 있는 어린 아이들에게 자기표현과 공동체의 중요성을 전달하는 목표로 결성된 지역 프로그램. 하버드 학생들의 자원 봉사로 이루어진다.

32. Sour Patch Kids : 새콤달콤한 맛이 나는 젤리.

블이 6개밖에 없었습니다. 남편과 저는 "어떻게 같은 쌀로 이런 맛이 나는 밥을 할 수 있을까?", "왜 가게를 더 늘리지 않을까, 그러면 도쿄에서 가장 유명한 식당이 될 텐데."라고 생각했습니다. 그랬더니 일본 친구가 설명을 해 주더군요. 도쿄의 유명한 식당들은 거의 다 작은 규모로 한 가지 종류의 음식만을 전문으로 한다고 말입니다. 초밥이나 튀김, 테리야키 등 한 가지만을 잘 만들기 위해 집중한다는 것입니다. 양이 문제가 아니라 완벽함과 특별함을 추구하는 것에서 즐거움을 찾는 것이 중요합니다.

저는 여기서 "끝내지 못할지라도 잘하자."라는 교훈을 배웠습니다. 지금도 여전히 배우는 중이고요. 우리가 특별함에 즐거움과 직업윤리, 그리고 기교를 더하는 것은 타인은 물론, 자기 자신에게도 고유한 즐거움을 줄 수 있습니다. 저 역시 제가 하는 일에 대한 이유를 찾기까지 꽤 시간이 걸렸습니다. 저의 첫 영화는 1994년에 나왔습니다. 여기서 놀라운 사실은 그 해는 여러분들이 태어난 해라는 것입니다. 그 영화가 나왔을 때 저는 열세 살이었습니다. 저는 아직도 뉴욕 타임스가 저에 대해 쓴 기사를 그대로 기억하고 있습니다. "포트먼은 실제 역량보다 더 부풀려져 있다." 비평가들의 반응도 전반적으로 뜨뜻미지근했고, 상업적으로도 완전히 실패했지요. 그 영화가 바로 〈레옹〉(Leon, 1994)이었습니다. 그 후로 20년이 지나고 35편의 영화를 찍고 난 지금도 여전히 사람들은 그 영화를 얼마나 좋아하는지, 얼마나 감동적이었는지 이야기합니다.

저에게 제 첫 영화가 모든 기준에서 볼 때 완전한 실패였다는 것은 다행이었습니다. 덕분에 저는 일찌감치 영화계에서 금전적, 비평적 성공에 따른 트로피를 얻는 데 연연하지 말고 영화를 만드는 경험과 사람들과의 관계를 중요시해야 한다는 것을 배웠습니다. 그리고 최초의 반응이 궁극의 목표에 있어서 잘못된 지표가 될 수 있다는 사실도 배웠지요. 저는 제가 열정을 가지고 있는 유일한 직업을 선택했습니다. 저는 의미 있는 경험을 했습니다. 이 때문에 제 주위의 사람들, 에이전트나 프로듀서, 대중들은 혼란을 겪어야 했지요. 저는 외국 독립 영화인 〈고야의 유령〉(Goya's Ghosts, 2006)을 만들었고, 고야와 스페인 이교도 탄압에 관한 책을 읽으면서 4개월 동안 매일 프라도 미술관을 방문해 예술사를 공부했습니다. 스튜디오 액션 영화인 〈브이 포 벤데타〉(V for Vendetta, 2003)를 만들 때는 자유의 전사에 대한 모든 것을 배웠습니다. 대니 맥브라이드Danny McBride와 함께 찍은 코미디 영화 〈유어 하이니스〉(Your Highness, 2011)를 찍을 때는 3개월 내내 웃을 수 있었죠.

저는 박스 오피스의 취향이나 입맛이 아닌, 제 자신만의 의미를 만들 수 있게 되었습니다. 〈블랙 스완〉(Black Swan, 2010)을 찍기 시작할 즈음이 되자, 그 경험은 오롯이 제 것이 되었습니다. 누가 저에 대한 무슨 말을 하든, 관객이 많이 보러 오든 외면하든, 어떠한 악평에도 영향을 받지 않게 되었죠. 발레 댄서에 대해 연구하면서 많은 도움을 얻었죠. 발레 댄서의 경우 일정 수준에 오르게 되면 기벽이나 결함 등이 다른 댄서와 차별화를 가져오게 됩니다. 턴을 할 때 약간씩 균형을 잃는 것으로 알려진 발레리나도 있을 정도죠. 사람은 기술적으로 절대 최고가 될 수 없습니다. 언제나 자신보다 훨씬 높게 뛰거나 더 아름다운 라인은 가진 사람이 있기 때문입니다.

여러분이 최고가 될 수 있는 한 가지 방법은 자기 자신을 개발하는 것입니다. 자신만의 경험을 개발하는 것에 대해서라면, 〈블랙 스완〉을 빼놓을 수 없습니다. 저는 대런 애러노프스키Darren Aronofsky 감독과 일하면서 영화의 마지막 대사를 "완벽해."로 바꾸기로 했습니다. 제가 역할을 맡았던 니나는 다른 사람의 눈에 완벽하게 보일 때가 아니라 자기 스스로 완벽하거나 기쁠 때 예술적으로 성공했다고 믿기 때문입니다. 〈블랙 스완〉이 상업적으로 성공하고 많은 호평을 받을 때 저는 매우 감사하고 영광이라고 생각했습니다. 하지만 제가 생각하는 진정한 핵심은 이미 세워졌습니다. 그리고 이것이 사람들의 반응에 의해 좌지우지되지 않기를 바랐습니다. 사람들은 〈블랙 스완〉이 예술적으로 모험이라고 말했습니다.

프로 발레리나를 연기하는 것은 정말 무서운 도전이었지만, 제가 용기가 있어서 그런 결정을 내린 것은 아니었습니다. 제 자신의 한계에 대해 너무 무지한 나머지 그 역할을 맡을 준비가 전혀 되어 있지 않다는 사실을 몰랐기 때문입니다. 대학에서는 불안감을 느끼고 다른 사람의 시선에만 신경썼다면, 지금은 실제로 그 위험을 감수하고자 했던 것입니다. 그런데 그게 위험이라는 것조차 깨닫지 못하고 있었습니다. 감독님이 제게 발레를 할 수 있냐고 물었을 때, 저는 원래 발레리나라고 대답했습니다. 제가 스스로 그렇게 믿고 있었던 것도 사실이고요. 하지만 촬영이 본격적으로 시작되고 나서야 제가 발레를 그만둔 지 15년이 넘었다는 것을 깨달았습니다. 그 때문에 엄청난 노력과 연습을 해야 했습니다. 물론 촬영 기술과 대역 배우들의 도움으로 멋진 영화가 만들어질 수 있었습니다. 중요한 것은 제가 자신의 한계를 알았더라면 그런 모험을 하지 않았을 것이라는 점입니다. 하지만 모험을 감수한 덕분에 예술가로서도, 개인적으로도 아주 멋진 경험을 할 수 있었습니다. 완전한 자유로움을 맛보았고, 지금의 남편도 만날 수 있었습니다.

이러한 무모함은 제가 감독으로 데뷔한 영화, 〈사랑과 어둠의 이야기〉(A Tale of Love and Darkness, 2015)를 찍을 때도 마찬가지였습니다. 저는 제 앞에 도사리고 있는 문제들을 보지 못했습니다. 영화는 시대극이었고, 전부 히브리어를 사용했습니다. 제 상대역은 여덟 살짜리 배우였고요. 모든 것들이 도전이었지만 겁먹지 않았습니다. 자신의 한계에 대해 전혀 몰랐기 때문에 자신만만하게 감독 자리를 꿰차고 있을 수 있었지요. 하지만 일단 감독이 되고 보니 가장 어려웠던 일은, 제 능력으로 할 수 있다고 자신했던 것과는 달리 저의 한계를 인정하는 것이었습니다. 다음으로 어려웠던 일은 엄청나게 고생을 했다는 것이지요. 이러한 경험은 제 영화 경력에서 더없이 중요한 것이 되었습니다. 솔직히 말씀드리면, 영화를 만드는 일은 다른 어떤 분야보다 위험성이 적습니다. 실수를 해도 용납되는 부분이 많지요.

이 순간 여러분이 가지고 있는 무모함을 활용하세요. 나이가 들면 점점 현실적으로 변하게 됩니다. 자신의 능력과 부족함에 대해서도 현실적으로 생각하게 되지요. 하지만 현실과 타협하거나 스스로에 대한 의심은 도움이 되지 않습니다. 사람들은 언제나 자신이 두려워하는 것에 과감히 뛰어들라고 말합니다. 하지만 저에게는 그것이 통하지 않았습니다. 저는 두려우면 도망쳤고, 아마 제 아들에게도 그렇게 하라고 말할 것입니다. 두려움은 여러 방면으로 우리를 보호해 줍니다. 나를 있게 한 것은 자신감을 갖기 위한 무지함이라고 할 수 있습니다. 많은 사람들이 지금 미국 아이들의 무지함을, 학점을 부풀리고 자아를 부풀리는 우리 같은 사람들의 무지함을 매도합니다. 새로운 것에 도전하는 것은 좋은 일입니다. 경험이 없다는 것이 오히려 자산이며, 여러분이 독창적인 방식으로 사고하도록 도와줄 것입니다.

여러분의 지식이 완벽할 수 없다는 것을 받아들이고, 그것을 자산으로 활용하세요. 제가 아는 유명한 바이올리니스트는 너무 많은 곡을 알고 있어서 작곡할 수 없다는 얘기를 하더군요. 악보를 적으려고 하면 자신이 아는 선율이 머릿속에 떠오른다는 겁니다. 정해진 틀에 갇히지 않는 것이 여러분의 가장 큰 장점일 수 있습니다. 여러분은 많은 곡을 알지 못하기 때문에 마음껏 작곡할 수 있으며, 규칙 따위에 얽매이지 않을 것입니다. 오로지 자신만의 방법으로 일을 하는 것밖에는 없습니다. 여기 있는 여러분 모두 앞으로 멋진 일들을 성취해 나갈 것이라 믿습니다. 새로운 도전을 할 때마다 여러분이 경험이 없다는 사실이 다른 길로 이끌어 줄 것입니다. 그것이 다른 사람들의 가치에 여러분을 끼워 맞추어 타협하는 것일 수도 있고, 여러분도 모르는 사이에 자신만의 길을 만들어 나가는 것일 수도 있습니다.

만약 여러분의 의지에 따라 일을 한다면 낯설고 어설프더라도 그 길은 온전히 여러분의 것입니다. 자신의 내적인 삶을 충족시킴으로써 원하는 보상을 얻을 것입니다. 제 말이 미스 아메리카가 말하는 것처럼 들릴지 모른다는 위험을 감수하고 또 하나 드리고 싶은 말씀은, 저의 경험 중 가장 보람 있었던 일은 사람과 사람 사이의 소통이었습니다. "FINCA[33]"의 친선대사로 멕시코에서 마을 은행과 여성들과 보냈던 시간, 개발도상국에 학교 설립을 지원하는 "프리 더 칠드런Free The Children"그룹과 함께 케냐에서 최초로 중등학교에 입학한 여학생들과의 만남, 르완다에서 고릴라 보존지역을 둘러본 시간 등은 저에게 있어서 정말 소중한 경험이었습니다. 다른 사람을 돕는 게 결국 자기 자신을 돕는다는 말은 너무 진부한 얘기죠. 하지만 잠시 동안 자신의 걱정을 벗어나서 타인의 삶을 돌보게 되면 자신이 이 우주의 중심이 아니라는 사실을 절실히 느끼게 됩니다. 여러분이 관대한 사람이든 아니든, 약간의 친절을 베푸는 것만으로도 타인의 삶을 변화시킬 수 있습니다. 저와 함께 일했던 제작진과 감독들, 동료 배우들은 저에게 크나큰 영향을 주었습니다. 물론 제 삶의 중심에 있어서 가장 중요한 것은 가족과 친구들입니다. 여러분들도 곁에서 함께할 친구가 있기를 소망해 봅니다. 저의 하버드 동기들은 졸업 후에도 우정을 나누며 지금도 매우 친하게 지냅니다. 어려운 일이 있을 때 서로 보듬어 주며, 결혼식에도 참석합니다. 장례식에서 슬픔을 함께하고 아이가 생기면 서로 돌봐 줍니다. 프로젝트를 함께하기도 하고, 직장을 구하도록 도와주고, 직장을 때려치우면 파티를 열어 주기도 하고요. 이제 아이들이 대를 이어 우정을 쌓고 있습니다. 우리는 초췌하고 부스스한 모습의 워킹

---

33. The Foundation for International Community Assistance : 1984년 존 해치에 의해 설립된 비영리 소액 금융 기관으로 '가난한 사람들을 위한 세계 은행'을 모토로 하고 있다.

맘이지만 아장아장 걸어 다니는 아이들이 커 가는 모습을 보고 있습니다. 주위 사람들을 꽉 잡고 절대 놓치지 마세요. 학교가 준 가장 큰 자산은 바로 친구입니다. 그들은 여러분의 인생에 있어서 가족이자, 평생 옆에 두고 배울 수 있는 학교 같은 존재입니다.

저는 언제나 봄이면 화가 났어요. 케임브리지의 봄은 환하게 웃으며 프리스비 원반을 던지는 사람들로 가득한 따사로운 캠퍼스를 생각나게 만드는 마술을 부리기 때문이지요. 실제로는 8개월 동안 어둡고 추운 도서관에 처박혀 있었는데 말이죠. 마치 학교가 술수를 부려 우리의 마지막 기억을 좋은 날씨로 만들어 언제나 돌아가고 싶게 만드는 것 같았죠. 하지만 학교를 떠난 햇수가 늘어나면서 이 학교의 힘은 날씨를 제어하는 힘보다 더 크다는 것을 깨닫게 되었습니다. 제가 좋아하는 사상가인 에이브러햄 조슈아 헤셸[34]의 말을 인용하면서 축사를 마치고자 합니다. "죽느냐 사느냐는 문제가 아니다. 진짜 문제는 어떻게 죽느냐 사느냐." 감사합니다. 앞으로 여러분이 어떤 아름다운 일들을 하게 될지 너무나 기대가 됩니다. ::

---

34. Abraham Joshua Heschel : 유럽 명문 랍비 가문의 후손으로 20세기 유대교 신학자이자 랍비. 《안식》, 《예언자들》, 《하느님을 찾는 사람》, 《사람은 혼자가 아니다》 등 저서를 남겼다.

The challenge of life I have found is to build a résumé that doesn't simply tell a story about what you want to be but it's a story about who you want to be. It's a résumé that doesn't just tell a story about what you want to accomplish but why. A story that's not just a collection of titles and positions but a story that's really about your purpose.

인생의 도전은 단순히 무엇이 되고 싶다는 것이 아니라,
어떤 사람이 되고 싶은지를 이야기하는 것이 되어야 합니다.
무엇을 성취하겠다는 것이 아니라,
왜 성취하려 하는지를 이야기하는 자기소개서가 되어야 합니다.
단순히 직함이나 직위의 나열이 아닌 목표에 대한 이야기여야 합니다.

Oprah Winfrey

1954년 1월 29일 미국 미시시피주에서 사생아로 태어났다. 9살에 사촌에게 성폭행을 당하고 마약 중독에 빠지는 등 불우한 어린 시절을 보냈지만, 이를 극복하고 1986년부터 2011년까지 〈오프라 윈프리 쇼〉를 진행하며 미국 최고의 진행자로 거듭났다. 인생의 성공 여부는 온전히 개인에게 달렸다는 '오프라이즘(Oprahism)'이라는 말을 낳기도 했다. 저서로는 《내가 확실히 아는 것들》 등이 있다.

오프라 윈프리
Oprah Winfrey

하버드 대학교
Harvard University
(2013년 5월 30일)

하버드 대학교
Harvard University

미국 매사추세츠 주에 있는 세계적인 명문 사립대학교로, 1637년에 설립된 미국에서 가장 오래된 고등교육기관이다. 1638년, 젊은 나이에 폐결핵에 걸린 존 하버드 목사가 재산의 절반과 도서 400여 권을 기부하면서 교명을 하버드 칼리지로 변경하였고 오늘날에는 2만 명이 넘는 학생들이 다니는 종합대학으로 발전했다. 시어도어 루스벨트, 존 F. 케네디, 버락 오바마, 반기문 UN사무총장 등 다양한 분야에서 수많은 유명 인사들을 배출했다.

목표란 처음부터
명확하게 나타나지 않는다

오프라 윈프리 Oprah Winfrey

세상에, 제가 하버드에 오다니요! 정말 꿈만 같습니다. 파우스트 총장님, 명예학위를 받는 친구들, 방금 전에 멋진 연설을 했던 칼, 정말 감사합니다. 그리고 제임스 로덴버그, 스테퍼니 윌슨, 하버드 교수님들, 그리고 제 친구 헨리 루이스 게이츠 박사, 1억 1,500만 달러를 기부한 1988년 졸업 동창생 여러분께도 특별한 감사를 표합니다. 2013년 하버드 졸업생 여러분 반갑습니다.

인생의 한 장을 끝내고 다음 장을 준비하는 여러분과 함께할 수 있도록 허락해 주신 것에 대해 감사드립니다. 하버드 대학에서 명예 박사학위를 받은 기쁨을 어떻게 표현해야 할지 모르겠습니다. 시골 미시시피 출신의 여학생이 이곳 케임브리지까지 온 경우는 드물 것입니다. 그리고 저는 오늘이 여러분과 저 자신을 위해 자리에 앉아 눈물을 흘리는 날이라고 말씀드릴 수 있습니다. 저는 오늘이야말로 기나긴 축복받은 여정에 중요한 획을 긋는 날이라고 생각합

니다. 이 자리에서 한 가지 바람이 있다면, 제가 여러분에게 영감을
불어넣을 수 있으면 하는 것입니다. 저는 자신이 남보다 못하다고
생각하거나 혜택을 받지 못하고 있으며, 인생이 끝났다고 생각하는
사람들에게 이 연설을 하려고 합니다. 이 연설은 이곳 캠퍼스에 있
는 여러분을 위한 것입니다.

사실 저는 여러분을 위해 뭔가 특별한 것을 하고 싶어 했다는 것
자체를 영광스럽게 생각했습니다. 저는 여러분이 석사학위와 박사
학위를 쉽게 받을 수 있었으면 했는데, 여러분은 이미 학위를 받았
네요. 솔직히 말해, 지난 몇 주 동안 제가 여러분과 나눌 수 있는 새
로운 무언가를 찾아내는 데 큰 부담을 느꼈습니다. 여러분은 하버
드 학생이고 저는 아니니까요. 하지만 의욕적이고 집요한 A형 성격
을 갖기 위해서는 꼭 하버드에 들어가지 않아도 된다는 사실을 깨
달았습니다. 물론 하버드 졸업이 인생에 도움이 되겠죠. 저는 하버
드 대학을 졸업하지는 못했지만, 제 성격은 하버드 대학생의 성격
과 별반 다르지 않다고 생각합니다. 제가 우연찮게 방송 일을 시작
하게 되었다는 것은 여러분도 알고 있을 겁니다. 좀 전에 제 경력
을 소개할 때 들으셨겠지만, 저는 '미스 화재 예방 콘테스트Miss Fire
Prevention contest'에 참가한 적이 있습니다. 당시 저는 열여섯 살로
테네시 주의 내슈빌에 살고 있었는데, 제가 대회에 참가한 그 해까
지는 우승을 하기 위해서 빨강 머리를 갖고 있어야만 했습니다. 제
가 수영복 심사에서 떨어질 걸 알고 있던 심사 위원들은 질의응답
시간에 다음과 같은 질문을 던졌습니다. "젊은 아가씨, 커서 뭐가 되
고 싶나요, 그리고 그 이유는 뭔가요?" 그들이 제게 질문을 던졌을

때는 이미 좋은 대답은 다 나온 상태였습니다. 저는 그날 아침 '투데이쇼Today Show'에서 본 바버라 월터스[35]를 생각하고 이렇게 대답했습니다. "저는 기자가 되고 싶습니다. 그래서 세상과 사람들의 삶에 영향을 미치는 이야기를 전하고 싶습니다." 제가 말하고도 속으로 '와! 제법인데'라고 생각했습니다. 저는 기자가 되고 싶었고 영향력 있는 사람이 되고 싶었습니다. 저는 열아홉 살에 TV에 출연했고 1986년에는 저만의 쇼 프로그램을 시작해 성공하겠다는 끈질긴 집념을 갖고 일했습니다. 처음에 저는 다른 사람들과 경쟁을 한다는 것이 두려웠습니다. 그래서 저는 저만의 최고 경쟁 기준을 설정해놓고 매년 이 기준을 높여 갔습니다. 여기 있는 분들 중에 이 이야기를 알고 있는 분들이 계시죠? 결국 우리는 최고의 자리에 올랐고 그 자리를 25년간 유지했습니다.

'오프라 윈프리 쇼Oprah Winfrey Show'는 21년 동안 우리 시대 최고의 자리를 지켰고, 솔직히 저는 이 성공에 매우 만족하고 있습니다. 하지만 몇 년 전 저는 이제 모든 걸 다시 검토하고 새로운 영역을 찾아 새로운 분야를 시작할 때가 됐다고 생각했습니다. 물론 여러분에게도 언젠가 이런 결정을 해야 할 때가 올 겁니다. 그래서 전 쇼를 그만두고, '오프라 윈프리 네트워크OWN, Oprah Winfrey Network'를 설립했습니다. 이 네트워크의 이니셜 'OWN'은 순전히 제 이름에서 딴 것이었습니다. 'OWN'이 출범한 지 1년 후 거의 모

---

35. Barbara Walters : '인터뷰의 여왕'이라 불리는 토크쇼 진행자. 여성 진행자의 원조격으로 남녀 차별이 심했던 방송계에서 여성 앵커 최고의 자리에 올랐다. 철저한 사전 준비와 부드러우면서도 날카로운 화법으로 세계 각국의 저명인사들을 인터뷰했다.

든 매스컴에서 제 새로운 벤처사업이 실패했다고 했습니다. 그것도 그냥 실패가 아니라 엄청난 실패라고 말입니다. 아직도 기억이 생생합니다만, 하루는 유에스에이 투데이USA Today를 펼쳤는데, 헤드라인 제목이 "오프라의 'OWN'이 위태롭다"였습니다. 유에스에이 투데이가 이런 기사를 썼다는 사실이 믿기지 않았습니다. 왜냐하면 유에스에이 투데이는 훌륭한 신문이거든요. 작년 이맘때는 제 전문 경력에서 최악의 시기였습니다. 저는 스트레스를 받았고 좌절했으며, 솔직히 당황했습니다. 바로 그때 파우스트 총장님이 제게 전화를 걸어 이곳 하버드에서 연설을 해 달라고 부탁하셨습니다. 하버드 졸업생들에게 연설을 하라고요? 세계 명문인 하버드 대학의 졸업생들에게 제가 무슨 말을 할 수 있을까요? 그것도 최악의 시기에 있던 제가 말입니다. 총장님과의 통화를 마치고 전 샤워를 하러 들어갔습니다. 샤워를 할지, 과자를 먹을지 고민하다 샤워를 선택했습니다. 샤워를 하면서 오래된 찬송가가 생각나더군요. 아실지 모르겠지만, "곧 아침이 밝을 거야By and by, when the morning comes"라는 찬송가였죠. 당시 깊은 나락에 빠져 있던 저는 언젠가 아침이 밝을 것이라고 생각하기 시작했습니다. 그리고 "역경은 오래가지 않는다. 이 또한 지나가리라."라는 이 찬송가의 한 구절이 생각났습니다. 샤워를 마치고 나오면서 저는 이 사업을 기필코 정상에 올려놓으리라 마음먹었습니다. 그리고 하버드 대학에서 연설을 하기로 결정했을 때, 저는 이 사업의 추진 결과에 대해 말씀드리기로 했습니다. 오늘 이 자리에서 여러분께 말씀드리겠습니다. 제 네트워크 사업을 성공 궤도에 올려놓았다고 말입니다.

오늘 이 자리에 오기 전까지 저는 어떻게든 이 사업을 궤도에 올려놓고 싶었습니다. 그래서 여러분께 감사드립니다. 여러분은 여러분이 제게 어떤 동기를 부여했는지 모를 겁니다. 다시 한 번 여러분께 감사드립니다. 너지 교수님의 고대 그리스 영웅 수업을 듣지 않았다면, 하버드를 졸업했다고 해도 모를 수 있는 기본적인 사실을 저는 오늘 여러분과 함께하고자 합니다. 오늘 아침 너지 교수님께서는 제게 다가와 이렇게 말씀하셨습니다. "윈프리, 단호하게 밀고 나가세요!"

네, 저는 단호하게 밀고 나갈 겁니다.

제가 여러분과 나누고자 하는 것이 바로 이것입니다. 여러분이 얼마나 높은 단계에 도달했는가는 상관없습니다. 여러분이 삶의 기준을 계속 높인다면, 즉 언젠가는 추락하고 마는 이카루스_{Icarus}의 전설을 굳이 예로 들지 않더라도 여러분이 스스로를 계속 평균치 이상으로 밀어붙인다면, 언젠가는 난관에 부딪힐 수밖에 없습니다. 그럴 때 제가 여러분께 드리고 싶은 말씀은 실패란 없다는 것입니다. 실패는 단지 우리의 삶을 다른 방향으로 바꾸어 놓을 뿐입니다. 난관에 부딪혔을 때는 그 난관이 실패처럼 보입니다. 그래서 작년에 저는 이 말을 제 스스로에게 계속 되뇌어야만 했습니다. 난관에 부딪혀 그 어려움을 뼈저리게 느껴 보는 것도 나쁘지 않습니다. 자신이 잃어버렸다고 생각하는 것에 대해 통회하는 시간을 가지세요. 중요한 점은 실수로부터 무언가를 배워야 한다는 것입니다. 모든 경험, 만남, 그리고 특히 실수는 여러분을 한 단계 더 성숙시키는 중요한 역할을 할 것입니다. 그리고 다음에 무엇을 할 것인가를 파악하세요. 인생의 열쇠는 여러분이 어디로 가야 할지를 알려 주는 내면의 도덕적, 감성적 지피에스GPS, Global Positioning System를 발전시키는 것입니다. 지금 당장, 그리고 언제든 당신의 이름을 구글에서 검색해 보면 그 결과는 '2013년 하버드 대학 졸업생'으로 나올 겁니다. 그리고 경쟁 사회에서 하버드 졸업생이라는 사실은 진정한 명함 역할을 합니다. 많은 직원을 둔 고용주로서 말씀드리지만 저 역시도 하버드 출신을 보면 자세를 좀 더 바르게 하거나, 하버드 출신을 찾아내 데려오라고 말합니다. 이는 앞으로 변호사, 국회의원, 최고 경영자, 과학자, 물리학자, 노벨상이나 퓰리처상 수상자 혹은 심야 토크쇼 진행자 등이 될 만한 자격을 갖추었다는 것을 알릴 수 있는 강력한 명함이 되는 것입니다. 인생의 도전은 단순히 무엇이 되고 싶다는 것이 아니라, 어떤 사람이 되고 싶은지를 이야기하는 것이 되어야 합니다. 무엇을 성취하겠다는 것이 아니라, 왜 성취하려 하는지를 이야기하는 자기소개서가 되어야 합니다. 단순히 직함이나 직위의 나열이 아닌 목표에 대한 이야기여야 합니다. 왜냐하면 여러분이 난관에 부딪혀 어려움에 허덕일 때, 여러분을 이 어려움에서 구원해 줄 이야기이니까요. 여러분에게 진정한 직업은 무엇입니까? 당신이 생각하는 진리는 무엇입니까? 여러분의 목표는 무엇입니까? 제가 이에 대한 깨달음을 얻은 것은 1994년 용돈을 모아 필요한 사람들에게 주겠다고 결심한 한 소녀를 인터뷰할 때였습니다. 이 소녀는 혼자서 1,000달러를 모았습니다. 그리고 저는 이 아홉 살짜리 소녀가 하는 일에 많은 사람들이 동참하게 되면 얼마나 모을 수 있을까를 생각했습니다. 그래서 전 시청자분들께 잔돈을 모아달라고 부탁했습니다. 한 달 만에 1페니, 5센트, 10센트 동전이 한 푼 두 푼 모아져 300만 달러가 넘는 금액이 모금되었고, 이 돈은 미국 각 주에서 한 명의 학생을 선발해 대학에 보내는 데 사용했습니다. 이것이 '엔젤 네트워크Angel Network'의 시작이었습니다.

제가 한 일은 단지 시청자분들께 다음과 같이 부탁을 한 것뿐이었습니다. "여러분의 나이나 지위에 상관없이 여러분이 할 수 있는 몫을 해 주세요. 시간이든 재능이든 돈이든 여러분이 갖고 있는 것을 제게 보내 주세요."라고 말입니다. 시청자분들은 제 부탁을 따라 주셨습니다. "여러분의 사랑을 다른 사람들에게 나누어 주세요."라는 부탁을 말입니다. 이렇게 모은 기금으로 우리는 해외 12개국에 55개 학교를 세웠고, 허리케인 리타Rita와 카트리나Katrina로 붕괴된 가옥 약 300여 채를 복구했습니다. 저는 방송 일을 오랫동안 했습니다만, 엔젤 네트워크야말로 제 실제적인 내면의 시스템이라고 할 수 있습니다. 이를 통해 저는 매일 TV에 출연하는 것이 중요한 게 아니라 제가 진행하는 쇼와 인터뷰, 그리고 제 사업과 자선 활동이 가진 목표가 우리를 하나로 결속시켜 훨씬 더 보완적이고 강렬한 힘을 안겨 준다는 사실을 알게 되었죠. 제가 분명하게 생각하는 점, 그리고 여러분이 알았으면 하는 점은 목표란 처음부터 명확하게 나타나지 않는다는 것입니다. 저는 열아홉 살 때부터 TV에 출연했지만, 제 목표가 분명해진 것은 20년도 지난 1994년이었습니다. 그러니 여러분의 목표가 갑자기 분명하게 나타나길 기대하지 마세요. 하지만 분명히 말씀드릴 수 있는 것은, 제가 이 세상에 존재하는 이유는 TV를 이용하기 위함이지 TV에 이용당하기 위해서는 아니라는 점입니다. 즉, 우리 엔젤 네트워크의 탁월한 힘을 TV를 통해 분명히 밝히고자 하는 것입니다. 엔젤 네트워크는 수혜자의 삶뿐만 아니라 도움을 준 사람들의 삶에도 변화를 일으켰습니다. 이는 우리가 누구든, 어떤 모습을 하고 있든 혹은 어떤 믿음을 갖고 있든, 공동의 목표를 향한 공동의 노력이 가능하며, 또한 중요하다는 사실을 우리에게 상기시켜 주었습니다. 저는 최근 '빌 무어 쇼Bill Moore Show' 에서 이와 관련된 내용을 보았습니다. 그것은 샌디 훅 사건[36]에서 일곱 살 난 아들 벤을 잃은 데이비드와 프랜신 휠러 부부의 인터뷰였습니다. 총기 소유자의 신원 조사를 강화하자는 총기 안전법안이 국회에서 기각된 시점이었음에도 불구하고, 이 부부는 인터뷰를 허락했고 그들이 어떻게 이런 난관을 극복했는지에 대해 이야기했습니다.

프랜신은 다음과 같이 말했습니다. "우리의 마음은 무너졌어도 정신은 무너지지 않았습니다. 저는 사람을 변화시키는, 즉 사랑에 대해 대화하는 것이 어떤 것인지 그들에게 이야기할 겁니다. 그것도 그들과 싸우지 않고 말입니다." 그리고 그녀의 남편 데이비드는 다음과 같이 말했습니다. "여러분과 의견이 다른 사람을 비난하거나 비방해선 안 됩니다. 그렇게 하는 순간 대화는 끝나 버리고 말아요. 그리고 이런 일이 더 이상 반복되어서는 안 됩니다. 문제를 해결하기에 많은 어려움이 있지만, 어떻게든 극복해 나갈 방법을 마련해야 합니다." 우리는 국가가 정치 체계와 언론 매체를 통해 양극화

---

36. Sandy Hook Elementary School shooting : 2012년 12월 14일 샌디 훅 초등학교에서 발생한 총기 난사 사건.

되고 제 기능을 다하지 못한 채 이기적인 태도를 취하는 모습을 자주 봅니다. 그럼에도 저는 여러분이 진실을 알고 있다는 것을 압니다. 우리 모두는 워싱턴과 24시간 케이블 TV 뉴스에서 반복적으로 흘러나오는 냉소주의와 비관주의보다 우리 자신이 더 낫다는 사실을 알고 있습니다. 방금 전에 말씀드린 케이블 TV 채널에서 제가 운영하는 채널은 예외입니다. 우리는 헌법 수정 제2조를 유지하고 우리 아이들의 목숨을 앗아 가는 폭력을 줄이기 위해 대다수의 미국인이 총기 소지자의 신원 조회를 강화하기를 바라고 있다는 사실을 알고 있습니다. 우리는 이 두 가지를 동시에 할 수 있습니다.

그리고 우리는 대다수의 미국인이 이 나라에 거주하는 1,200만 미등록 이주민들에게 시민권을 부여하는 데 동의한다는 사실을 알고 있습니다. 왜냐하면 이는 우리의 법을 수행하는 동시에, 미국 해안으로 몰려드는 이주민들을 환영했던 자유의 여신상의 약속을 수용하는 것이기 때문입니다. 우리는 이 두 가지를 동시에 할 수 있습니다.

네, 우리는 이런 사실을 이해하고 있습니다. 여러분은 하버드 대학 출신이니까 이런 일을 잘 처리할 수 있다는 사실도 저는 알고 있습니다. 열악한 환경에 처해 있는 사람들에게 건강한 음식을 먹이고, 거처를 마련해 주고, 공교육을 강화해야 한다고 생각하는 사람들이 정당과는 상관없이 존재합니다. 왜냐하면 지구상 가장 부유한 국가인 미국에 살고 있는 우리는 기본적인 안전과 기회를 제공해 줄 수 있기 때문입니다. 그래서 문제는 "이에 대해 우리가 무엇을 할 것인가? 그리고 여러분은 이에 대해 진심으로 무엇을 할 것인가?"

하는 것입니다. 여러분은 이에 동의할 수도 그렇지 않을 수도 있습니다. 2013년 졸업생 여러분은 이런 문제에 관해 관심을 보일 수도, 아니면 다른 문제에 더 열정을 쏟을 수도 있습니다.

여러분은 다른 사람들과는 달리 정부에서 일하기를 원할 수도 있습니다. 혹은 자신만의 쇼 프로그램을 시작하고 싶을 수도 있죠. 단지 돈을 벌고 싶어 할 수도 있고요. 여러분 부모님들은 당장은 이를 좋다고 하실 겁니다. 중요한 점은 여러분 세대는 국가가 지금껏 해내지 못한 변화를 이끌어 내야 할 책임을 갖고 있다는 것입니다. 여러분 모두는 이 명문 학교에 다니는 엄청난 축복을 받았습니다. 이제 여러분에게는 자신의 삶과 이웃의 삶, 그리고 조국의 미래를 보다 더 좋게 할 기회가 주어졌습니다. 확신하건대, 여러분이 이러한 행동을 취할 때, 여러분의 인생은 정말로 아름답게 꾸며질 것입니다. 마야 엔젤루Maya Angelou 선생님은 항상 다음과 같이 말씀하셨습니다. "여러분이 배웠으면, 그것을 가르쳐 주고, 받았으면, 그것을 다시 베풀어 주세요. 바로 이것이 여러분 인생에 목표와 의미를 부여하는 것입니다." 여러분은 여러분 방식대로 엔젤 네트워크를 발전시켜 나갈 수 있는 능력을 갖고 있습니다. 그리고 이렇게 함으로써 2013년 졸업생 여러분은 역사상 그 어떤 세대보다 더 많은 영향력과 권한을 갖게 될 것입니다. 저는 아날로그 세계에서 이런 영향력과 권한을 행사했습니다. 저는 하루 최대 약 2,000만 시청자들을 확보하는 플랫폼을 보유하는 축복을 누렸습니다. 트위터, 페이스북, 유튜브, 텀블러 등 소셜 네트워크 시대에 여러분은 단 몇 초만에 수십 억 사람들과 만날 수 있습니다. 여러분은 2008년 대선에서 기록적인 투표 참여율을 보임으로써 세간에서 얘기하는 정치적 방관자라는 이미지를 불식시킨 세대입니다. 2012년 대선을 치를 때 전문가들은 이전 선거 결과에 낙담한 여러분의 투표율이 훨씬 떨어질 것으로 예상했습니다. 하지만 여러분은 더 높은 투표율을 보여주며 그들이 틀렸다는 것을 증명했습니다. 이것이 바로 여러분의 진정한 모습입니다.

제가 알고 있는 여러분은 헛소리를 잡아내는 정교한 레이더 장치를 발전시킨 세대입니다. 여러분은 하버드에서 헛소리를 할 수 있나요? 국정 토론에서 난무하는 허위, 엉터리, 추잡함과 같은 헛소리 말입니다. 저는 여러분 모두가 진정한 삶의 방식은 정직해지는 것, 그리고 무엇보다도 공감하는 것이라는 사실을 누구보다도 잘 알고 있다고 생각합니다. 제가 25년간 매일 사람들과 대화를 나누면서 배운 것 중 가장 중요한 것은 우리 인간의 경험에는 공통적인 특징이 있다는 것입니다. 우리 대부분은 분열되는 것을 원치 않습니다. 우리가 원하는 것, 즉 제가 한 모든 인터뷰에서 찾아낸 공통적인 특징은 우리는 인정받기를 원한다는 것입니다. 우리는 다른 사람이 우리를 이해해 주기를 바랍니다. 저는 지금까지 사람들과 인터뷰를 한 횟수는 3만 5,000회가 넘습니다. 인터뷰를 마친 사람들은 카메라가 꺼지자마자 항상 제게 와서 자기만의 방식으로 "괜찮았어요?"라고 묻곤 했습니다. 부시 대통령과 오바마 대통령에게서도 이런 질문을 받았습니다. 영웅이나 주부, 그리고 범죄 피해자나 가해자뿐만 아니라 비욘세와 모든 비욘세 추종자들도 그랬습니다. 비욘세는 인터뷰가 끝나자 제게 마이크를 넘기면서 "괜찮았어요?"라고 물었습니다. 매일 이루어진 인터뷰에 참여한 제 친구와 가족, 사랑하는 사람이나 미워하는 사람, 그리고 잘 모르는 사람 모두가 알고 싶어 하는 것은 단 하나였습니다. "괜찮았어요? 제 말을 들었나요? 제가 한 말이 이해가 되나요? 아니면 제가 한 말이 당신에게 어떤 의미인가요?"와 같은 것 말입니다. 페이스북의 탄생지가 이곳이긴 하지만, 저는 여러분이 페이스북 밖으로 나가 여러분과 의견을 달리할 수도 있는 사람들과 더 많이 직접적인 대화를 하길 바랍니다.

그러면 여러분은 그들의 눈을 쳐다보고 그들이 생각하는 바를 직접 들을 수 있게 될 뿐만 아니라 속도와 거리, 그리고 익명성의 세계가 우리에게서 남을 이해하는 능력을 빼앗을 수 없다는 사실과 우리는 서로 공유하는 삶을 살아야 한다는 사실을 깨닫게 됩니다. 그리고 이는 개인뿐만 아니라 국가의 성공을 위해서도 꼭 필요한 것입니다. "빛으로 이 어둠을 몰아낼 수 있는 방법이 있어야 합니다." 이는 12월 어느 조용한 금요일 총기 난사 사건으로 어린 아들을 잃은 아버지가 한 말입니다. 이를 정신, 영혼, 자존감 혹은 지성 등 무엇이라 부르든, 여러분 각자의 마음속에는 인간을 사랑하는 빛이 존재합니다. 그리고 미시시피의 시골뜨기 소녀였던 제가 오래전에 깨달은 바는, 제 자신이 되는 것이 바버라 월터스를 따라하는 것보다 훨씬 쉬웠다는 것입니다. 처음 일을 시작할 때는 머릿속이 온통 바버라 생각뿐이어서, 저는 바버라처럼 앉고, 말하고, 행동했습니다. 그러던 어느 날 저녁 뉴스 시간에 저는 '캐나다'를 '캔-아-다'로 발음하고 있더군요. 그 후로 저는 바버라를 따라하지 않았습니다. TV에 나온 제 모습은 완전히 망가진 모습이었고 이 모습에

웃을 수조차 없었습니다. 그러나 제 진정한 개성이 발휘되자 바버라를 따라하는 것보다 오프라 자신이 되는 것이 훨씬 낫다는 사실을 알게 됐습니다. 저는 여러분 모두가 이 편안한 학교를 떠나 하버드 졸업생으로서 세상의 평가를 받는 것을 조금은 불안해하고 망설이고 있다는 것을 압니다. 하지만 그 어떤 도전이나 방해 혹은 좌절에 직면할지라도, 여러분이 인간으로서 여러분 자신을 가장 진실되게 표현한다는 단 한 가지 목표를 갖고 있다면, 여러분은 진정한 성공과 행복을 누릴 수 있을 겁니다. 여러분은 여러분 자신이나 가족 혹은 주변 사람들이 원하는 바를 만족시킴으로써 여러분의 인간성을 극대화시키려고 합니다. 신학자 하워드 서먼Howard Thurman은 이에 관해 다음과 같이 명쾌하게 말했습니다. "세상이 무엇을 필요로 하는지 네 자신에게 묻지 마라. 스스로를 살아 움직이게 하는 것이 무엇인지 네 자신에게 물어라. 그리고 그 일을 하라. 세상이 필요로 하는 것은 자신을 살아 움직이게 하는 그런 사람들이기 때문이다." 세상이 필요로 하는 것은 포트 로더레일 출신의 마이클 스톨진버그 같은 사람입니다. 마이클은 겨우 여덟 살의 어린 나이에 사지를 절단해야만 목숨을 건질 수 있는 박테리아에 감염됐습니다. 이 씩씩한 소년은 즉시 사지를 절단하기로 결심했고, 이후 소년의 삶은 영원히 바뀌었습니다. 한때 사지가 멀쩡했던 모습이 사라지면서, 마이클은 자신이 되고자 하는 인간의 모습을 찾았습니다. 그는 의족과 의수를 하고 하루 종일 휠체어에 앉아 있어야 하는 자신을 한탄하는 대신, 다시 걷고, 뛰고 노는 방법을 배웠습니다. 그는 중학교 때는 라크로스[37] 팀에 참가했고, 지난 달 발생한 보스턴 마라톤 대회 폭파사건으로 부상을 입은 사람들의 상당수가 사지를 절단해야 한다는 사실을 알고는 이 어둠을 빛으로 몰아내기로 결심했습니다. 마이클과 그의 형 해리스는 'Mikeysrun.com'을 만들어 해리스가 보스턴 마라톤 대회에 참가하는 2014년까지 사지 절단 환자들을 위한 기금 10만 달러를 모금하기로 결정했습니다. 이곳에서 1,000마일 이상 떨어진 곳에 있는 어린 두 형제가 보스턴 사회를 돕기 위해 사람들의 협력을 구하고 있는 것입니다. 지역 공동체가 마이클을 돕기 위해 모였듯이 말입니다. 이 열세 살 소년은 사지가 절단된 사람들에게 한마디 해 달라는 부탁을 받고는 다음과 같이 말했습니다. "처음에 그들은 슬픔에 잠길 겁니다. 다시는 되찾을 수 없는 것을 잃어버렸기 때문에 두려움을 느낄 겁니다. 저도 처음엔 두려웠습니다. 하지만 괜찮아질 겁니다. 그들은 단지 곧 괜찮아질 거라는 사실을 지금 모르고 있을 뿐입니다."

우리가 이런 사실을 항상 알 수는 없습니다. 이런 사실을 뉴스에서 항상 보거나 듣거나 하는 것은 아닙니다만, 무슨 일이 있어도 2013년 졸업생 여러분의 미래는 괜찮을 것이고 여러분이 이 나라의 미래를 더 낫게 만들 것이라는 사실을 믿습니다. 동전을 모은 아홉 살짜리 소녀 때문에, 데이비드와 프랜신 휠러 부부 때문에, 마이클 스톨진버그와 해리스 스톨진버그 형제 때문에, 그리고 오늘 여기 앉아 있는 엔젤 네트워크 관계자 여러분 때문에 저는 모든 일이 잘될 것이라고 믿습니다. 엔젤 네트워크의 혜택을 받은 사람 중에

---

37. Lacrosse : 각각 10명의 선수로 이루어진 두 팀이 그물채 같은 것으로 공을 던지거나 잡으면서 하는 하키 비슷한 경기.

한 명인 카디자 윌리엄스는 4년 전 하버드 대학에 입학했습니다. 카디자는 12년간 12개 학교를 다녔습니다. 쓰레기봉투를 뒤져 목숨을 연명하며, 포주, 매춘부, 그리고 마약 판매상 들 틈에 끼어 지내면서 아침에는 월마트에 가서 몸을 씻었습니다. 반 친구들에게 냄새를 풍기지 않기 위해서 말입니다. 오늘 그녀는 2013년 하버드 대학 졸업생이 되었습니다.

여러분은 가끔 비틀거리거나 넘어질 수 있습니다. 그럴 때마다 분명 여러분은 자신이 가는 방향에 대해 의문을 품거나 의심하게 될 겁니다. 하지만 여러분이 자신을 살아 움직이게 하는 것을 발견하기 위해 마음속 지피에스의 작은 목소리를 듣고 따르고자 한다면, 여러분은 행복해질 것이고 성공할 것이며 세상에 영향력을 행사하게 될 것입니다. 2013년 졸업생 여러분, 축하합니다. 여러분 가족과 친구 분께도 축하드립니다. 행운을 빕니다. 제 연설을 들어주셔서 감사합니다. 저 괜찮았나요?

Oprah Winfrey

So don't accept somebody else's construction of the way
things ought to be. It's up to you to right wrongs.
It's up to you to point out injustice.

다른 사람들이 만든 방식들을 무조건 받아들이지 말라는 것입니다.
잘못된 것을 바로잡는 것은 바로 여러분이 해야 할 일입니다.
부당한 것을 지적하는 것도 바로 여러분의 임무입니다.

명사
약력

Barack Obama

1961년 8월 4일, 미국 하와이 호놀룰루에서 태어났다. 컬럼비아 대학교에서 학부를 마쳤고 하버드 대학교 로스쿨을 졸업하였다. 민권 변호사, 시카고 대학교 로스쿨 헌법학 교수를 거쳐 일리노이 상원의원으로 일했다. 2008년 민주당 대선 후보로 지명되었고 대통령 선거에서 최종 당선되었다. 미국 최초의 아프리카계, 하와이 출신 대통령의 탄생이었다. 2009년에 노벨 평화상을 수상하였고 2012년 대통령 선거에서 재선에 성공했다.

버락 오바마
Barack Obama

버나드 칼리지
Barnard College
(2012년 5월 14일)

버나드 칼리지
Barnard College

1889년에 설립된 미국 명문 여자 대학교로, 미국의 뉴욕 맨하튼에 자리하고 있다. 세계적
명문학교인 컬럼비아 대학교와 아주 특수한 파트너십을 맺고 있어 수업이 연계되고 학위
도 컬럼비아 대학교 명으로 나온다. 뉴욕시와 연계해 다양한 인턴십 기회를 제공하는 것
으로 유명하다. 이 학교를 졸업한 유명인사로 작가 안나 퀸들렌, 살림의 여왕으로 꼽히는
마사 스튜어트 등이 있다.

우리 앞에 놓인 수많은 과제에는 해결 방법이 존재한다

버락 오바마 Barack Obama

감사합니다, 여러분. 이제 자리에 앉아 주시기 바랍니다. 감사합니다. 스파 총장님과 이사회 여러분, 그리고 볼링거 총장님께도 무한한 감사의 인사를 전합니다.

오늘의 주인공인 2012년도 졸업생 여러분, 안녕하십니까! 이 자리에 참석한 모든 졸업생 여러분들, 축하합니다. 그리고 이 영광된 자리에 저를 초대해 주셔서 대단히 감사합니다.

오늘 여러분이 이룩한 성취는 여러분 스스로에게뿐만 아니라 여러분의 부모님과 가족, 학교의 교수님들, 그리고 동료들 모두의 기쁨이자 자랑입니다. 주변의 모든 분들께 큰 박수를 부탁드립니다. 이 자리에 참석하신 모든 어머님들, 아마 오늘 이렇게 멋지게 성장해 졸업장을 받아드는 자녀의 모습보다 더 큰 어머니날 선물은 없지 않을까 생각해 봅니다.

물론 반대일 수도 있을 것입니다. 저도 이런 자리에 올 때면, 제 두 딸 말리아와 사샤가 졸업장을 받아드는 순간을 상상해 보고는 합니다. 생각만 했는데도 금세 눈가가 촉촉해지네요. 마냥 기쁜 것만은 아니에요. 어떻게 참고 계신지 다들 대단하십니다.

꺼내기 쉽지는 않은 사실로 이야기를 시작해야겠습니다. 전, 컬럼비아 대학 출신입니다. 이곳과는 미묘한 라이벌 관계죠. 어찌됐건 오늘 이 자리에 연사로 서게 된 것은 제겐 큰 영광입니다. 한 가지 고백하자면, 지난 3년간 번번이 실패한 일이거든요. 힐러리 클린턴, 메릴 스트립, 셰릴 샌드버그까지, 정말 넘보기 힘든 상대들이었습니다.

힐러리, 그 누구와 비교해도 손색없는 최고의 국무 장관입니다. 메릴은 우리가 인문 예술 대통령 훈장을 수여한 인물이죠. 그리고 셰릴은 그저 좋은 친구라고 말하기는 부족하지요. 그녀는 정부의 경제 고문 중 한 사람입니다. 이쯤에서 옛 격언을 하나 인용해야겠군요. "친구를 가까이하고, 버나드 졸업식 연설자는 더욱 가까이하라." 참으로 현명한 말입니다.

제가 졸업하던 때가 아직도 눈앞에 선하네요. 저는 1983년도에 졸업했습니다. 컬럼비아 대학에 처음으로 여학생 입학이 허용된 해지요. 샐리 라이드가 미국 여성 최초로 우주 정복에 나선 해이며, 마이클 잭슨이 문워크Moonwalk로 음악계를 평정한 해이기도 합니다.

저보고 지금 문워크를 춰보라고요? 문워크는 안 됩니다. 오늘은 문워크는 없는 날입니다.

우리에겐 아이팟ipod이 아닌 워크맨walkman이 있었어요. 이 근방의 몇몇 거리들은 그다지 매력적이지는 않은 장소들이었던 것으로 기억합니다. 타임 스퀘어[38]도 지금 같은 가족 명소가 아니었고요. 모두 구닥다리 이야기라는 걸 저도 알아요. 지나간 시절을 이야기하는 졸업식 연사만큼 따분한 인간은 없다는 사실도 물론 잘 압니다. 하지만 이 모든 차이들에도 불구하고, 당시 1983년의 졸업생들은 바로 이 자리에 앉아 있는 여러분과 많은 부분에서 닮아 있었습니다. 여러분과 마찬가지로 우리 역시 국가가 심각한 불경기에서 완전히 회복되지 못한 시점에서 사회에 발을 내디뎠거든요. 변화의 시기였고, 불확실한 시간들이었습니다. 열렬한 정치적 논쟁이 벌어지던 시기이기도 했지요.

모두 하나의 맥락으로 이어질 수 있는 말들입니다. 대학에 입학해 캠퍼스를 거닐며 미래의 행로를 꿈꿔야 할 시기였지만, 채 1학년을 마치기도 전에 뉴스에서는 경제 위기로 인해 일자리가 500만 개 이상 줄어들 것이라는 보도가 이어지고, 부모님은 퇴직을 연기하고, 친구들은 일거리를 찾아 고군분투합니다. 지금 이 순간에도 여러분의 머릿속엔 저희 세대가 바로 그 자리에서 했던 것과 같은, 미래에 대한 고민이 가득 차 있을 것이라 생각합니다.

물론 여러분은 젊은 여성으로서 여러분이 마주한 그 고민들에 충실히 맞설 것이라 믿습니다. 과연 내가 일한 만큼의 대가를 받을 수 있을지, 직장과 가정의 요구 사이에서 균형을 맞출 수 있을지, 자신의 건강에 대한 문제를 스스로 온전히 통제할 수 있을지 등의 고민을 말이지요.

지난 30년간 여성들에게 주어지는 기회가 기하급수적으로 증가

---

38. Times Square : 미국 뉴욕 시 맨해튼 중심부에 있는 번화가.

한 것은 분명한 사실이지만, 여러분은 젊은이로서 이 기회들을 실제 자신의 것으로 만들기 위해 여러 면에서 우리 세대에 비해 더 많은 노력을 기울여 왔을 것입니다. 경기 침체는 이 과정을 더욱 힘들게 했고, 실직 문제는 심화되고 있습니다. 정치는 더욱 추잡한 것으로 보이겠죠. 의회는 어느 때보다 정체돼 있다는 점 역시 인정합니다. 일부 금융계를 보고 있자면 진정 그들을 기업인이라는 이름으로 불러도 되는 것인지 의문을 품게 됩니다.

하지만 한 가지 분명한 점은 우리에게는 늘 그렇듯 높은 신념이 있다는 사실입니다. 아니, 좋은 소식보다 나쁜 소식들이 더욱 많이 들려오는 이러한 시기에는 오히려 더 큰 신념이 발휘된다고 말하는 게 정확하겠네요. 여러분은 매일 선정적이고 자극적인 이야기들을 듣습니다. 변화는 불가능하며, 여러분은 아무 것도 바꿀 수 없고, 지금의 삶과 우리가 바라는 삶 사이의 간극을 메울 수 있는 방법은 없다는 메시지가 담긴 것들이죠.

오늘 제 역할은 여러분에게 이런 말들을 믿지 말라고 이야기해 주는 것입니다. 주변 여건이 험난해질수록, 여러분은 더욱 단단해질 것이라고 저는 믿습니다. 저는 여러분의 열정과 힘을 확인해 왔습니다. 저는 여러분의 발자취와 업적을 목격해 왔습니다. 저는 과거 우리 세대는 이해나 겨우 하는 수준에 머물렀던 디지털 흐름을 능숙히 이용해 여러분만의 창의적인 방법으로 스스로의 목소리를 내는 것을 들었습니다. 저는 역사의 흐름 속에 뛰어들어 그 물길을 바꿔보고자 하는 새로운 세대의 끓어 넘치는 열망을 봤습니다.

그리고 '할 수 있다'라는 이 도전적인 자세는 지금 이 순간에도 우리 미국 역사의 혈관 속을 힘차게 흐르고 있습니다. 이 열정은 우리가 이룩해낼 모든 진보에 동력이 되어 줄 것입니다. 우리는 여러분 세대가 이 정신을 받아들이고 여기에 불을 지피기를 기대합니다. 바로 지금부터 말입니다.

여러분은 아마 이런 의문을 품을지도 모릅니다. '과연 세상이 좀더 나아질 수 있을까?' 그 질문에 대답하겠습니다. "우리는 언제나 그래왔습니다." 문제는 우리 앞에 놓인 과제를 풀 만한 해결책을 우리가 가지고 있느냐 없느냐가 아닙니다. 우리는 꽤 오랜 시간 동안 그것을 손에 쥐고 있었으니까요. 한 가지 예를 들어보죠. 우리 모두는 알고 있습니다. 더 많은 미국인들이 여러분이 버나드에서 받은 것만큼 훌륭한 교육을 받는다면, 또 더 많은 사람들이 오늘날 고용 현장에서 요구하는 훈련과 교육을 받을 수 있다면 이 나라는 한층 나은 곳이 될 것이라는 사실을요.

새로운 비즈니스와 의료 발전에 필요한 과학 기술 투자를 활성화한다면, 그리고 보다 깨끗한 에너지를 개발해 원유 수입을 줄이고 우리의 행성을 위협하는 탄소 배출 역시 줄인다면, 그 또한 우리의 삶의 질을 한층 향상시키겠죠.

남의 돈으로 그릇된 투자를 하는 은행들을 제지할 규정을 만든다면, 보험사가 소비자에게 돌아갈 보상범위를 축소하거나 남녀를 다르게 대우하지 못하도록 한다면 우리 사회는 한 걸음 더 진보할 것입니다. 또, 봉급에서 의료까지, 미국인으로서 누리는 삶의 모든 측면에서 여성과 남성이 동등한 권리를 누릴 수 있다면, 이 역시 우리의 삶을 보다 나은 것으로 만들어줄 것입니다.

이 모든 것이 현실 가능한 이야기라는 것을 우리는 알고 있습니다. 우리 앞에 놓인 모든 과제들은 분명히 해결 가능한 것들이라는 점도요. 문제는 이 필수적인 변화들을 위해, 우리의 삶 속에서, 공동의 제도 속에서, 정치 속에서 어떻게 함께하느냐 하는 것입니다. 그리고 저는 여러분 세대가 변화의 의지를 가지고 있음을 확신합니다. 그리고 이 세대의 여성, 바로 여러분이 그 변화라는 행보의 선두에 있으리라는 것을 믿습니다.

말로 하기는 참 쉬운 것들입니다. 하지만 사실이 아닌 것은 하나도 없지요. 어떤 면에서는 간단한 수학 공식과도 같아요. 오늘날 여성은 단순히 국민의 절반을 의미하지는 않습니다. 여러분은 '노동 인구'의 절반이기도 합니다. 점점 더 많은 여성들이 사회, 경제적 측면에서 그들의 남편을 능가하고 있습니다. 학사, 석사, 박사 졸업생의 절반 이상을 차지합니다. 남자들을 압도하고 있지요.

더디기는 했지만 수십 년에 걸쳐 꾸준히 걸어온 특별한 행보를 통해 여러분은 여성이 단지 자신의 삶만이 아닌 국가와 세계의 운명을 결정하는 시대를 만들어 냈습니다.

이 세기가 얼마나 나아갈지, 이 세계가 얼마나 진보할지는 여러분의 손에 달렸습니다. 여러분도 그것을 원하고 있고요. 하지만 변화는 이제 시작 단계일 뿐이며, 모든 것이 여러분에게 손쉽게 주어지지는 않을 것입니다. 미래, 더 나은 미래를 희망하는 한 사람으로서 여러분을 위해, 또 말리아와 사샤를 위해, 남편으로서, 아버지로서, 그리고 아들로서 제가 여성 여러분들께 몇 가지 조언을 전할 수 있는 기회를 주시기를 부탁합니다. 아니, 반드시 그러셔야 합니다.

지루해도 조금만 참아 주세요.

제 첫 번째 조언은 이것입니다. 그저 열심히만 해서는 안 됩니다. 여러분의 자리를 차지하기 위해서는 싸워야 합니다. 보다 바람직한 것은 가장 높은 자리를 위해 싸우는 것입니다.

민주주의 사회에서 가장 중요한 역할은 시민으로서의 역할이라는 이야기들을 합니다. 225년 전 오늘, 필라델피아에서 제헌의회가 열렸습니다. 이 제헌의회에서 건국의 아버지들을 포함한 시민들은 하나의 특별한 문서를 만들기 시작했습니다. 물론 부족한 부분은 있었지요. 하지만 우리의 국가는 그 결함을 보완해서 좀 더 완벽한 문서를 만들기 위해 오랜 시간 노력해왔습니다. 인종과 성 차별의 문제는 해결되지 않았습니다. 당시에 여성의 서명은 원본 문서를 증명하는 데 사용되지 못했지요. 이 나라를 세운 아버지들의 귀에 대고 현명한 조언들을 속삭여준 위대한 건국의 어머니들이 있었음을 우리 모두가 알고 있기는 하지만요. 사실, 그건 거의 부정할 수 없는 이야기예요.

이 문서의 특별한 점은 여백, 즉 가능성을 제공했다는 점입니다. 그 헌장에서 배제된 이들이 자신들의 권리를 위해 싸울 수 있는 자리를요. 헌장은 국민들에게 민주주의의 범위를 넓히는 데 필요한 원칙과 이상들을 제안할 수 있는 언어를 제공했습니다. 헌장은 저항을 허용했고, 변화를 허용했으며, 세상을 바꿀 새로운 생각들이 끊임없이 펼쳐질 수 있도록 했습니다. 이러한 자유가 바로 이 세계를 오늘의 모습에 이르게 한 원동력이 된 것입니다.

우리의 건국자들은 미국이 물이 고여 있는 상태가 되면 안 된다는 사실을 알았습니다. 우리는 한 곳에 멈춰 서지 않았으며, 뒷걸음도 치지 않고 늘 앞으로 나아갔습니다. 그리고 이제 여러분 앞에 새로운 문이 열렸습니다. 앞에 놓인 기회를 붙잡는 것이 여러분의 의무입니다.

의무라는 표현을 한 이유는, 그것이 여러분 스스로만을 위한 것이 아닌, 현재 가지고 있거나, 혹은 곧 가지게 될 선택권을 아직 누리지 못한 이들을 위한 것이기도 하기 때문입니다. 많은 업무 현장에서 여전히 진부한 업무 방식을 고수하는 이유 가운데 하나는 포춘지 선정 500대 기업의 CEO 가운데 여성의 비율은 3퍼센트에 그친다는 사실에 있을 것입니다. 여성의 권리와 관련한 지난한 싸움에 다시 불이 붙은 한 가지 이유는 국회의 여성 의원 의석수가 전체의 5분의 1에도 미치지 못하는 데 있습니다.

오랜 노력을 성공으로 이끌기 위한 유일한 방법은 기업이라는 사다리의 맨 꼭대기에 올라서서 그들을 이끄는 것이라는 말은 굳이 하지 않겠습니다. 그것이 사실이기는 하지만요. 이 과정이 성공한다면 의회는 여러분을 위해 더 많은 일을 할 것입니다. 모두 제 말을 믿을 것이라고 확신합니다. 그러나 여러분이 여러분의 자리를 마련하지 않기로 결정한다면, 최소한 그 자리를 대신할 누군가는 스스로 선택하십시오. 이것이 변화의 핵심입니다.

바바라 미쿨스키[39], 올림피아 스노우[40] 등 여성 의원들이 의회에

---

39. Barbara Mikulski : 매릴랜드 주의 민주당 상원의원. 남, 녀 임금차별을 없애기 위한 법안의 주요 발의자이다.

40. Olympia Snowe : 메인 주의 공화당 상원의원. 당론에 얽매이지 않고 소신투표를 하면서 2006년 〈타임〉지가 선정한 '미국의 톱 10 상원의원'으로 선정되기도 했다.

진출하기 이전의 이야기를 해보죠. 당시 연방정부가 투자하는 질병 연구의 대부분은 남성들에게만 영향이 있는 질병들에 초점이 맞춰져 있었습니다. 아직 패스티 밍크[41]나 에디트 그린[42]과 같은 인물들이 의회에서 여성에게도 스포츠를 포함한 미국의 모든 교육 활동에서 경쟁하고, 승리할 권리를 보장해야 한다는 내용을 담은 타이틀 IX[43]를 통과시키기 전인 40년 전의 이야기입니다. 평범한 사무직 여성이던 릴리 레드베터[44]가 용기를 내 우리 앞에 나서기 전까지는, 모두 아시다시피 여성들에게는 동등하게 대우받을 권리 따위는 찾을 수 없었습니다. 같은 일을 한 남녀에게 동등한 임금을 지불한다는 기본적인 원칙이 우리 법에는 존재하지 않았던 것입니다.

그러니까 제 말은, 다른 사람들이 만든 방식들을 무조건 받아들이지 말라는 것입니다. 잘못된 것을 바로잡는 것은 바로 여러분이 해야 할 일입니다. 부당한 것을 지적하는 것도 바로 여러분의 임무입니다. 우리의 체제를 유지하는 것도, 또 때로는 이것을 완전히 바꾸는 것도 역시 여러분에게 맡겨진 역할입니다. 무언가를 지지하고,

41. Patsy Mink : 1927 ~ 2002. 일본계 미국인. 미국의 최초 유색인종 여성 정치인으로서, 흑인이나 아시아계 미국인 등을 비롯해 자신이 속한 곳 전체의 발전에 관한 신념을 위해 노력했다.

42. Edith Green : 1910 ~ 1987. 정치인이자 교육가. 오리건 주 출신으로서 미 하원의원으로 선출된 두 번째 여성이다. 여성의 권리와, 교육, 사회 개혁 등에 힘썼다.

43. Title IX : 1972년 미 의회에서 통과된 교육개정법(Education Amendment Act of 1972)의 일환으로 연방 정부의 지원을 받는 교육 기관에서의 성차별을 금지한 법 조항이다.

44. Lilly Ledbetter : 1998년, 자신이 일하던 회사 굿이어 타이어(Goodyear Tire & Rubber)를 상대로 같은 기간 근속한 남녀의 임금 불평등에 대해 소송을 걸었으며, 이는 '동일한 일을 하는 남녀 노동자가 차별적인 임금을 받는 것은 불법'이라는 릴리 레드베터 법안(Lilly Ledbetter Fair Pay Act)이 오바마에 의해 효력이 발생하였다.

목소리를 내거나 글을 쓰고, 압력을 행사하고, 조직을 구성하는 것도, 시위나 투표에 참여하는 것도 여러분의 권리이자 의무임을 잊지 마십시오. 절대, 그저 자리에 앉아 관망하는 것에 만족하지 마십시오.

불공정한 현재 상황에서 자신은 이득을 볼 수 있기 때문에 변화를 거부하는 이들, 이런 사람들은 언제나 대중의 무관심한 태도와 현 상태에 안주하려는 마음을 교묘히 이용해 왔습니다. 하지만 미국 역사 전반을 훑어보면, 그들의 전략은 언제나 실패로 돌아갔습니다. 우리의 미래 역시 그럴 것이라 저는 믿습니다.

2012년도 졸업생 여러분, 드디어 여러분이 시대의 주인공이 됐습니다. 여러분 옆의 누군가가 먼저 나서서 옳은 말을 하리라 기대하지 마십시오. 아마 그들은, 바로 여러분의 목소리를 기다리고 있을지 모릅니다. 제가 전하고자 하는 두 번째 조언과도 같은 맥락의 말입니다.

두 번째 저의 조언은 당신의 모범이 지닌 힘을 과소평가하지 말라는 것입니다. 당연한 이야기를 되풀이하자면 여러분의 졸업은, 그리고 남성보다 여성 대졸자가 더 많은 오늘날의 상황은 여러분의 이전 세대 여성들, 여러분의 할머니와 어머니, 그리고 이모들이 세상의 편견에 대해 저항했던 덕분에 이뤄진 결과입니다. 그들은 대학 졸업식장에 여성은 있을 수도, 있어서도 안 된다는 미신을 깨부쉈습니다.

이민 2세대인 제 친구의 이야기를 소개하고 싶네요. 그녀가 고등학교에 다니던 시절, 생활 지도교사에게 무슨 말을 들었는지 아십니까? 그 교사는 그녀에게 "넌 대학물을 먹을 재목이 못 돼."라고 말했다고 합니다. 비서직이 그녀에게 알맞은 직업일 거라는 충고와 함께요. 하지만 그녀는 꿈과 의지가 있었고, 대학에 입학했습니다. 그리고 최종적으로 박사학위까지 취득했지요. 이후 지역 사무국과 주립 사무국을 거쳐 의회에 진출하는 데 성공했습니다. 자, 보세요. 힐다 솔리스[45]의 인생은 비서로 끝날 수도 있었습니다. 하지만 그녀는 자신의 길을 선택했고, 미국의 노동부 장관 자리에 오르지 않았습니까?

라틴계 꼬맹이 여자 아이 하나가 자신과 꼭 닮은 한 여인이 국무회의에 참석하는 모습을 어떻게 받아들일지 생각해 보십시오. 자신과 닮은 모습을 한 여인이 대통령 후보로 출마한 모습이 아이오와의 한 어린 소녀에게 과연 어떤 의미로 다가올지 생각해 보십시오. 할렘 가를 거니는 한 소녀에게 자신을 닮은 UN 대사의 활약이 어떤 의미일지도요. 여러분의 영향력을 과소평가하지 마세요.

여러분이 오늘 받게 될 졸업장이 의미하는 것은 새로운 가능성입니다. 손을 내밀어, 다음 세대의 여성들도 이 증서를 받고 싶다는 꿈을 꿀 수 있게 해 주십시오. 여성의 참여가 더 활발히 이루어져야 하는 영역인 컴퓨터 과학이나 엔지니어링과 같은 분야에 관련된 학위를 취득하신 분들이라면, 다른 학생들 또한 그 분야로 들어설 수 있도록 모범을 보여 주십시오. 건설이나 컴퓨터 엔지니어링 등 더

---

45. Hilda Solis : 2009 ~ 2013년 오바마 행정부에서 제25대 미 노동장관으로 일했다. 히스패닉 계 여성으로는 최초로 미 대통령 내각에서 일했으며 2001년 부터 2009년까지는 민주당 소속의 하원 의원으로 당선되기도 했다.

많은 분야로 진출할 계획을 세우신 분들은 앞으로 새로운 인재를 발굴하는 데 힘써 주십시오. 멘토가 되어 주세요. 롤 모델이 되세요.

한 소녀가 있습니다. 그녀가 꿈을 갖지 않는다면, 컴퓨터 프로그래머나 전투 사령관으로 성장한 자신의 모습을 그려내지 못한다면, 이 아이는 정말로 그런 어른으로 성장하기 어려울 것입니다. 윗세대의 여성이 이 아이에게 외모와 옷차림만을 강조하는 팝 문화는 한때 지나가는 것에 불과하다는 이야기를 해주지 않는다면, 그 대신 공부하며 미래를 만들어나가는 것에 관심을 가지고 경쟁의 즐거움과 앞서나가는 것의 기쁨을 경험해 보라고 이야기해주지 않는다면, 이 소녀들은 지금까지 자신들이 보아온 것만이 여성으로 신경 써야 할 전부라 생각하게 될 것입니다. 이쯤에서 미셸이 나서서 한마디 거들 것 같은데요. 그런 부분도 조금은 신경 쓰는 게 좋을 거라고요. 세련되면서도 힘 있어 보일 수 있는 방법은 얼마든지 있습니다. 미셸이 준 조언이에요.

그리고 어린 소녀들이 따르게 될 가장 영향력 있는 모범은 바로 그들의 부모라는 사실도 잊지 마십시오. 저는 말리아와 사샤가 뛰어난 여성으로 성장하리라 확신합니다. 아이들의 어머니와 할머니, 즉 미셸과 마리아 로빈슨 여사가 훌륭한 여성이기 때문이지요. 당신의 힘을 믿으세요. 그리고 그것을 현명하게 사용하세요.

제 마지막 조언은 간단합니다. 하지만 가장 중요한 것이기도 합니다. 바로 노력하라는 것입니다. 노력하고, 또 노력하세요. 이 세상에 손쉽게 얻어지는 보물은 없습니다. 실패를 두려워하는 이는 아무것도 이뤄낼 수 없습니다. 때로는 비참한 실패를 맛보았을지라도 노력을 계속하다 보면 그 실수에서 새로운 것을 배울 수 있습니다. 포기하지 마세요.

캠퍼스에 처음 발을 내디뎠을 때 제게는 돈도 거의 없고, 뾰쪽한 대안도 없었습니다. 하지만 이 세계 속에서 나만의 자리를 찾아야 겠다는 꿈이 있었지요. 남들과는 다른 무언가를 해내리라는 의지가 있었어요. 물론 정확히 뭐가 될지는 알 수 없었지만요. 그렇지만 더 나은 세계를 위해 제가 할 수 있는 역할을 찾고, 그 자리에 제가 있을 것이라는 각오만큼은 확실했습니다.

어떤 일들이 있었는지 일일이 설명하기는 어렵지만, 졸업 이후 뉴욕에서 몇 번의 실패를 경험했어요. 하지만 셋방을 전전하는 상황에서도, 저는 언제나 기회를 찾았습니다. 전국에 있는 지역 사회 지부들에 꾸준히 편지를 보내기 시작했고, 어느 날 시카고 남부에 있는 한 작은 교회의 담당자로부터 답장을 받을 수 있었습니다. 철강 공장들이 속속 문을 닫아 일자리가 줄어들고 있는데 이 지역의 주민들을 지원하는 업무에 참여할 수 있겠냐는 제안이었어요.

지역은 그 외에도 조직폭력배들로부터 피해를 겪고 있었습니다. 때문에 그곳에 도착한 저는 무엇보다 먼저 지역 대표들을 소집해 조직폭력단 문제를 처리하는 것을 의논해야 했습니다. 경찰들을 만났고, 연락망을 정비하고, 교회를 방문하고, 전단지를 배포하는 일련의 작업을 진행하면서 수 주 동안 이 문제에 매달렸어요. 준비를 모두 마치고 드디어 시민들과 대화를 나눌 야간 회의도 소집했습니다. 우리는 얼마나 많은 시민들이 참석할지 기대하고 있었습니다. 기다리고, 또 기다리던 가운데 마침내 한 무리의 어르신들이 홀에 들어와 자리에 앉기 시작하시더군요. 그런데 한 할머니가 손을 들고 이렇게 물었습니다. "우리 빙고 게임 하는 건가?" 비참했어요. 더 이상의 방문객은 없었고, 제가 준비한 첫 시민 모임은 결국 실패하고 말았던 것이지요.

그리고 얼마 뒤, 함께 일하던 자원 봉사자 한 명이 저에게 말하기를, 자신들은 이 일을 거의 포기한 상태라고 했습니다. 사실 그들은 제가 오기 2년 전부터 그 일을 해왔지만 그간 아무런 성과도 없었다더군요. 솔직히 꽤 낙담했어요. 제가 뭘 한 건지도 모르겠더군요. 저 역시 포기를 생각하게 됐어요. 그렇게 그 자원 봉사자와 대화를 나누다가 우연히 창밖을 내다봤는데, 텅 빈 길거리에서 뛰놀고 있는 아이들이 눈에 들어오더군요. 놀이라고 해봐야 판자로 지어진 건물에 돌멩이를 던지는 게 전부였어요. 다른 놀 거리가 없던 거지요. 늦은 저녁, 그저 돌멩이를 던지는 것 말고는요. 자원 봉사자 분께 물었습니다. "그만두기 전에 한 가지만 물어볼게요. 우리가 그만둔다면 저 아이들은 어떻게 될까요? 우리가 아니라면 누가 저 아이들을 위해 싸워 줄까요? 우리가 떠나면 저 아이들이 공정한 세상을 경험할 수 있을까요?"

다행히 봉사자 분들은 제 마음을 알아줬고 한 분 두 분 노력을 계속해나갈 것을 약속해줬습니다. 다시 지역의 가정들을 방문하는 작업이 재개됐습니다. 새로운 유권자들을 등록하고, 방과 후 프로그램들을 개설하고, 일자리를 만들려는 노력도 이뤄졌습니다. 주민들이 보다 자존감을 가질 수 있도록 하는 지원 역시 진행되었지요. 이런 작은 성과들이 우리가 용기를 낼 수 있도록 북돋아줬습니다. 물

론 그다지 눈부신 성과라고는 할 수 없었지만요. 일부 지역 주민들
은 여전히 극빈생활을 벗어나지 못하고 있었지요. 폭력배들도 여전
히 많았고요. 그러나 저는 이때의 작은 성과들이, 제가 지난 3년 반
의 시간 동안 대통령으로서 임무를 수행하며 보다 큰 승리들을 거
두는 데 귀한 자양분이 됐다고 당당히 말할 수 있습니다.

이러한 인내가 제 안의 선천적인 강인함에서 온 것이라 말하면
좋겠지만, 사실 이는 제가 습득해 나간 자질입니다. 지금껏 만나온
많은 이들, 보다 구체적으로 말하자면 제가 만나온 많은 여성들이
제 안에 용기를 심어줬고 지금의 저를 만들어 줬습니다.

저는 홀어머니 밑에서 자랐습니다. 공부를 하면서 어렵게 저를
키워 오신 분이죠. 결혼에 실패하신 이후 자식들을 먹여 살리기 위
해 푸드 스탬프[46]에 의지해야 했던 분이십니다. 하지만 어머니는 포
기하지 않았어요. 어머니는 학위를 취득했고, 공부와 일 모두 누구
에게도 뒤지지 않으려고 열심히 노력하셨습니다. 저와 누나는 각자
용돈을 벌어서 썼죠. 인도네시아와 하와이에 살던 시절에는 동이
트기도 전에 절 깨워 영어 공부를 시키셨던 기억이 나네요. 제가 불
평을 하면, 절 지그시 바라보며 "소풍이 없는 건 엄마도 마찬가지란
다, 우리 아가."라고 말하셨어요. 어머니는 결국 세계 곳곳의 여성들
이 자신만의 사업을 시작하는 데 필요한 돈을 마련할 수 있도록 도
움을 주는 일에 뛰어드셨습니다. 소액 금융의 초기 선도자였던 셈
이죠. 그녀는 많은 것이 부족한 상황 속에서도 어머니로서, 사회인

---

46. food stamp : 미국의 대표적인 복지 제도중 하나로 빈곤층 등 취약 계층에 식료품을
구입할 수 있는 쿠폰이나 전자카드를 지급해 식비를 제공하는 제도를 말한다.

으로서 자신의 역할을 해내려 언제나 열심이셨습니다.

이후 어머니가 돌아가시자 할머니께서 저를 돌봐주셨습니다. 할머니는 고등학교까지만 나오신 분이셨어요. 지역 은행에서 근무하셨는데, 유리 천장[47]이 존재하는 곳이었고, 할머니는 자신의 남자 후배들이 자신보다 높은 자리로 올라가는 것을 지켜봐야만 했습니다. 하지만 할머니는 일을 그만두지 않았습니다. 오히려 그럴 때마다 분개하며 더욱 단단해져 갔죠. 그녀는 자신만의 노하우를 가지고 언제나 최선을 다했고, 결국에는 은행의 부사장 자리에 올랐습니다. 그녀는 절대 포기하지 않았습니다.

시간이 흘러 저는 한 로펌에서 여름 인턴 활동을 하며 또 다시 한 여인을 만납니다. 제게 많은 조언을 해 준 사람이죠. 생각해 보니 자기에게 청혼하라는 조언도 한 것 같네요. 네, 바로 미셸이에요. 미셸과 저는 각자의 경력을 쌓아가며 새로운 가정을 꾸려나가는 데에도 열심히 노력했습니다. 하지만 미안하게도 언제나 최선을 다하자는 스스로의 다짐에도 불구하고 제가 출장을 가거나 집을 비워야 할 때면 가정과 관련한 모든 부담은 그녀가 짊어져야 했습니다. 미셸은 두 딸과 시간을 보낼 때면 일에 온전히 집중하지 못한다는 죄책감을, 그리고 직장에서는 두 딸과 좀 더 많은 시간을 보내주지 못한다는 죄책감을 느끼는 여자였습니다. 저와 그녀 모두 각자의 몸이 두 개씩이었으면 좋겠다고 바라던 시기였죠. 하지만 우리는 끈

---

47. glass ceiling : 미국 경제 주간지에서 1970년에 만들어낸 신조어. 여성의 고위직 진출을 가로막는 조직 내 보이지 않는 제약을 일컫는데, 여성 직장인들이 도달할 수 있는 승진의 최상한선, 또는 승진을 막는 보이지 않는 장벽을 말한다.

기 있게 노력했고, 이제는 부끄럽지 않은 가정을 꾸리는 데 어느 정도 성공한 것 같네요.

미셸이 자신의 모든 일에 최선을 다할 수 있는 힘을 갖게 되고, 그리고 저라는 남자를, 또 저희 가족에게 쏟아지는 스포트라이트를 잘 견뎌낼 수 있었던 비결은 그녀 역시 저처럼 포기하지 않는 가족 환경 속에서 성장했다는 데 있습니다. 그녀의 아버지는 대학도 제대로 마치지 못하셨고, 다발적 경화증으로 몸도 불편하셨지만 하루도 빠지지 않고 직장에 나가셨으며, 어머니 역시 캠퍼스를 밟아본 적이 없음에도 불구하고 두 자녀, 미셸과 그녀의 오빠는 당연히 교육을 받아야 한다는 생각에 자녀들을 도시에 있는 학교에 보낸 분입니다. 미셸은 포기하지 않는 부모님을 보며 자랐습니다. 두 분은 자기 연민에 빠지지 않았고, 자신들에게 어떤 어려움이 닥쳐도 그에 맞섰습니다.

지금까지 이야기한 모든 분들로부터 저는 많은 영감을 받았습니다. 때로 사람들이 묻습니다. "당신은 누구로부터 영감을 받습니까?" 저는 이렇게 대답하죠. 이 나라 곳곳의 모든 영웅들에게 영감을 받는다고요. 여러분의 부모님, 조부모님, 그리고 이 자리에 있는 여러분 모두에게서 말입니다. 그들에게 쏟아진 박수갈채는 없지만, 그들에 대한 기록은 없지만, 끈기 있게 자신의 삶을 살아온 모든 분들은 저의 영웅입니다. 포기하지 않는 정신으로, 묵묵히 자신의 일을, 자신의 책임을 다해 오신 덕택에 저는 이 자리에 서 있습니다. 변화의 앞머리에 서지는 않았지만, 거기에 작은 힘을 보탠 이분들의 수고가 이 세상을 바꿨습니다.

앞으로 창업을 계획하시든, 공직에 출마하시든, 혹은 훌륭한 가정을 꾸리시든 이것만은 기억하십시오. 이 세상에 자신의 흔적을 새기기란 쉽지 않은 일입니다. 끈기가 필요한 일이고, 헌신이 요구되는 일입니다. 그 길에는 수많은 난관이 도사리고 있고 여러분은 적지 않은 실패를 경험하실 겁니다.

냉소에 주눅이 들 때면, 넌 아무것도 할 수 없다는 목소리와 마주할 때면, 눈을 낮출 것을 권유 받을 때면, 한 가지만 기억하십시오. 이 나라가 여러분에게 희망을 줄 것입니다. 앞서 그 길을 지나온 세대가 여러분에게 희망을 줄 것입니다. 젊은 세대의 도전들이 여러분에게 희망을 줄 것입니다. 세니카 폴스[48]와 셀마[49], 스톤월[50]에서 벌어진 젊은이들의 시위와 모임, 서명운동과 법제화는 자신들만을 위한 것이 아니었습니다. 그들은 우리 모두를 위해 자신을 내던진 것입니다.

이런 노력들 덕분에 여성의 권리는 여기까지 향상될 수 있었습니다. 이런 노력들 덕분에 우리는 투표권을 획득했고, 노동권을 확립했고, 동성을 사랑할 권리를 얻었습니다. 이런 노력들 덕분에 우리의 땅은 더 견고하게 나아갈 수 있었습니다.

이제 여러분이 이 노력에 힘을 보태고자 한다면, 여러분의 손을 뻗어 지금의 미국과 이상적인 미국의 모습 사이의 간극을 메울 의지가 있다면, 제가 여러분의 옆에 서 있을 것임을 약속드립니다. 우

48. Seneca Falls : 여성의 권리 획득을 위한 최초의 회의가 열린 곳.

49. Selma : 인권 운동인 몽고메리 행진의 개최지.

50. Stonewal : 동성애 인권운동의 중심지.

리 미국이 추구하는, 자신이 누구든, 어떤 모습이든, 누구를 사랑하고 어떤 신을 믿든, 우리 모두에게는 스스로의 행복을 추구할 권리가 있다는, 간단하지만 명확한 원칙을 위해 싸울 준비가 되어 계시다면, 제가 여러분과 함께하겠습니다.

지금 우리는, 지금 우리 미국은 그 어느 때보다 절실하게, 2012년의 졸업생 여러분의 힘을 필요로 하고 있습니다. 미국은 여러분이 더 높은 곳에 오르고, 더 많은 것을 희망하기를 소망합니다. 여러분 각자가 자신의 자리에서 세상과 싸워나간다면, 다음 세대를 위한 모범을 확립한다면, 그리고 스스로 그린 삶의 모습을 지켜나간다면, 저는 여러분이 성공을 쟁취할 것이라 믿습니다. 그리고 이 나라의 남성과 여성, 소년과 소녀 모두를 비춰 주는 우리의 횃불이 더욱 환하게 타오를 것이라 확신합니다.

감사합니다. 그리고 축하합니다. 여러분에게, 그리고 미국에 신의 축복이 있기를 바랍니다.

Barack Obama

If you are living your life to the fullest, you will fail, you will stumble, you will screw up, you will fall down. But it will make you stronger, and you'll get it right the next time or the time after that, or the time after that.

여러분이 인생을 열심히 살아가다 보면 실패도 하고, 휘청거리기도 하고 일을 엉망으로 만들거나 넘어질 때도 있을 것이라는 사실입니다. 그렇지만 그런 실패를 통해 여러분은 더욱 강해지고, 이를 반복하다 보면 결국에는 같은 실수를 하지 않게 될 것입니다.

명사 약력

Barack Obama

1961년 8월 4일, 미국 하와이 호놀룰루에서 태어났다. 컬럼비아 대학교에서 학부를 마쳤고 하버드 대학교 로스쿨을 졸업하였다. 민권 변호사, 시카고 대학교 로스쿨 헌법학 교수를 거쳐 일리노이 상원의원으로 일했다. 2008년 민주당 대선 후보로 지명되었고 대통령 선거에서 최종 당선되었다. 미국 최초의 아프리카계, 하와이 출신 대통령의 탄생이었다. 2009년에 노벨 평화상을 수상하였고 2012년 대통령 선거에서 재선에 성공했다.

버락 오바마
Barack Obama

오하이오 주립 대학교
Ohio State University
(2013년 5월 5일)

연설
대학
연혁

오하이오 주립 대학교
Ohio State University

미국 오하이오 주의 주도인 콜럼버스에 있는 연구 중심의 주립대학이다. 1870년에 설립된 오하이오 농업·기계대학에서 출발했다. 1878년 지금의 명칭인 오하이오 주립 대학교로 변경하였고, 그 이듬해에 최초로 여성 졸업생을 배출하였다. 1974년 노벨 화학상을 수상한 폴 플로리, 1983년 노벨 물리학상을 수상한 윌리엄 파울러, 역사가 아서 밀러 슐레진저, 작가 제임스 서버, 예술가 로이 리히텐슈타인 등이 졸업했다.

거짓의 목소리를 거부하고
진실의 목소리를 내라

버락 오바마 Barack Obama

정말 감사합니다, 여러분. 모두들 자리에 앉아주시기 바랍니다. 총장님, 훌륭한 소개 말씀 감사합니다. 총장님께서 아무래도 저에 대해 안 좋은 말을 다 빼고 소개하신 것 같군요. 감사합니다. 아내 미셸에게도 좋은 말씀 전하겠습니다.

오하이오 주립대학교 이사회 여러분, 베아티 하원의원님, 콜먼 시장님, 그리고 오늘 이 자리를 마련해 주신 오하이오 주립대학교 관계자 여러분, 모두 함께하게 되어 영광입니다. 그리고 무엇보다 2013년 졸업생들에게 축하의 인사를 드립니다!

이곳 호스슈 스타디움에 모인 졸업생들의 부모님, 가족, 친구, 교수님들에게도 오늘은 기쁜 날이겠지요. 그건 그렇고, 마이어 풋볼 코치님이 이번 가을에 잔디를 교체해야 하니 다들 잔디밭을 망치지 않도록 주의해 달라는 건의가 있었습니다.

총장님의 훌륭한 소개인사는 감사합니다. 그렇지만 오늘은 노래 부를 생각이 없습니다. 아 물론, 몇 년 전 제가 저 북부에 있는 대학 51

에 가서도 연설을 했던 것은 사실입니다. 하지만 솔직히, 포드 대통령도 미시간 대학교 풋볼 팀에서 뛰었지만 이곳에서 연설을 한 전적이 있잖습니까? 그러니 모두 비긴 것으로 합시다.

변명을 좀 하자면, 그래도 올해 들어 오하이오 주립대학교 캠퍼스에 방문한 것만 다섯 번째입니다. 하루는 점심을 먹으려고 슬로피스에 들렀습니다. 아, '슬루피스Sloppy's[52]'죠, 알고 있습니다. 오늘이 일요일인 데다 막 해외 방문을 마치고 돌아와 그러니 이해해 주세요. 어쨌든, 슬루피스에 점심을 먹으러 들렀는데, 많은 학생들이 아직도 아침을 먹고 있더군요. 시간이 11시 반이었는데 말이죠. 그것도 화요일 아침 11시 반에요. 어쨌거나, 그 모습을 보고 있으니 2013년도 졸업생들에게 해 주고 싶은 첫 번째 충고가 떠오르더군요. 그 여유로운 생활, 즐길 수 있을 때 많이 즐겨 두십시오. 머지않아 화요일 아침 11시 반에 아침을 먹고는 했던 그런 생활을 그리워하게 될 테니까요. 나중에 결혼해 아이가 생기면, 더 일찍 일어나야 하고요.

그렇지만 2013년 졸업생 여러분, 여러분들은 숨 막히게 변화하는 시기를 겪으며 여기까지 온 세대입니다. 베를린 장벽이 무너지고, 유럽에 드리운 철의 장막[53]이 거둬짐과 동시에 태어난 여러분은

51. 미시간 대학 (Michigan University)을 일컫는 말. 오하이오 주립대학교와 미시간 대학교는 전통적 풋볼 라이벌 관계이며, 지리상으로 미시간 대학이 오하이오보다 북부에 위치해 있다.

52. Sloppy's : 오하이오 주립 대 구내식당 명칭.

53. Iron Curtain : 제2차 세계대전 후 공산주의였던 동유럽과 자유주의인 서유럽 사이의 경계성을 일컬어 소련 진영에 속하는 국가들의 폐쇄성을 풍자한 표현.

손끝 하나로 세계의 모든 정보를 접할 수 있는 정보화 시대의 교육을 받았습니다. 여러분은 테러와의 전쟁이 이뤄지고, 역사적으로 손꼽히는 심각한 불경기가 지속되는 시기에 성장기를 보냈습니다. 그리고 이제 여러분들은 새로운 미국을 만들기 위해 전쟁터를 향해 장렬히 나아가고 있습니다.

여러분은 저나 여러분 부모님 세대가 여러분 나이였을 때는 상상도 하지 못했던 문제와 변화들을 직면하고 있는 것입니다. 그렇지만 이 모든 것에도 불구하고 아니, 어쩌면 이 모든 변화 때문에 여러분 세대는 그 어느 세대보다 미국적인 믿음을 가진 세대가 되었습니다. 국가를 사랑하는 마음을 가진 이들이 모였기에 조국을 더 나은 곳으로 만들 수 있다는 믿음 말입니다. 이 모든 혼란 속에서 실망하거나 절망할 때마다 저는 여러분 세대에게서 결코 꺾이지 않는 무언가, 즉 진정으로 미국적이라 할 수 있는 낙관주의와 이타주의, 타인에 대한 공감, 관용, 공동체 정신, 그리고 봉사 정신을 봤습니다. 덕분에 저는 미국의 미래를 낙관합니다.

오늘 여러분과 함께 졸업하는 50명의 ROTC[54] 생도들은 육군, 해군, 공군, 그리고 해병대에서 장교로 복무하게 될 것입니다. 그리고 여러분의 동기 중 130명은 이미 각종 전투나 복합 배치 전투에 참여한 바 있습니다. 오늘 학사 학위를 취득하는 98명의 베테랑 군인 중 20명이 우등생으로 졸업하며, 그중 한 명은 전장에서 돌아와서도 "벳츠4벳츠Vets4Vets"라는 캠퍼스 동아리를 창단하여 동료 베테

---

54. Reserve Officers' Training Corps : 학사 장교 훈련단.

랑 군인들을 위한 활동을 계속해 왔습니다. 미국의 군 최고 통수권
자로서, 저는 여러분이 그 누구보다 자랑스럽습니다.

오하이오 주립 대학교 졸업생들은 미 평화봉사단에서 일하거나
티치 포 아메리카 같은 교육 프로그램을 통해 자녀를 교육시키고,
수익은 적지만 많은 변화를 이루어내는 블루 엔진Blue Engine같은
신생 기업에서 일하게 될 것입니다. 여러분 중에는 이미 사업을 시
작한 사람도 있을 것입니다. 아니면 졸업 후에도 공부를 계속하거
나, 기업에 취직하거나, 예술이나 과학, 언론계에 종사하게 될 사람
도 있을 것입니다. 어느 분야에서 무엇을 하든, 여러분은 자신이 믿
는 바를 선택하고 그 꿈을 실현하기 위해 누구보다 더 치열하게 살
아가리라는 것을 믿어 의심치 않습니다.

우리는 이것을 '시민 의식'이라고 부릅니다. 요즘에는 이 시민 의
식에 대해 이야기하는 이도 별로 없고, 이를 자랑스레 여기는 사람
도 드물지요. 더러 먼 과거의 유물처럼 여기는 시선도 있습니다. 개
인의 성취를 무엇보다 중요하게 여기는 사회, 테크놀로지를 통해
우리의 기술과 재능을 그 어느 때보다 끌어올릴 수 있지만 동시에
세상으로부터 멀어지기도 쉬운 오늘날의 사회에는 어울리지 않는
가치라고 여기니까요. 이런 이유로 우리는 종종 미국이라는 한 사
회를 함께 살아가는 공동체로서의 유대감을 잊고는 합니다.

그렇지만 우리가 잊고 있는 동안에도 우리는 매일, 매순간 그것
을 가장 필요로 하고 있습니다. 작년만 해도 그렇습니다. 지난해 허
리케인이 미국 동부를 강타했을 때, 그리고 텍사스 주 한 작은 마을
에서 공장이 폭발하는 사건이 일어났을 때, 우리는 시민들의 힘을

확인했습니다. 보스턴에서 폭탄테러가 일어나고, 영화관에서, 사원에서, 오하이오 고등학교에서, 코네티컷의 1학년 교실에서 총기난사 사건이 있었을 때도 우리는 시민들의 힘을 보았습니다. 가장 어두운 참극의 여파 속에서 미국의 정신은 그 어느 때보다 밝게 빛났습니다.

우리는 피부색과 계층, 신념으로 분열되었던 사회가 서로를 돕기위해 하나가 되는 것을 보았습니다. 이들의 용기와 따뜻한 마음을느꼈으며, 시민으로서의 의무를 다하는 모습을 보았고, 우리가 서로에게 무관심한 남남이 아니라는 사실을 확인했습니다. 우리는 미국이라는 하나의 사회에서 같은 이상과 법, 책임, 그리고 국가에 대한헌신으로 연결된 공동체입니다.

그리고 그것이 바로 시민 의식인 것입니다. 이는 미국이라는 국가의 근간을 이루는 것이기도 합니다. 우리는 신으로부터 재능과양도할 수 없는 기본권을 부여받은 축복받은 국민이지만 이는 우리자신은 물론 서로에 대한, 또 미래 세대에 대한 책임을 질 때만 누릴수 있는 권리입니다.

조금 더 솔직하게 이야기해 봅시다. 여러분이 훌륭한 시민이 되기 위해 공부하고, 일하며, 또 나라를 지켜왔지만 사실 우리 사회를구성하는 제도나 시설은 우리의 신뢰를 종종 저버리고는 했습니다. 2008년 금융위기 당시, 월스트리트[55]에서 일하던 많은 사람들은 자신의 주가가 어떻게 될지에 대해서만 관심이 있었습니다. 연예계나

---

55. Wall Street : 미국 뉴욕 맨해튼섬 남쪽 끝에 있는 금융 밀집 구역으로, 세계 금융 시장의 중심가.

미디어에서는 중요한 뉴스나 시민들의 이야기보다 시청률이나 자극적인 가십이 더 중요하게 다뤄지고는 합니다.

오늘은 기쁜 날이므로 워싱턴 이야기도 좀 더 관대하게 하도록 하겠습니다. 현재 미국의 민주주의가 그 기능을 완전하게 발휘하고 있다고는 생각되지 않습니다. 미국의 민주주의는 앞으로도 더 발전할 수 있습니다. 따라서 저를 포함해 미합중국 정부에서 일하는 행운을 얻은 우리들은 그만큼 미국의 민주주의를 발전시킬 책임이 있습니다.

요즘 들어 저는 어떻게 하면 이 시민 의식이라는 개념을 국가적 차원에서 더욱 활발히 살아나게 할 수 있을까에 대해 생각해 보았습니다. 선거일에만, 혹은 안 좋은 일이 일어났을 때만 강조하는 시민 의식이 아니라 매일같이 이를 잊지 않을 수 있는 방법 말입니다. 아마도 제가 워싱턴에서 일하기 때문이기도 하겠지만, 워싱턴에는 무엇보다 시민의식이 필요하기 때문에 이 문제에 대해 더욱 많은 생각을 하게 됩니다. 그리고 여러분 세대가 지닌 타인에 대한 연민과 에너지, 그리고 헌신의 의미들이, 기술과 인구 증가의 속도, 그리고 심각한 경제적 변화에 보다 빠르게 순응해야만 하는 오늘날의 민주주의에 어떻게 기여할 수 있을까를 생각합니다.

제 고향 일리노이 주 출신 정치인 아들라이 스티븐슨[56]은 언젠가 애국심에 대해 이렇게 설명한 적이 있습니다. "애국심은 짧은 시간

---

56. Adlai Stevenson : 1900 ~ 1965. 웅변과 기지가 뛰어났던 미국의 외교관 겸 정치가. 자유주의 입장을 고수한 정치가였던 그는 일리노이주 지사로 훌륭한 업적을 남겼으며 공화당 정부의 정치 · 외교에 대한 건설적인 비판자로서 큰 영향력을 행세한 정치인이었다.

동안 강렬하게 발산하고 마는 감정이 아니라 국가에 대해 일생에 걸쳐 표출해 내는 조용하면서도 꾸준한 헌신이다." 시민 의식이라는 개념도 이런 맥락에서 영구화永久化시킬 수 있습니다. 그것이 바로 애국심이고, 시민 의식입니다.

제가 모든 문제에 대한 답을 다 안다고 하지는 않겠습니다. 또 이런 아름다운 날에 이론적 이야기만 장황하게 늘어놓을 생각도 없습니다. 어쨌거나 오늘은 여러분의 날이고, 축하해야 할 날이니까요. 또 여기서 정당 정치에 대한 이야기를 하지도 않겠습니다. 시민 의식은 특정 정당과는 무관한 것입니다. 사실, 저는 부시[57] 대통령이 2002년 이곳 졸업식에서 이야기했던 것과 동일한 것을 여러분에게 부탁하려 합니다. "미국은 지금 단순히 세금을 내고, 사회에서 일어나는 일을 관조하고, 이따금 투표를 하러 가는 사람들 이상의 것이 필요합니다. 미국에 필요한 것은 전업 시민입니다." '시민 의식을 위한 교육'을 모토로 하는 이 대학[58]을 졸업하는 여러분은 이 점을 누구보다 잘 이해할 것이라 생각합니다. 그리고 그런 시민 의식이야말로 국가가 여러분에게 기대하는 것입니다.

그래서 저는 2013년도 졸업생 여러분께 두 가지를 부탁하고 싶습니다. 그것은 참여하고, 인내하라는 것입니다. 여러분의 참여 없이 민주주의는 불가능합니다. 우선 열심히, 그리고 자주 투표에 참여하는 것이 시작입니다. 아침 11시 반에 아침을 먹다가 다른 사람

---

57. George W. Bush : 미국 43대 대통령.

58. 오하이오 주립 대학의 교훈은 'Disciplina in civitatem.(Education for Citizenship.)'으로써, 공민교육을 의미한다.

손에 이끌려 나와서 투표하는 것이 아니고 말이죠. 누가 당선되어 여러분 대신 의사결정을 내리고 있는지, 그들의 정치적 신념이 어떠한지, 또 그들이 내건 공약을 착실히 지키고 있는지를 꾸준히 지켜보는 것입니다. 그리고 만일 정치인들이 여러분의 의견을 제대로 반영하고 있지 못하거나, 여러분의 기대와 다르게 행동하거나, 국민의 이익보다 자신들의 이익을 더 우위에 둘 경우 그래서는 안 된다는 것을 똑똑히 보여줘야 합니다. 그리고 정치가가 너무 자주 국민을 실망시킨다면, 4년에 한 번 돌아오는 11월 선거일[59]에 여러분의 뜻을 보여주시면 됩니다.

그렇지만 참여는, 그리고 시민으로서의 의무는 단순히 투표로 끝나는 것이 아닙니다. 꼭 직접 선거에 출마해 공직에 나가야만 하는 것은 아니지만, 여러분 중에서 정부의 다양한 기관에 출마하는 사람이 많았으면 좋겠습니다. 미국의 민주주의는 여러분을 필요로 하니까요. 장담컨대, 그 과정에서 여러분들은 크게 성장할 것입니다. 이 부분에 있어서는 제가 잘 압니다.

윌슨[60] 대통령은 이런 말을 했습니다. "적을 만들고 싶다면, 무언가를 변화시키려 하면 된다." 이것이야말로 건국의 아버지들이 우리에게 남긴 유산입니다. 우리 각자가 변화하는 시기에 맞춰 적응할 수 있는 힘 말입니다. 우리 건국 영웅들은 자치정부의 가능성과, 혼자서는 결코 할 수 없는 크고 중요한 일을 함께 해 낼 수 있는 협동심을 물려주었습니다. 우리는 다함께 힘을 모아 넓은 미 대륙에

---

59. 미 대통령 선거는 11월에 열린다.

60. Thomas Woodrow Wilson : 미국 28대 대통령.

철도와 고속도로를 건설했고, 공공 교육을 실천했으며, 오하이오 주립 대학교처럼 연방 정부의 원조를 받는 대학을 설립해 국민을 교육했고, 아프고 약한 이들을 치료하고, 지구상 가장 부유한 국가에 사는 국민들이 빈곤의 나락으로 떨어지지 않도록 기본적인 사회 안전망을 제공했습니다. 파시즘[61]과 질병을 정복했고, 달과 화성에 다녀왔으며, 누구인지, 어떻게 생겼는지, 누구를 사랑하는 지와 관계없이 모든 시민들이 인간으로서의 기본 권리를 누릴 수 있도록 노력해 왔습니다.

그리고 우리는 이 모든 일들을 함께해 왔습니다. 개인적 성취보다 더 큰 무엇인가를 추구하지 않는 한 그 어떤 위대한 일도 해낼 수 없음을 알았기 때문입니다.

불행히도, 여러분은 정부가 국민의 분열을 조장하며, 모든 문제를 일으키는 근원인 불길한 집단이라고 외치는 경고의 목소리를 들으면서 성장했습니다. 정부는 우리를 망쳐놓는 데 혈안이 돼 있다고 말입니다. 이들은 또 우리 사회의 한구석에 언제나 전제정치[62]의 가능성이 도사리고 있다고 경고합니다. 하지만 우리는 이런 목소리들을 단호히 거부해야 합니다. 왜냐하면 그것은 우리 스스로가 주인이 되어 국가를 통치하려는 국민들의 용감하고 독창적인 노력을 가리켜서, 믿을 수 없는 사기 행각이라고 깎아내리려 하는 이들이

---

61. fascism : 제1차 세계대전 후에 나타난 극단적인 전체주의적·배외적 정치 이념 또는 그 이념을 따르는 지배 체제. 자유주의를 부정하고 폭력적인 방법에 의한 일당 독재를 주장하여 지배자에 대한 절대적인 복종을 강요한다. 또한 대외적으로는 철저한 국수주의·군국주의를 지향하여 민족 지상주의·반공을 내세워 침략 정책을 주장한다.

62. 專制政治 : 국가 권력을 개인이 장악하여 민의나 법률에 제약을 받지 않고 실시하는 정치.

내는 거짓 목소리이기 때문입니다.

우리는 단 한 번도 정부가 모든 문제를 해결해 주리라 믿었던 적은 없습니다. 그래서도 안 되는 일입니다. 그렇지만 저는 정부가 모든 문제의 근원이라 생각하지도 않습니다. 왜냐하면 이 민주주의는 우리의 민주주의이기 때문입니다. 그리고 미국 시민으로서, 우리는 국가가 우리에게 무엇을 해줄 수 있는지가 아니라 우리 자신이 무엇을 할 수 있을지에 대해 고민해야 합니다. 어렵고 힘들지만 반드시 필요한 자치自治라는 과정을 어떻게 함께 헤쳐 나갈지 생각해야 합니다. 2013년도 졸업생 여러분, 여러분도 그 과정에 함께할 것입니다.

우리 건국의 아버지들은 우리를 믿었기에 자치라는 훌륭한 권한을 우리에게 남겼습니다. 우리 또한 자신을 믿어야 합니다. 그렇지 않고 실망한 채 냉소적 태도로 민주주의를 외면하며 우리에게 주어진 권한을 포기한다면, 그 누군가는 우리의 침묵을 기회로 삼아 기꺼이 그것을 독점하려 할 것이기 때문입니다. 우리의 침묵으로 인해 로비스트들이 멋대로 의사결정을 하게 되고, 중산층 가정의 문제를 도외시한 정책들이 생겨나고, 정부의 간섭을 공공연히 거부하며 한편으로는 특혜를 바라는 기업들이 생겨나는 것입니다.

바로 이런 방법으로 소수의 입법자들이 대다수 유권자의 이익에 반하는 일들을 하면서 암암리에 은폐할 수 있는 것입니다. 중산층을 되살리고, 사회적 불평등을 없애고, 우리의 자녀와 손자 손녀들에게 물려줄 위협적인 기후 변화를 바로잡아야 할 우리의 정치가 사소한 일에 소모적으로 낭비되는 것입니다. 2013년도 졸업생 여러분, 여러분들만이 그 악순환을 완전히 끊을 수 있습니다. 여러분들만이 우리의 유산인 민주주의의 가능성을 최대치로 끌어올릴 수 있습니다. 그러기 위해서는 적극적이고, 헌신적이고, 현명한 시민 참여가 필요합니다. 이 같은 보다 성숙한 참여는 다른 것보다 이루기 어렵지만, 그만큼 더 나은 미래로 우리를 안내할 것입니다. 그런 시민 의식이야말로 우리가 다 함께 이 나라를 이끌어 나갈 수 있는 길입니다.

케네디 대통령이 취임식에서 던졌던 질문도 이와 같습니다. 마틴 루터 킹 박사가 간절히 호소한 꿈도 바로 이것입니다. 이들은 결코 너무 쉽거나 당장 이룰 수 있는 성공을 약속하지 않았습니다. 그렇지만 이들의 꿈은 결국 우리의 성공으로, 또 진보로 이어졌습니다. 그리고 이제 여러분 세대가 그 꿈을 이어가야 합니다.

제가 여러분께 부탁하고 싶은 두 번째 말씀은 인내하라는 것입니다. 사업을 시작하려는 청년이든, 공직에 출마하려는 사람이든, 빈곤 및 기아 문제 해결에 일생을 바칠 생각을 가진 청년이든, 중요한 변화는 결코 하루아침에 이루어지는 것이 아님을 기억하십시오. 다이슨이라는 영국인 발명가는 최초의 진공청소기를 완성하기까지 5,000개나 되는 모델을 만들었습니다. 우리는 마이클 조던이 이뤄 낸 여섯 번의 챔피언십만 기억할 뿐, 그가 실패한 1만 5,000번의 슛은 기억하지 못합니다. 저 역시 첫 출마한 하원 선거에서 패배했습니다. 하지만 지금의 저를 보십시오. 여러분 앞에 명예 졸업생으로서 있지 않습니까?

요점은, 여러분이 인생을 열심히 살아가다 보면 실패도 하고, 휘청거리기도 하고, 일을 엉망으로 만들거나 넘어질 때도 있을 것이라는 사실입니다. 그렇지만 그런 실패를 통해 여러분은 더욱 강해지고, 이를 반복하다 보면 결국에는 같은 실수를 하지 않게 될 것입니다. 이는 개인적인 목표에만 국한되는 이야기가 아니라 여러분이 품은 광대한 신념에도 적용되는 말입니다.

그러니 뜻한 대로 일이 이루어지지 않는다고 해서 쉽게 열정을 접어버리지 마십시오. 여러분이 가는 길에 굴곡이 있다고 해서 낙담하거나 냉소적이 되지 마십시오. 단언컨대, 냉소적인 사람은 목소리는 클지 몰라도 제대로 성취하는 것은 별로 없습니다. 이 나라를 올바른 방향으로 이끌어 가는 사람, 정말 중요한 변화를 이뤄내는 사람은 결국 꾸준히 열정을 쏟으며 길게 내다보고 열심히 변화를 추구하는 사람들입니다.

따라서 그런 냉소적인 생각에 휩싸일 때마다, 그 일은 할 수 없는 일이라고, 해봤자 아무런 소용도 없을 거라고, 눈을 좀 낮추라고 하는 이야기를 때마다, 이 나라가 걸어온 길을 생각하며 희망을 가지십시오. 이전 세대가 이루어온 것들이 여러분에게 희망을 안겨줄 것입니다. 바로 여러분과 같은 젊은이들이 시위행진을 하고, 함께 모여 목소리를 내고, 데모를 해서 얻어낸 것이 바로 오늘날의 여성 인권이며, 투표권이고, 노동자의 권리이며, 동성애자의 권리입니다. 비록 가능성이 없어 보여도, 거기에 따르는 위험이 클지라도, 때로는 일생에 걸쳐서 소리도 내지 못한 채 지속적인 노력을 해야 할 만큼 오랜 시간이 걸리더라도, 심지어 자신들의 노력을 인정받지 못할 때에도, 여러분의 선배들은 굴하지 않고 변화를 이끌어 왔습니다.

심지어 자신들과 직접 관련된 문제가 아닌 경우에도 다른 이들에게 자신과 동등한 기회와 권리를 주기 위해 분연히 들고 일어난 이들이 있었습니다. 이들을 보며 희망을 가지십시오. 우리 앞에 펼쳐진 길을 보며 희망을 가지십시오. 아직까지 어려운 시기를 보내는 사람들이 많지만, 여러분의 미래는 밝을 것이라 믿을 만한 충분한 이유가 있습니다. 여러분들이 나아갈 취업 시장과 경제 사정은 점차 나아지고 있습니다. 한때 사양길로 들어섰던 미국 자동차 산업도 20년 만에 막강한 성과를 올리고 있습니다. 오하이오를 비롯한 미 중서부 지방 국민들에게는 더더욱 반가운 소식이겠죠. 오하이오 주립 대학교를 비롯한 연구기관의 노력으로 국내 에너지 생산 분야도 진일보를 이뤄내며 미래 에너지 안보에 한 발짝 더 다가갔습니다. 여러분 세대가 위험을 감수하고 기존의 방식을 모두 바꿔나갔기에 정보 및 기술 분야의 놀라운 발전이 가능했습니다.

지구상의 모든 국가들이 미국의 위상을 부러워하고 있습니다. 그리고 이는 여러분 이전 세대뿐 아니라 여러분 세대에도 똑같이 적용되는 말입니다.

따라서 여러분은 큰 기대를 가지고 있습니다. 그러나 앞으로 다가올 10여 년에 대해 한 가지 확실한 것이 있다면 그것은 그 무엇도 확실하지 않다는 것입니다. 역사가 말해주듯 변화는 지속적으로 일어날 것입니다. 물론 아직도 해결해야 할 중요한 과제들이 많습니다. 개중에는 기술의 발달이나 새로운 정책 수립이 반드시 필요한 문제들도 있습니다. 그러나 그보다 더 우리에게 필요한 것은 정치적 의지입니다. 여러분 세대가 가진 독창성을 활용하고, 시민들의 헌신적인 노력을 장려하고 고취할 수 있도록 말입니다. 중산층을 되살리고, 더 많은 가정들에게 공평한 기회를 주며, 운 좋은 소수만이 부자가 될 수 있는 나라를 거부할 정치적 의지가 필요합니다. 우리의 이상과 민주주의에 반하는 것들을 막을 수 있는 것은 여러분의 적극적인 참여이며, 시민 여러분의 확고한 결심입니다.

더 많은 아이들이 어릴 때부터 교육을 받을 수 있도록 하고, 새로운 시대에 맞춰 고등학교 교육을 개정하며, 더 많은 젊은이들에게 여러분이 오하이오 주립 대학교에서 받은 것과 같은 교육을 받을 수 있는 기회를 주는 것, 조금 더 많은 이들이 감당할 수 있을 정도로 대학 등록금을 책정해 젊은이들이 빚더미를 안고 사회에 나가지 않도록 하는 것, 이 모든 것에는 여러분과 같은 시민들의 관심과 참여가 반드시 필요합니다.

더욱 좋아진 도로와 공항을 건설하고 더 빠른 인터넷 망을 설치하는 것, 미국을 선진국의 반열에 올려놓은 기초 연구와 기술을 계속해서 발전시켜 나가는 것, 이 모든 것들이 역시 시민들의 인내와 기개가 필요한 일입니다.

너무 늦기 전에 기후 변화에 대처하기 위해서는 시민들의 도덕적 태도와 결단이 필요합니다. 총기 남용의 공포로부터 우리 아이들을 보호하기 위해서는 우리 시민들의 굽히지 않는 결의와 확고한 열정이 필요합니다. 바로 여러분이 필요합니다.

50년 전, 케네디 대통령은 1963년도 졸업생들에게 "우리가 직면한 문제는 모두 인류가 야기한 것입니다. 따라서 이 문제를 해결하는 것도 우리 인류여야 합니다. 인간은 그 자신이 바라는 만큼 위대해질 수 있습니다."라고 말했습니다. 지구상에서 가장 위대한 국가에 사는 우리는 축복을 받았습니다. 하지만 미국은 여기서 더 나아갈 수 있습니다. 언제나 보다 나은 것을 열망할 수 있습니다. 이는 여러분이 누구를 대통령으로 뽑았느냐에 달린 것이 아니라, 시민인 여러분이 얼마나 위대해지기를 원하느냐, 그리고 여러분이 얼마나 변화를 원하느냐에 달려 있습니다.

지금껏 미국이 이루어낸 것들을 보십시오. 미국이 얼마나 위대한 국가인지를 보십시오. 2013년 졸업생 여러분께 감히 말씀드리건대, 여기서 더 나아가십시오. 더 큰 꿈을 가지십시오.

그리고 지금껏 여러분 세대를 봐온 저로서는, 여러분이 잘 해낼 것을 믿어 의심치 않습니다. 용기와 따뜻한 마음, 그리고 국가를 위해 조용하지만 평생 굳건한 헌신을 지속해 나갈 수 있는 강인함을 반드시 가지시기 바랍니다.

감사합니다. 졸업생 여러분과 우리 미국에 신의 축복이 있기를 바랍니다. ::

Barack Obama

You make the most of what you've got.
You use all that good common sense and you don't make excuses.
You work hard, and you always finish what you start.
And no matter what, you give everybody a fair shake,
and when somebody needs a hand, you offer yours.

본인이 처한 여건에서 최선을 다하면 되는 것이지요.
변명 따위는 집어 치우고 여러분이 지닌 지식을 총동원하면 됩니다.
열심히 일하고, 일단 시작한 일은 모두 끝내야겠지요.
모든 사람에게 공평한 기회를 주고
누군가 도움을 필요로 하면 손을 내밀어 주세요.

명사
약력

Michelle Obama

1964년 1월 17일에 태어났다. 프린스턴 대학교에 진학하여 사회학을 전공하고 1985년 우등으로 졸업하였다. 1988년 하버드 대학교 로스쿨에서 법학 박사학위를 받고 변호사 자격을 얻었다. 시카고의 한 로펌에서 일하다가 하계 인턴으로 들어온 버락 오바마와 만나 1992년에 결혼하였고 이후에도 법조인 겸 사회 운동가로 활동했다. 2009년에 남편이 미국 대통령으로 선출되자 자연스럽게 미국 최초의 흑인 퍼스트레이디가 되었다.

미셸 오바마
Michelle Obama

이스턴 켄터키 대학교
Eastern Kentucky University
(2013년 5월 11일)

이스턴 켄터키 대학교
Eastern Kentucky University

켄터키 주와 지역 사회에 훌륭한 서비스를 제공하는 학교로 유명하다. 1874년에 세워진 센트럴 대학교에서 출발했다. 1922년에 4년제 대학이 되면서 이름도 이스턴 켄터키 주립 일반 학교 그리고 교사 대학으로 바뀌었으며, 1966년에 현재의 교명인 이스턴 켄터키 대학교로 정식 변경되었다. 1933년 노벨 생리학상을 수상한 토머스 헌트 모건과 영화배우 애슐리 주드가 이 대학 출신이다.

어떤 사람이 되고 싶은지
스스로에게 물어라

미셸 오바마 Michelle Obama

대단히 감사합니다. 아, 인사를 안 했군요. 안녕하세요. 감사합니다. 분위기에 취해 정신이 없네요. 영광스러운 졸업생 여러분께 인사를 드리게 되어 아주 기쁩니다. Go Colonels![63]

먼저 제 소개를 해주신 휘틀록 총장님께 감사드립니다. 총장님께서 수십 년간 이스턴 켄터키 대학과 미국을 위해서 힘써주신 데 대한 감사 인사도 빼놓을 수는 없겠지요. 그리고 제가 마지막 졸업식 축사를 하게 된 것도 매우 큰 영광으로 생각합니다. 총장님 사모님과 가족들에게도 감사드립니다. 총장님과 함께 고생하신 것을 잘 알고 있습니다. 축하합니다. 이 자리에 함께할 수 있어서 정말 기쁩니다.

베서 주지사님 내외분, 그리고 우리의 친구 제인, 리치몬드 시장이신 짐 배런스, 졸업식에 참석해주신 공무원 여러분, 재능이 넘치

---

63. 이스턴 켄터키 대학교의 구호.

는 학교 합창단 여러분 모두 감사드립니다. 그리고 캔더스 교수님
의 고무적인 말씀에 대한 인사도 빼놓을 수 없지요. 새로 탄생한 남
녀 육군 장교 열네 분 모두 축하드립니다.

그리고 졸업생들이 이 자리에 서기까지 늘 곁에서 도와주신 가
족에게도 감사 말씀을 꼭 전하고 싶습니다. 아, 내일이 무슨 날인지
아시죠? 그렇습니다. 바로 어머니 날Mother's Day입니다! 모두 하실
일은 알고 계시죠? 꽃은 당연한 것이고 다른 것도 준비하셨나요?
저도 엄마다 보니 어머님들께 특별히 더 축하 인사를 드리고 싶네
요. 자녀가 청소년기를 무사히 보내고 한층 성장한 모습을 보며 얼
마나 뿌듯하시겠어요? 여러분이 큰일을 해내셨습니다. 번듯한 대학
졸업생을 만들어 내셨으니까요. 이런 힘든 일을 어떻게 성공적으로
해내셨는지 저에게 조언해 주신다면 귀담아 듣고 싶네요. 어머니,
할머니, 그리고 대모님 모두 우리 삶의 원동력이 돼 주시는 게 틀림
없습니다. 어머님들 모두 고맙습니다.

그리고 빼놓아선 안 되겠지요, 졸업식의 주인공인 2013년 이스
턴 켄터키 대학 졸업생 여러분, 축하합니다! 네, 여러분들 모두 아주
자랑스러운 자녀들이니, 오늘만큼은 자부심을 가지셔도 됩니다. 총
장님께서 말씀하신 대로 졸업은 여러분 인생에서 매우 중요한 사건
입니다. 그리고 지금 여러분이 느끼고 있을 복잡 미묘한 감정을 정
리해 볼까요? 기뻐서 어쩔 줄 모르고 계신가요, 아니면 무사히 졸업
할 수 있어서 정말 다행이라는 안도감이 드나요?

여러분은 지금까지 셀 수 없이 많은 일을 이겨냈습니다. 어려운
고비를 여러 차례 겪고, 성공을 맛보고, 성취감을 느끼며 찬사를 받

기도 했지만, 또 형편없이 깨져 보기도 했겠지요. 비단 연애 이야기만이 아닙니다. 온갖 정성을 들여 작성한 수많은 보고서, 카페인을 쏟아 부으며 밤을 지새우던 숱한 나날들, 혼자서 떠안고 있던 여러 가지 걱정거리, 새로 사귄 친구들과 함께 어울리거나 새로운 커뮤니티를 만들어 이끌어 나가던 모든 일들을 이야기하는 것입니다.

게다가 저는 여러분 모두가 대학 졸업을 당연한 일이라고 생각하지 않는다는 사실도 잘 알고 있습니다. 어떤 학생들은 대학 진학률이 아주 낮은 고등학교 출신일 것입니다. 학교에 다니면서 학비는 물론이고 가족들 생활비까지 보태느라 잠시도 쉬지 않고 일을 한 학생들도 있겠지요. 그리고 가족 중 첫 대학 졸업생이 된 경우도 많이 있을 것입니다.

여러분이 처음 이 캠퍼스에 발을 디뎠을 때, 모든 것이 불확실하고 의문투성이였겠지요. 저도 직접 경험해 본 일이라 좀 알지요.

다들 아시다시피, 저의 부모님은 고졸 학력이 전부인 노동자였습니다. 집이 가난했기 때문에 저와 제 오빠를 대학에 보내는 것은, 두 분께는 큰 희생이 따르는 힘든 일이었습니다. 저희 남매는 학비의 대부분을 학자금 대출과 학비 보조금으로 충당했습니다. 하지만 제 아버지가 매달 큰돈은 아니지만 꼬박꼬박 학비를 보태주셨다는 이야기를 하고 싶습니다. 아버지는 등록금 납입기한을 어기지 않으려고 무척 애쓰셨습니다. 돈이 모자라면 대출을 해서라도 말이지요.

부모님께서 저희에게 주신 것은 무한한 사랑이었습니다. 저희가 집에 전화해서 학교에서 이런저런 어려움이 있었다는 말씀을 드릴 때, 사실 그분들이 해줄 수 있는 일은 별로 없었어요. 부모님은 저희가 들을 수업이나 지도 교수님을 선택하거나 인턴십을 할 때, 그리고 직장을 구할 때 조언해 주실 수가 없었으니까요.

대학에 입학하여 처음 캠퍼스에 온 날, 저에게는 모든 것이 신비스러울 뿐이었습니다. 솔직히 그 당시 저는 고등학교 때 제가 선택한 학교에 절대로 들어갈 수 없을 거라고 이야기했던 사람들에게서 헤어나오지 못한 상태였습니다. 처음 본 캠퍼스가 너무 커서 주눅이 들 정도였어요. 게다가 저는 뭐부터 시작해야 할지도 전혀 알지 못했습니다. 어떤 수업을 들어야 좋을지, 그리고 어느 강의실로 가야 하는지도 몰랐으니까요. 저를 미심쩍어하던 사람들 말이 맞을지도 모르겠다는 생각이 들었습니다.

저는 제 기숙사 방을 어떻게 꾸며야 할지도 전혀 몰랐어요. 기숙사에 들어온 학생들이 모두 소파와 스탠드를 이리저리 옮기고 장식품을 놓아가며 방을 꾸미고 있었는데 저는 짐을 풀고 보니 침대 시트조차 기숙사 매트리스에 맞지 않더라고요. 너무 짧은 걸 챙겨온 거였어요. 첫날, 저는 매트리스에 침대 시트를 최대한 쫙 펴고 누워 잠들긴 했지만, 차가운 플라스틱 매트리스에 발이 닿는 걸 참아야 했습니다. 1학년 내내 그런 식으로 지냈어요.

여러분이 저와 같은 가정 형편이었다면, 저와 똑같이 했을 것입니다. 본인이 처한 여건에서 최선을 다하면 되는 것이지요. 변명 따위는 집어 치우고 여러분이 알고 있는 것들을 총동원하면 됩니다. 열심히 일하고, 일단 시작한 일은 모두 끝내야겠지요. 모든 사람에게 공평한 기회를 주고 누군가 도움을 필요로 하면 손을 내밀어 주세요.

부모님이 저에게 주신 것은 그분들의 가치관이었습니다. 그리고 저는 곧 알게 되었습니다. 부모님이 물려주신 가치관은 돈이나 인맥보다 훨씬 더 소중한 것이라는 사실을요. 부모님께서 물려주신 가치관을 바탕으로 새로운 저만의 기술, 즉 회복력, 문제 해결 능력, 그리고 관리 능력 같은 것들을 형성하고 갈고 닦음으로써 공부하는 데 큰 도움이 되었습니다.

실수와 잘못이 오히려 동기부여가 되게 하는 방법도 배웠습니다. 한 주에 시험을 세 과목이나 치고 제출해야 할 보고서가 두 개나 있었지만, 스트레스를 받기보다는 계획을 세우는 능력을 배울 수 있는 기회라고 생각했어요. 교수님께 지적을 받으면 좌절하기보다는 더 많이 질문해야 하는 이유로 받아들였습니다. 그리고 무엇보다 중요한 사실은 부모님이 돈을 얼마나 가지고 있다든가, 고등학교 때 사람들이 나에게 한 이야기들이 그리 중요한 것이 아니라는 사실을 깨달은 일입니다. 정말로 중요한 것은 제 마음과 가슴 속에 있었어요. 4년의 대학 시절을 보내면서 저는 대학교 캠퍼스에서 성공했으니 어디서든, 어떤 일이든 성공할 수 있다는 믿음을 가지게 되었거든요.

졸업생 여러분, 오늘은 우리 같은 애송이들에게는 정말로 대단한 날입니다. 스스로 매우 자랑스러워하고 있을 거라는 사실도 잘 압니다. 하지만 오늘 이 자리에 올 수 있었던 이유를 절대로 잊지 않기를 바랍니다. 여러분 자신만의 가치관, 이곳에서 갈고 닦은 기술과 재능이 바로 그것입니다. 그 두 가지를 함께 갖추면 여러분 인생의 다음 단계를 준비할 수 있기 때문입니다.

여기서 중요한 질문을 하나 하겠습니다. 다음 단계에는 어떤 일이 일어날까요?

여러분이 이제 곧 시작할 긴 여정에 대해 생각하자 제 큰딸 말리아와 나누었던 대화가 떠오릅니다. 딸아이가 10살 때 이야기인데요. 말리아와 저는 아이의 미래와 대학에 관해서 이야기를 나누고 있었어요. 저는 딸들에게 늘 이런 말을 합니다. 너희는 대학교를 졸업하면 집에 절대로 되돌아올 수 없다고요. 절대로. 물론 농담이지요. 지금 이야기를 딸들이 들으면 안 되는데 말입니다. 그때 큰아이가 대답한 말을 절대 잊지 못합니다. "엄마, 엄마는 대학교를 졸업하고 어디로 갔어?"라고 하더군요. 딸아이는 말 그대로 졸업식 바로 다음날이라고 생각했나 봐요. "엄마, 학교도 못 가고 집에도 갈 수 없었을 거 아니야. 그럼 어디로 갔어?"

여러분은 모두 이 질문에 대한 해답을 가지고 있기를 바랍니다. 지하도에서 잠을 자는 사람은 아무도 없어야 하니까요. 그런데 제 딸아이의 질문에는 아주 심오한 뜻이 있다는 생각이 듭니다. 여러분들은 어디로 갈 것인가요? 그리고 제 딸아이가 한 질문처럼, 인생의 다음 단계로 나아갈 여러분에게 몇 가지 질문하고 싶습니다.

제 첫 번째 질문은요, '어떤 사람이 될 것인가요?'입니다. 눈치를 채셨겠지만, 무슨 일을 할 것인가가 아니라 '어떤' 사람이 될 것인가에 대해 물었습니다. 제가 알고 싶은 것은 여러분이 앞으로 매일 매일을 어떻게 계획할 것인가 하는 것입니다. 마음속으로 정해놓은 직업을 갖지 못했을 경우에 여러분은 어떻게 대처할 작정인가요?

교사가 되고 싶은 졸업생들의 경우, 내년에 학생들이 여러분의 수업을 듣고 시큰둥한 반응을 보인다면 어떻게 할 건가요? 회사에 취직할 생각인 졸업생들은 상사가 여러분에게, 될 것 같지도 않은 몹시 어렵고 힘든 업무를 줄 경우 어떻게 대처할 생각인가요?

제가 예로 든 것은 사는 동안 언젠가 한 번은 꼭 겪을 수 있는 일들 입니다. 승진하는 날이나 올해의 교사상을 받는 날이 아니라 하루하루를 보내면서 언젠가 꼭 만나게 될 순간 말입니다. 기진맥진하여 다시 일어설 수 있을까 고민하는 순간, 바로 이런 순간이 되면 여러분 자신에게 물어보세요. '나는 어떤 사람이 되어야 할까?'

좀 더 확실한 예를 들어볼게요. 최근 몇 년 동안의 연구를 통해서, 성공하는 데 있어서 시험 점수나 지능 지수 같은 요소만큼, 인간이 가진 회복력과 성실성 같은 요소가 매우 중요한 역할을 한다는 믿을만한 연구 결과가 나왔습니다.

예를 들면, 투지력과 결단력이 높게 나타난 미 육군 사관학교의 생도들은, 학과 점수나 SAT점수가 높고 신체 조건이 우수한 생도들보다 기초 훈련과정을 더 훌륭하게 마쳤다고 합니다. 결국 끈기를 가지고 매달리면, 쓰러지더라도 또 일어설 의지가 있다면, 여러분이 가진 단점이 강점이 될 때까지 부단히 노력할 의지만 있다면, 어떤 직업을 가졌더라도 여러분이 처한 상황을 극복할 기술을 개발하고 눈앞에 놓인 위기를 극복할 수 있다는 것입니다.

자, 이제 결정을 했나요. 여러분은 어떤 사람이 되겠습니까? 여러분들의 대답을 들었으니 두 번째 질문을 하겠습니다. '여러분이 지금껏 갈고 닦은 기술과 경험을 다른 사람들을 위해서 어떻게 사용할 것인가요?'

이곳 이스턴 켄터키 대학에는 특별한 전통이 있습니다. 학생들 대부분이 뉴올리언스와 워싱턴에서 자원봉사를 하면서 봄방학을 보냈을 거예요. 저널리즘 학회 학생들은 지역학회를 열어 마련한 기금 전부를 토네이도 피해를 입은 지역 주민을 위해 신문사에 기부하기도 했지요.

이스턴 켄터키 대학교 학생 전체가 10만 7,000시간의 자원봉사를 한 덕분에 '고등 교육 공동체 서비스 명단[64]'에 이름을 올리기도 했습니다. 무엇보다도 이스턴 켄터키 대학에서 참전 군인들에게 배움의 길을 제공하고 그들이 지역사회에 적응할 수 있도록 관심을 쏟은 것은 정말 대단한 일입니다. 이 자리에 계신 모든 분들의 노력 덕분입니다.

학교 측에서는 군 복무 기간을 학점으로 인정하고 있습니다. 교수님들은 수업에 참여하는 군인들에게 관심을 가지고 잘 보살펴 주셨습니다. 학생들은 참전 군인들을 위해서 학기마다 책을 기부합니다. 그래서 지난 3년 동안 2년 연속으로 군 잡지인 EDGE[65] 매거진에서 이스턴 켄터키 대학이 '군인들을 위한 4년제 대학' 1위를 차지했습니다. 여러분들은 큰 자부심을 가져도 좋습니다.

여러분이 학교를 떠난다고 해서 봉사 활동을 그만두지는 마십시오. 어떤 단체에 소속되어 있든 아니든, 우리는 다른 이들을 위해 봉

---

64. the President's Higher Education Community Service Honor Roll : 지역사회 문제 해결에 도움을 주거나 봉사활동을 많이 한 대학에 주는 대통령 표창.

65. Enhanced Data for Global Evolution : 현역 군인 및 제대 군인을 위한 직업 훈련 및 재취업 정보가 실린 월간지.

사하고 주위 사람들과 나누는 삶을 살아야 합니다. 봉사활동을 벌이겠다고 굳이 지구를 가로질러 먼 나라로 가거나 어려움에 처한 먼 도시로 가지 않아도 됩니다. 그저 주위를 둘러보고 가까운 곳에서 여러분이 몸담고 있는 지역 사회를 위한 작은 봉사부터 시작하세요.

이웃에 멘토가 필요한 어린이들이 있나요? 참전군인 가족을 돕는 기관에서 자원봉사를 할 수 있나요? 집에 있는 여분의 채소 통조림을 몇 개 들고 나와서 푸드 뱅크에 기부하는 것은 어떨까요? 사소한 일이 모여 커다란 차이를 만든다는 사실을 꼭 알려드리고 싶군요. 제 말대로 여러분들이 열심히 맡은 일을 해내는 것만으로도 어려운 상황에 놓인 이들에게 분명히 도움이 될 것입니다. 두 팔을 벌리고 주변에 있는 불우한 이웃들을 우리 삶으로 또는 우리가 속한 지역 사회 안으로 따뜻하게 맞아주세요.

그리고 세 번째 질문입니다. '여러분 삶에 누구를 포함시킬 것인가요?'

이스턴 켄터키 대학이 벌이고 있는 참전 군인들을 위한 봉사활동이 제가 한 질문의 답이 될 수 있을 것 같기도 합니다. 참전 군인들이 전장에 나갈 때의 모습을 잠깐 떠올려 봅시다. 일 초만 그들의 입장이 되어 볼까요. 일 분만에 배낭을 메고 총을 차고 사막 한가운데서 벌어지는 총격전에 참가하겠지요. 이번엔 여러분들의 모습입니다. 가방을 메고 전공 책을 들고 파웰 코너[66]에서 친구들과 이야

기를 나누고 있군요. 전쟁터에서 살아 돌아온 여러분의 친구들은 우리나라 전역에 흩어져 있습니다. 그분들이 겪은 일은 여러분 대부분이 겪어본 적도 없고 상상할 수조차 없는 일입니다. 어쩌면 그들은 홀로 떨어져 아무도 자신을 이해해 주는 이 없이 외톨이가 된 느낌이 들 수도 있겠네요.

하지만 이곳 이스턴 켄터키 대학에서는 참전군인 여러분을 홀로 내버려 두지 않습니다. 대신에 이 자리에 앉아 있는 모든 학생과 함께 어울릴 수 있는 기회들을 만들었고, 여러분은 참전 군인들을 편안하고 따뜻하게 맞아 주었습니다. 참전군인들 스스로 지역사회에 큰 부분을 차지하고 있다고 느끼게 됨으로써 지역사회가 더 단단해지고 훨씬 더 활기 있게 된 사실을 여러분이 직접 체험하게 되었습니다.

졸업생 여러분, 이제 이 경험을 가슴에 새기며 앞으로 여러분 삶에 이 경험을 어떻게 적용시킬지 잘 생각해 보세요. 여러분은 앞으로 신념과 이념이 완전히 다른 많은 사람을 만나게 될 것입니다. 말한 마디 건네지 않고 스쳐 지나칠 것인지, 어디서 왔든 어떤 생각을 가진 사람이든 상관없이 먼저 손을 내밀어 관심을 가질 것인지는 여러분 스스로 선택해야 할 몫입니다.

그것이 바로 우리가 어디에 있든 주변 사람들의 경험과 다양한 의견들을 포용하며 이 나라를 위대하게 만드는 일입니다. 저는 여러분들이 그 일들을 꼭 찾아내기를 바랍니다.

비슷한 나이의 친구들하고만 시간을 보내지 말고 지역 노인 센터에 가서 이미 많은 일을 겪은 어르신들과 이야기를 나눠보세요.

아마 그분들이 가진 지혜에 감탄하게 될 것입니다. 가끔 다른 교회에 가서 다른 사람들을 만나보도록 하세요. 설교 중에 중요한 말씀을 듣게 될지도 모릅니다. 민주당원이라면 공화당원을 만나세요. 그리고 공화당원이라면 민주당원과 이야기를 나눠보세요. 나와 공통된 의견을 찾아볼 수도 있고, 그렇지 않을 수도 있습니다. 하지만 여러분이 먼저 마음을 열고 진실하게 사람들을 대한다면, 여러분은 꼭 무언가를 얻을 수 있습니다. 우리는 늘 비슷한 생각을 가진 사람들하고만 이야기하기 때문에 문제 해결 방법이 판에 박힌 모습으로 분열되고 공동의 목표를 도출하기가 훨씬 더 어려운 것인지도 모릅니다.

한 가지 또 있습니다. 졸업생 여러분, 여러분은 젊으니까 어떤 일이든 극복할 수 있습니다. 여러분은 열린 마음을 가지고 있으며, 기술의 진보 덕분에 전에 없이 더 긴밀하게 세상과 서로 연결되어 있습니다.

수십 년간 계속된 싸움을 위한 싸움을 계속할 것인지, 아니면 구시대적인 분열을 타파하고 관점이 다른 사람들을 포용할 것인지에 대한 선택은 여러분의 몫입니다. 여러분과 이 나라가 함께 해야 할 일입니다.

그러면 제가 한 세 가지 질문을 다시 정리해 보겠습니다. 어떤 사람이 되겠습니까? 다른 사람을 위해서 어떻게 봉사하겠습니까? 여러분 삶에 누구를 포함시키겠습니까? 그리고 마지막으로 취업 인터뷰에 도움이 될 조그마한 비밀을 한 가지 알려드릴게요. 수백 명이 넘는 젊은이들을 고용하고 관리하는 사람들 말에 따르면 제가 한 질문에 어떤 답을 하느냐는 여러분이 상상하는 것보다 훨씬 더 중요합니다. 저를 믿으세요.

저는 변호사로 일할 때나 대학교 관리자였을 때도, 비영리단체 대표로 있을 때도, 지금 영부인의 자리에서도, 인터뷰를 하면서 시험 점수나 성적에 대해서 한 번도 물어본 적이 없습니다. 주립 대학이 아닌 아이비리그 대학 출신이라는 이유로 사람을 뽑은 적도 없습니다. 제가 중요하게 여기는 것은 사람 됨됨이니까요.

열심히 일합니까? 믿을 만한 사람입니까? 다른 관점을 가진 사람들과 이야기할 준비가 되어 있나요? 자기 관심사는 잠시 제쳐두고 다른 사람들을 위해 봉사해 본 적이 있나요? 우리나라를 위해 봉사할 길을 찾아본 적이 있나요?

함께 일하는 팀원에게 제가 거듭 강조하는 사항이기도 합니다. 왜냐하면 그것은 직장이나 학교, 나아가서 우리나라 전체를 한 걸음 더 발전하게 해줄 수 있는 자격 요건이기 때문입니다. 그리고 여러분들은 제가 앞서 언급한 요건들을 이미 갖추고 있다는 사실을 알았으면 합니다. 부모님께 물려받은 가치관, 여러분이 나고 자란 지역 사회로부터 배운 것들, 그리고 이 자리에 올 수 있기까지 이스턴 켄터키 대학에서 열심히 갈고 닦은 기술이 바로 그것이지요.

이 세상은 이전보다 더욱 여러분들이 갖춘 요건들을 필요로 합니다. 여러분 같은 사람들이 필요한 것이지요. 온갖 어려움들을 극복하고 이 자리에까지 온 여러분들 말입니다. 성공할 수 있을지 없을지에 대해 걱정하는 것 말고, 어디에서 어떻게 자신만의 업적을 남길 수 있을지 고민하는 여러분이 됐으면 하는 바람입니다.

그러면 제 큰딸이 했던 질문을 다시 떠올려 볼까요. 여러분은 이 제 어디로 갈 것인가요? 이스턴 켄터키 대학의 졸업생들은 군 장성, 공공 기관의 CEO, 교육자, 법관도 될 수 있습니다. 에이브러햄 링컨도 켄터키 주 출신이라는 것을 알려 드리고 싶네요. 무하마드 알리, 조지 클루니, 다이앤 소여도 마찬가지고요.

졸업생 여러분, 여러분은 가고 싶은 곳 어디든지 갈 수 있습니다. 절대로 스스로의 가치를 의심하지 말고 자신감을 가지세요. 어떤 일이 있더라도 과감하게 앞으로 나아가십시오. 그리고 여러분이 가진 가치관을 곳곳에 퍼트리세요. 그 어느 때보다 절실하게 필요한 일입니다.

다시 한 번 졸업을 축하합니다. 여러분의 앞날에 행운이 가득하기를 진심으로 바랍니다. 사랑합니다, 여러분. ::

Michelle Obama

Despite difficulties, always keep optimism.
'I can overcome these ifficulties.'
That mental attitude itself will bring inner strength and self-confidence.

어려움이 있더라도 '나는 극복할 수 있다.'라는 긍정적인 생각을 가지십시오.
이러한 마음가짐이 여러분 내면의 힘을 더욱 강하게 하고 자신감을 줄 것입니다.

명사
약력

Dalai Lama

1935년 7월 6일 농부 집안에서 태어났다. 두 살 때 달라이라마의 현신으로 발견되어 '제
춘 잠펠 가왕 놉상 예세 텐진 갸초'라는 법명을 받고 14대 달라이라마로 공식 취임했다.
1959년 3월, 중국군에 의해 수많은 티베트인들이 학살당하고 불교 사원이 파괴되자 그는
인도로 망명하여 티베트 망명정부를 세웠다. 1989년에 노벨평화상을 받았으며 2001년에
망명정부 수장 역할을 다른 이에게 넘기고, 현재는 활발한 강연 및 저술 활동을 하고 있다.

14대 달라이라마
The 14th Dalai Lama

툴레인 대학교
Tulane University
(2013년 5월 18일)

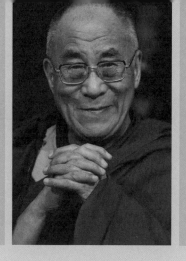

툴레인 대학교
Tulane University

미국 루이지애나 주 뉴올리언스에 있는 사립대학으로 미국 남부 지역의 명문대학으로 평가 받는다. 1834년에 의학 전문학교로 설립되었다. 2009년, 미국 대학교육 전문지인 〈프린스턴 리뷰〉는 툴레인 대학교를 가리켜 '야심이 큰 고등학생들이 많이 지원하는 학교'라는 독특한 평가를 내리기도 했다. 저명한 동문으로는 야후 공동제작자 데이비드 파일로, 1998년 노벨 화학상 수상자 월터 콘 등이 있다.

인생의 진정한 목표는 행복 추구이다

14대 달라이라마 The 14th Dalai Lama

　존경하는 총장님과 강사님, 교수님, 그리고 특히 중요한 시험 때문에 밤을 새운 적도 있었을 만큼 힘든 학업을 무사히 마친 졸업생 여러분. 저 자신도 어려운 종교적 시험을 겪을 때면 불안하고 초조해하는 소심한 존재에 지나지 않습니다. 하지만 지금 여러분은 어려운 연구와 학업을 마쳤습니다. 또한 저는 여러분이 어려운 공부를 하면서도 이웃을 위하여 도움의 손길을 보내고는 했다는 사실에 감명을 받았습니다. 정말 훌륭합니다. 진정한 교육의 목적은 의미 있는 삶을 위한 것입니다. 다른 사람의 안녕을 돌봄으로써 자신의 삶이 의미 있는 것이 되었음을 느끼는 것이지요. 남의 것을 빼앗고, 속이고, 기만하는 그런 최악의 경우를 생각해 보십시오. 마음 깊은 곳에서는 참된 행복을 느끼지 못할 것입니다.

　그래서 저는 인생의 진정한 목표는 행복을 추구하는 것이라고 생각합니다. 그 이유는 간단합니다. 우리의 삶은 희망에 아주 많이 의지하고 있으니까요. 우리의 미래가 행복하리라는 보장은 없습니다. 우리는 단지 희망 위에 존재할 뿐입니다. 희망은 보다 좋은 것, 보다 나은 것을 의미합니다. 그래서 한번 희망을 잃고 의지가 꺾이면 마음으로 느끼는 고통이 여러분의 수명을 단축시키고, 물질적 삶에 타격을 주어 모든 일들이 어려워지는 것입니다. 어려움이 있더라도 '나는 극복할 수 있다.'라는 긍정적인 생각을 가지십시오. 이러한 마음가짐이 여러분 내면의 힘을 더욱 강하게 하고 자신감을 줄 것입니다.

뿐만 아니라 그런 긍정적인 생각을 함으로써 여러분은 보다 솔직하게, 진실하게 그리고 믿음직스럽게 행동할 수 있습니다. 이러한 행동이 신뢰를 안겨 주고 그 신뢰 덕분에 우정이 싹틀 수 있는 것입니다. 우리 인간은 사회적 동물이라 친구가 필요합니다. 또한 세상에는 한 개인이 풀 수 없는 문제들이 많지요. 협력은 여러분이 속한 사회에서뿐만 아니라 전 세계적 차원에서 이루어져야 합니다. 지구온난화 같은 문제를 해결하기 위해서는 전 세계가 힘을 합쳐서 많은 노력을 기울여야 합니다. 그러려면 신뢰와 우정이 가장 중요하겠지요. 저는 두 민족이 너무 멀리 떨어져 있으면 협력하기가 어렵다고 생각합니다. 협력의 기본은 신뢰와 우정이기 때문에 그것을 가지고 있는 여러분은 이미 다른 사람에게 도움의 손길을 내밀기 시작했다고 봅니다. 훌륭한 일입니다.

저는 여러분이 여러분의 국가와 정부에 대해 이야기하는 것을 들었습니다. 관심을 가지고 의견을 나누는 것은 훌륭한 일이며 당연히 그래야 한다고 생각합니다. 하지만 이와 동시에 미국은, 가장 위대한 민주주의 국가로서 온 세상을 세계적 차원에서 바라봐야 합

니다. 실제로 저는 사람들에게 미국은 자유세계를 이끄는 매우 중
요한 국가라는 말을 자주 합니다. 국제적 차원에서 생각하십시오.
국제적 책임감을 끌어내기 위해서는 우리가 70억 인류 가운데 일부
라는 인류동일체의 개념을 발전시키는 것이 매우 중요합니다. 지구
상에 살고 있는 70억 명의 사람들이 그 혜택을 누리며, 밝은 미래를
꿈꿀 수 있다면 모두가 행복을 느낄 것입니다. 하지만 70억 명의 사
람들이 여러 가지 어려움에 처해 있다면, 개개인은 불행에서 빠져
나올 수 없습니다.

정규교육에 관해서라면 저는 단 하루도 수업이라는 것을 받아본
적이 없는 사람입니다. 제가 알고 있는 것들은 여러분의 지식에 비
하면 아무것도 아닙니다. 그런 제가 여러분께 축사를 하는 것이 어
울리지 않아 보이지만, 저만의 경험에 비추어 보면 국제적, 국내적
혹은 공동체 차원의 많은 문제가 산적해 있다는 것을 알고 있습니
다. 지금 겪고 있는 많은 문제들은 우리 스스로가 만들어낸 것입니
다. 자연재해는 우리 힘으로 어찌할 수 없는 부분일 수 있습니다만,
많은 문제들은 본질적으로 우리가 만들어낸 것입니다.

논리적으로 말하면 우리가 만든 문제에 대해서 우리는 그 문제
를 극복하거나 줄일 수 있는 능력을 갖춰야만 합니다. 어쨌든 이 문
제들은 인간이 만든 것이기 때문이지요. 만약 다른 이유로 발생한
문제라면, 그것은 인간의 손으로 해결하기 어렵겠지만 이 부분은
그것에 해당되지 않습니다. 그래서 저는 특히 이 자리에 앉아 계신,
교육을 받았고, 순수하며, 총기 있고, 앞날이 창창한 여러분께 말씀
드리고 싶은 것입니다.

저뿐만 아니라, 저와 같이 20세기라는 동시대를 살아오신 교수
님들, 이제 우리의 세대는 이미 지나갔습니다. 20세기를 살아온 우
리 세대는 이제 작별을 고해야 하지요. 지금 21세기의 주인공은 이
자리에 있는 여러분의 것입니다. 20세기는 놀라울만한 성과를 이룬
것도 사실이지만 그것은 피로 얼룩진 폭력의 세기이기도 합니다.
몇몇 역사학자들은 지난 한 세기 동안 폭력으로 목숨을 잃은 사람
이 2억 명이나 된다고 주장합니다. 그 어마어마한 폭력 안에는 핵무
기와 핵폭탄 등도 포함되어 있습니다. 그 폭력으로 더 나은 세상이
됐다면 어떤 이들은 폭력의 정당성과 가치를 주장할 수도 있겠지
요. 하지만 지금은 그런 상황이 아닙니다. 우리는 지금 21세기의 초
입에 서 있습니다. 13년이 지났고 앞으로 87년이 남아 있지요. 미래
는 여러분 앞에 펼쳐져 있습니다. 우리의 행동이 세상을 새롭게 만
들 수 있습니다. 21세기를 살아가는 젊은 세대는 생각의 차원을 세
계적으로 넓히고, 더 평화로운 세계를 만들도록 노력해야 합니다.
보다 인정 많은 세상이 될 수 있도록 말입니다. 타인에 대한 관심이
곧 타인의 삶을 존중하는 것으로 이어지게 될 것입니다. 그렇게 되
면 폭력은 쓸 데가 없어지게 되겠지요. 타인의 삶을 존중하게 되고
그들을 사랑하게 될 테니까요. 그런 의지와 정신 자세를 가진 사람
이 어찌 타인을 해칠 수 있겠습니까? 불가능한 일입니다. 그래서 평
화로운 세상이란 신앙인, 비신앙인을 떠나서 서로 인정을 베푸는
그런 세상을 말합니다.

생물학적으로 인간은 많은 것을 갖춘 존재입니다. 적어도 그런
잠재력을 가지고 있지요. 어린 아이는 태어나자마자 어머니의 지극

한 사랑과 보호를 받습니다. 아이는 이후 약 2년 간 생존을 위해 어머니의 보살핌과 모유에 전적으로 의존합니다. 누구나 다 마찬가지입니다. 우리는 이렇게 삶을 시작합니다. 인생 초기에 우리는 다른 사람에게서 많은 사랑을 받고 자랍니다. 그래서 우리의 혈관 속에는 타인에 대한 사랑이 흐르고 있는 것입니다. 이와 같이 우리는 타인의 안녕에 대한 배려를 통해 생물학적으로 완벽해진다고 할 수 있습니다. 그리고 두 번째로 우리는 사회적 동물이기 때문에 타인의 안녕에 대한 관심을 가져야 합니다. 저는 극도로 이기적이고 자기중심적인 태도가 경쟁을 더욱 부추긴다고 생각합니다. 이와 같은 인간의 기본 가치가 더욱 두드러지면서 교육은 더욱 두뇌발전에 치중하고 사회적인 문화, 유물론적 문화가 형성되는 것입니다. 따라서 공격성이 더 발달하게 되는 것이지요. 70억 명의 인류가 처음부터 상대방을 배려하는 마음을 가져야 하는 이유가 바로 이것입니다. 하지만 너무 격하게 몰아붙이지 말고 점차적으로 해 나가야 합니다.

오늘날 우리 사회에는 공격성, 의심, 불신, 괴롭힘, 사기 등이 더욱 만연하고 있습니다. 하지만 저는 이러한 것들을 교육이나 공평한 기회를 통해 줄일 수 있다고 생각합니다. 기도나 종교적 신념으로 강요하는 것이 아닌 단지 상식 가능한 범위에서 이루어져야 합니다. 모두가 행복한 삶, 행복한 가정, 행복한 사회를 원합니다. 진정한 행복은 돈이 아닌 감정의 문제입니다. 그러니 젊은이 여러분, 내적 가치에 관심을 기울이십시오. 그러면 머리가 맑아지면서 마음도 따뜻해질 것입니다. 여러분이 받은 교육과 지식이 건설적인 방향으로 흘러갈 것입니다. 명석한 두뇌를 가지고 있지만 따뜻한 마음을 나누는 데 소홀히 한다면 결국 이 지구상에서 문제를 일으키는 자가 되고 말겠지요. 교육에만 큰 힘을 쏟는 것은 때때로 더 많은 문제를 일으키는 법이니까요.

우리 하나하나는 걱정, 고독, 두려움 때문에 자신이 행복하지 못하다고 생각합니다. 이처럼 두려움과 불신으로 가득 찬 사람을 만나면, 우리도 고독감을 느끼게 마련입니다. 이것은 인간 본성에 반하는 것입니다. 그러니 여러분의 관심과 지식을 내적 평화를 조성하는 데 쏟으십시오. 내적 평화를 통해 여러분의 직업과 지식은 더욱 건설적인 형태를 띠게 될 것입니다. 이기심이나 분노, 증오, 의심 때문에 모든 전문지식이 제 역할대로 쓰이지 못한다면, 그것은 파괴적인 지식이 됩니다. 그동안 제가 경험했던 것들, 혹은 다른 사람들의 경우를 보더라도 나이 든 사람들은 삶의 연륜으로 인해 젊은 이보다 더 나은 지식을 가지고 있지요. 우리에게는 다양한 경험이 있습니다.

저와 오래 인연을 맺어온 나이가 지긋한 사람들을 만나면 대부분 이런 말들을 합니다. "얼굴이 별로 변하지 않았어요. 여전히 젊어 보입니다. 비결이 뭐예요?" 비결 따위는 없습니다. 그런데 그런 질문을 너무 많이 받아요. 이보다 더한 표현도 있는데 이쯤에서 그만하렵니다.

어쨌든 우리의 희망은 여러분의 어깨에 달려 있습니다. 어떻게 하면 행복하고 평화로운 한 세기를 만들어 갈 수 있을지를 신중하게 생각해 보세요. 이것이 제가 바라는 바입니다. 물론 여러분의 졸업을 축하합니다. 지금까지 어느 정도 보호받았던 일상을 벗어나 이제는 여러분의 진짜 인생을 시작하십시오. 지금까지와는 비교할 수 없는 복잡한 어려움이 따를 수 있습니다. 그렇다고 해서 사소한 실수나 실패 때문에 의기소침해져서는 안 됩니다. 이것이 바로 실패의 원인입니다. 어려움이 있다하더라도 긍정적으로 생각하고 자신감을 가져야 합니다. 이 점이 매우 중요합니다. 그리고 제가 여러분과 공유해야 할 부분입니다.

명예학위를 받을 때마다, 저는 정말 행복하며 늘 영광으로 생각합니다. 진심으로 감사의 말씀을 전합니다. 별로 한 것도 없는데 학위를 받다니 놀라울 뿐입니다. 대단히 감사합니다. 여기 모이신 선배와 젊은 후배 여러분들 모두 아시겠지만, 제 나이 벌써 78세입니다. 10년 후면 88, 또 10년 후면 98세입니다. 그래서 저는 제 몸과 마음, 그리고 강연이나 연설까지 모두 타인의 안녕을 위해 바칠 것을 약속드립니다. 저는 이런 제 다짐과 여러분과의 약속을 꼭 지킬 것입니다. 여러분이 주신 명예학위가 빛바래지 않기를 바라며, 감사의 인사를 드립니다. 모두들 안녕하시길.

Dalai Lama

> Have the courage to act on your hopes;
> don't be paralyzed by your fears.
> Have the courage to think for yourself and to believe in your ideas.

용기를 가지고 희망을 찾아 나아가십시오.
두려움에 빠져 무력해지지 마세요.
스스로를 위해 생각하고, 스스로의 생각을 믿을 용기를 가지세요.

명사 약력 Michael Bloomberg

1942년 2월 14일 보스턴에서 태어났다. 1964년에 존스 홉킨스 대학교에서 전기공학 학사 학위를, 1966년에는 하버드 대학교 경영대학원에서 MBA 석사학위를 받았다. 1981년에 회사에서 해고당하고 '블룸버그 통신'을 창업했으며 전용 단말기와 회선을 통해 금융 분석을 전달하는 컴퓨터 시스템을 만들어 큰 성공을 거두었다. 2001년, 2005년에는 뉴욕 시장에 당선되었다. 2010년 〈포브스〉지에서 발표한 '세계에서 가장 정치력 큰 갑부' 1위에 올랐다.

마이클 블룸버그
Michael Bloomberg

케니언 칼리지
Kenyon College
(2013년 5월 18일)

케니언 칼리지
Kenyon College

미국 오하이오 주에서 가장 오래된 사립대학으로 1824년 11월에 설립되었다. 2011년 신입생 483명 중에서 39퍼센트에 달하는 학생들의 고등학교 성적을 보면 최상위 5퍼센트 이내에 들었다고 한다. 2010년에 〈포브스〉지에서 '세계에서 캠퍼스가 가장 아름다운 14개 대학' 중 하나로 선정되었다. 미국의 제19대 대통령 러더퍼드 헤이스, 스웨덴 전 총리 올로프 팔메, 영화배우 폴 뉴먼 등이 이 대학교 출신이다.

평생 배우기를 힘쓰고
질문하는 것을 두려워하지 마라

———

마이클 블룸버그 Michael Bloomberg

학교 관계자 여러분, 학생 여러분, 학부모 여러분, 그리고 신사 숙녀 친구 여러분, 좋은 아침입니다! 라이언, 친절한 소개 감사합니다. 따뜻하게 맞아주신 샘해트 교무처장님과 뉘겐트 총장님께도 감사 인사를 전합니다.

몇몇 학생들이 제게 '누지 Nooge'라는 총장님의 별명을 알려주기는 했지만, 별로 품위 있는 것 같지는 않아 오늘은 자제하겠습니다. 걱정 마세요 총장님. 뉴욕 타블로이드 신문들은 저를 '블루미 Bloomy'라고 부릅니다. 그나마 이 정도면 점잖은 편에 속하는 거지요.

케니언 대학 방문은 이번이 처음입니다. 여기 처음 온 사람은 연단 위에 서서 교가를 불러야 한다는 전통이 있다면서요? 나머지 사람들은 그 모습을 보고 야유를 보내고요. 뭐, 저도 못할 건 없습니다. 여기 오기 전에 연습도 했고, 가사도 다 아니까요. 하지만 아시다시피 오늘의 주인공은 제가 아니잖아요. 바로 2013년도 졸업생 여러분이 주인공입니다!

오늘 저는 졸업생 여러분께 경의를 표하고자 이 자리에 왔습니다. 단지 학문적 성취에 관해서만이 아니라, 여러 측면에서 말이지요. 1842년 본교를 졸업한 루더포드 B. 헤이스[67] 대통령은 이런 말씀을 하셨습니다. "성공의 영광은 그 과정에서 뛰어넘은 장애물들의 크기에 비례한다."

여러분은 오늘 이 자리에 서기 위해 많은 난관을 헤쳐 왔습니다. 제가 들은 몇 가지 이야기만 소개하도록 할게요.

여러분은 돼지 인플루엔자가 전국을 강타했던 해에 신입생이 되었습니다. 진흙과 눈, 그리고 빙판으로 뒤덮인 미들 패스[68]를 헤치며 강의실을 찾아갔고, 신축 기숙사에서 생활하며 어센션 홀에서 아침 8시 10분에 시작하는 경제학 강의에도 꼬박꼬박 출석했습니다.[69]

여러분은 전공 시험에서 살아남았고, 미들 그라운드[70]의 영업 마감도 여러분을 쓰러뜨리진 못했습니다. 금요일마다 이곳을 덮친 토네이도와, 매해 겨울마다 일어나는 정전도 잘 이겨냈습니다. 음, 오늘은 정전이 없을 것 같습니다만, 전기가 나가면 꽤나 난장판이 된다고 알고 있는데, 맞나요? 어쨌든, 여러분은 이 모든 역경들을 이기고 마침내 이 자리에 선 것입니다.

---

67. Rutherford B. Hayes : 미국 제19대 대통령.

68. Middle path : 케니언 대학 캠퍼스 중앙을 가로지르는 보행도로.

69. 신축 기숙사인 뉴 앱스 New Apps와 어센션 홀 Ascension Hall은 각각 캠퍼스의 정 반대편에 위치해 있다.

70. Middle Ground : 미국의 커피 전문 체인점.

분명 오늘은 여러분이 주인공인 날이고, 저는 여러분이 앞으로 살아가는 데 있어 꼭 필요한 조언을 전하기 위해 이 자리에 섰습니다만, 그전에 오늘 오신 또 다른 특별한 분들에 관한 이야기를 먼저 하겠습니다.

오늘을 위해 돈이 얼마가 들었는지, 만약 여러분이 직업을 구하지 못해서 다시 집으로 돌아온다면 어떻게 해야 하는지에 대해서는 생각조차 하지 않고 오늘 아침 저 밖에 앉아 자랑스러운 얼굴을 한 채 그저 웃고만 계시는 분들. 맞습니다, 바로 여러분의 부모님과 친척들이지요. 이분들께 큰 박수를 드립시다. 그럴 자격이 있는 분들이에요!

오늘 여기 이렇게 특별한 여러분 앞에서 졸업 연설을 해 달라는 요청을 받았을 때, 아무래도 공부를 좀 해야겠다고 생각했습니다. 여러분이 이곳 케니언 대학에서 어떤 경험을 했는지에 대해서 말입니다.

그래서 오늘 아침에는 캑Kack에 잠시 들르려고 했습니다. 이 학교가 키워낸 미국 최고의 남녀 수영 팀이죠! 그리고 이제 곧 미국 남자 테니스 챔피언십을 석권할 재스퍼 테니스 센터Jasper Tennis Center에도요. 학교의 명물인 거꾸로 선 나무[71] 속에도 들어가 보고, 학생 식당인 피어스 홀Pierce Hall도 한번 거닐어 보려 했어요. 아, 물론 학교 문장은 밟지 않았습니다. 오늘 연설에 징크스가 되는 건 원

---

71. Upside-Down Tree : 버드나무처럼 가지가 땅에 닿을 만큼 늘어져서 풍성한 나무 그늘을 만들어 주는데, 학생들은 그 밑에서 게임도 하고, 담소를 나누며 데이트를 하기도 하는 학교 명물이다.

치 않거든요[72]. 학생 식당 코브Cove에서 햄버거와 치즈 웨지도 먹고 싶었어요. 듣기로는 그곳 분위기가 꽤 다채롭다고 하더군요. 노을을 볼 수 있는 벤치에 앉아 햇볕도 쬐다가, 사우스 쿼드[73]의 베타 바위[74]까지 돌고 왔으면 좋았을 거예요. 주치의가 그러지 말라고 조언하긴 했지만요. 그중에서도 제일 궁금했던 건 구-질라[75]였습니다! 누구라도 안 그러겠어요?

이 자리에 서기 전에 다 둘러보고 싶었지만, 막상 와서는 주차할 자리를 찾느라 아침 시간을 다 보냈네요. 캠퍼스에서 주차할 장소를 찾는 게 이렇게 힘들리라고는 짐작도 하지 못했어요. 결국 바깥의 서측 2번 구역에 겨우 차를 댈 수 있었지요. 안내 봉사를 해 주던 학생이 엘리베이터를 잡아 주지 않았더라면 아마 제 시간에 도착하지 못했을 겁니다. 말 그대로 우여곡절 끝에 드디어 이 자리에 섰습니다.

이런 사정 때문에 오늘 제 준비가 졸업생 여러분들이 해 온 것만큼 완벽하지는 않습니다. 하지만 괜찮습니다. 오늘은 앞날을 생각하는 것만으로도 충분한 날이니까요. 여러분 인생의 새로운 막이 시작되는 날이 아닙니까.

---

72. 피어스 홀에 학교를 상징하는 문양 같은 것이 있는데 그것을 밟으면 재수가 없다는 미신이 있는 것으로 추정 된다.

73. South Quad : 캠퍼스 내에 있는 잔디밭 이름.

74. Beta Rock : 칼리지 대학교에 남학생들만 재학했던 시절, 서로 경쟁 관계였던 남학생들끼리 두 그룹으로 나뉘어 바위를 언덕 아래로 굴렸다가 다시 굴려오는 시합을 했는데 '베타' 그룹의 학생들이 이기면서 이 돌을 차지하게 되었고 그 이후 베타 바위라는 이름이 붙은 학교의 유명한 돌이다.

75. Gourd-zilla : 케니언 대학 캠퍼스에서 자라는 기형적인 모양의 호박 이름.

앞으로 여러분의 인생에서 가장 중요한 것은 강의 시간에 듣고 달달 외운 내용들이 아닙니다. 시간이 흐르면서 그동안 읽은 책들, 암기한 공식들, 분석한 논문들, 직접 쓴 보고서들, 그동안 치른 시험들은 대부분 다 잊게 될 것입니다. 누구도 피할 수 없는 일이에요. 모두가 겪는 거니까요.

중요한 것은 여러분이 배운 것을 얼마나 기억하느냐가 아닙니다. 그보다는 앞으로도 배워나가야 할 것이 많음을 깨닫는 것이 중요합니다.

여러분 가운데는 공부를 계속하기 위해서 학교로 되돌아오는 분들도 계실 것입니다. 물론 다시는 강의실에 발도 들여놓지 않겠다고 다짐하는 분들도 계시겠죠! 어떤 길을 택하시든 '배움'을 끝내지는 마십시오.

몇 분 뒤면 여러분은 이제 졸업생이 됩니다. 하지만 전 여러분이 평생 배우는 사람으로 남으셨으면 합니다. 배움의 능력은 인생에서 가장 큰 자산입니다. 포기하지 마십시오. 여러분의 귀중한 자산을 헐값에 팔아넘기지도 마십시오.

저 역시 매일 스페인어 강의를 듣습니다. 다양한 책을 읽으려고 노력하는 것은 물론이고요. 자신만의 독창적 시각을 지닌 이들의 이야기에 귀를 기울입니다. 그리고 무엇보다 저는 질문을 많이 합니다.

질문하는 것을 두려워하지 마십시오. '왜'는 가장 강력한 단어입니다. 왜냐면 열린 마음만큼 강력한 것은 없기 때문입니다. 과학자가 되어 새로운 것을 발견하든, 기술적 혁신을 주도하든, 기업가로 활동하든, 공공 서비스를 제공하거나 예술적 영감을 발산하든, 혹은 또 다른 어떤 길을 가든 상관없이, 한 가지만 기억하십시오. 평생 학생의 자세로 살아가야 한다는 것 말입니다. 배움을 멈추는 그때가 바로 죽음이 시작되는 순간입니다.

세상에는 배움을 멈추고 자신이 모든 것을 다 안다고 생각하는 사람들이 참 많습니다. 졸업생 여러분 역시 그동안 그런 사람을 적지 않게 만나왔을 것이고, 앞으로도 무수히 만나게 될 것입니다. 그들이 가장 좋아하는 단어는 '안 돼'입니다. 그들은 왜 어떤 일을 할 수 없는지, 혹은 해서는 안 되는지에 대해 구구절절 많은 핑계를 댈 것입니다.

그런 이야기에는 귀 기울이지 마십시오. 그들 때문에 포기해서도 안 되고, 그들 중 하나가 되지도 마십시오. 여러분의 잠재력을 발휘하고, 세상을 더 나은 곳으로 바꾸고 싶다면 말입니다.

2001년 당시 저는 시장 출마를 할 것인지 말 것인지에 대해 고민하고 있었습니다. 사람들은 제게 말했습니다. "출마하지 마. 이길 가능성이 없어. 언론에서 널 가만 둘 것 같아? 넌 정치의 정 자도 모르잖아."라고요.

그런 이야기를 한 사람들은 바로 저희 가족이었습니다. 하지만 한 사람만은 저에게 이렇게 말했습니다. "낙선 연설을 할 각오만 돼 있다면, 안 될 건 뭐야?" 제가 들어본 최고의 조언이었고, 저는 그 조언을 받아들였습니다.

성공하고 싶다면 우선 실패를 받아들일 준비가 돼 있어야 합니다. 실패의 가능성에도 불구하고 목표를 위해 행동할 용기가 필요하지요.

오늘 저에게 여러분을 위해 소원 한 가지를 말할 수 있는 기회가 주어진다면, 저는 여러분이 용기를 가지고 살 수 있게 해 달라고 기도할 것입니다. 용기를 가지고 사십시오. 안전만을 좇지 마십시오.

급수탑을 기어오르거나 강에서 수영을 하거나, 혹은 괴상한 옷을 입는 등 '엄마를 기겁하게 할 만한' 짓을 하라는 말이 아닙니다. 위험을, 그리고 책임을 받아들이라는 것입니다. 다른 누군가가 여러분 대신 여러분의 미래를 결정하도록 내버려두지 마십시오. 기회가 알아서 여러분의 방문을 두드리기를 기다리지 마십시오.

지난 달 작고하신 케니언 대학 졸업생이자 코미디의 천재인 조나단 윈터스는 이렇게 말했습니다. "항구에 배가 들어오지 않는다면, 헤엄을 쳐서 배가 있는 곳까지 가면 된다."

용기를 가지고 희망을 찾아 나아가십시오. 두려움에 빠져 무력해지지 마세요. 스스로를 위해 생각하고, 스스로의 생각을 믿을 용기를 가지세요.

인류가 이룩한 모든 발명과 진보의 중심에는 바로 이 용기가 있었습니다. 그리고 저는 이 용기 부족이, 바로 오늘날 우리가 겪고 있는 일련의 정치적 문제의 핵심이라고 생각합니다.

알다시피 지난해 이 캠퍼스에서 북동쪽으로 약 125마일 떨어진 곳에서 17세의 한 학생이 자신이 다니는 고등학교의 카페테리아에 불을 질러 3명이 사망하고 많은 이들이 중상을 입는 사고가 있었습니다. 하루 이틀 정도 전국이 떠들썩했지요. 피츠버그에서, 마이애미에서, 오클랜드, 털사, 시애틀, 월밍턴, 오로라, 밀워키, 텍사스, 미니아폴리스, 브룩필드, 그리고 포틀랜드에서 다수의 총격사건이 있었습니다. 그러나 이런 사건이 벌어졌는데도 워싱턴은 대수롭지 않다는 반응이었지요. 그리고 얼마 뒤 코네티컷 주 뉴타운의 샌디 훅 초등학교에서 다시 한 번 사고가 벌어졌습니다. 20명의 아이들과, 교직원 6명이 총기 난사로 귀한 목숨을 잃은 것이지요.

부모의 입장에서 그저 모든 것이 믿기지 않았습니다. 뉴타운 사태 이후 오바마 대통령과 몇몇 의회 지도자들은 마침내 이 이야기를 수면 위로 끌고 올라 왔습니다. 이제는 무언가 대책이 필요하다고 말이지요.

저는 제가 할 수 있는 모든 노력을 하면서 의회 법안을 통과시키기 위한 그들의 활동을 도왔습니다. 하지만 종류를 불문하고 모든 총기 구입 시 구매자의 신원을 확인한다는 이 법안은 결국 통과되지 못했습니다. 90퍼센트의 미국인이 찬성했고, 총기 소유주들 역시 80퍼센트의 찬성률을 보인 이 안건이 말입니다. 왜였을까요?

전 그 원인이 한 단어로 요약될 수 있다고 생각합니다. 바로 용기 말이에요. 워싱턴의 NRA[76] 소속 로비스트들은 갈수록 극단적인 의견을 내놓지만 꽤 많은 의원들은 그에 맞서는 용기를 가지지 못했습니다. 그들은 이런 공익 정책에 지지를 보내는 것이 혹여나 자신들의 예비 선거 당선에 지장을 주거나 공천 탈락의 위험을 높여주지는 않을까 두려워하고 있습니다. 우리 케니언의 졸업생 루더포드 B. 헤이스가 취임 시 "국가의 이익을 가장 잘 대변할 수 있는 이가

76. National Rifle Association : 미국총기협회. 어떤 이익단체보다도 막강한 조직과 자금력을 갖추고 커다란 영향력을 행사하는 조직이다.

정당의 이익을 가장 잘 대변한다."라고 했던 연설을 떠올린다면 우리의 상황은 지금보다 조금 더 나아졌을 것입니다.

물론 우리의 연방 법은 지금도 범죄자나 정신 질환자의 총기 구매를 금지하고 있습니다. 하지만 의회는 보다 포괄적인 신원 확인 시스템을 이용해서 총기 구매를 규제할 용기는 보여주지 못하고 있는 실정이지요. 그 결과 우리는 매일 33명의 무고한 시민이 총기 사고로 사망하는 사회에 살고 있습니다. 1년이면 1만 2,000명의 미국인이 총부리 앞에서 생명을 잃는 것이고, 여러분이 이 학교에 입학 선서를 한 이후 졸업하는 지금까지 최소 4만 명의 미국인은 누군가가 쏜 총에 맞아 목숨을 달리한 것입니다. 그것은 베트남전에서 사망한 미군의 수와 맞먹는 숫자입니다.

의회 입법 실패로 인해 우리는 언젠가 워싱턴에서도 이런 사고가 일어나는 모습을 볼 수 있을지도 모릅니다. 물론 저 역시도 승산이 별로 없어 보이는 싸움이라면 굳이 변화를 위해 힘을 내지 않았을지도 모릅니다. 하지만 저는 믿습니다. 시간이 얼마나 걸릴지 모른다 하더라도 우리는 반드시 승리할 것이라는 사실을요. 왜냐하면 저는 여러분 모두를 믿고 있기 때문입니다. 여러분은 최소한 1960년 이후의 세대들보다는 더 근본적으로 변화할 수 있는 시대에 살고 있습니다. 이 시대의 사회 변혁이란 자신의 가치를, 그리고 자신의 목소리를 더욱 널리 알릴 수 있게 되는 것입니다.

저는 이 변화의 힘을 직접 확인했습니다. 뉴욕 시장으로 재직하는 동안 저는, 젊은 세대를 비롯해서, 투표권도 부여받지 못한 일부 어린 세대가, 바로 동성 결혼 합법화를 주장하는 목소리를 들었습니다. 그리고 이 법안은 양당 모두의 지지를 얻어 입법화에 성공했습니다. 여기 오하이오에서도 공화당 상원의원의 아들 한 명이 용기를 가지고 목소리를 내 자신의 아버지가 남성 커플 결혼에 대한 시각을 바꾸도록, 그리고 그것을 공개적으로 청원하도록 한 것으로 압니다.

용기 있는 개개인, 그리고 그들의 결집은 세상을 바꿀 수 있습니다. 9년 전, 이곳 오하이오 주 유권자들은 동성 결혼을 금지하는 입법 수정안을 통과시켰습니다. 그러나 많은 젊은이들이 조직을 구성해 자신들의 목소리를 냈고, 덕분에 변화는 이제 눈앞에 와 있습니다. 여러분은 자신의 주장을 현명하게 관철하는 방법을 알고 있으며, 그것을 실천하는 삶을 살고 있습니다.

여러분이 10주년 동창회에서 만날 때쯤이면, 혹은 그보다 더 일찍, 인간의 자유를 억압한 이 법안은 과거의 기록으로 남게 될 것입니다. 벌써 10년 뒤 여러분의 대화가 들리는 듯합니다.

그 자리에서 여러분 가운데 누군가는 자신이 어떻게 미국 최초의 여성 대통령을 위한 캠페인을 진행했는지 자랑하고 있을 것입니다. 또 다른 분은 기후 변화에 대응하기 위한 지속 가능한 활동에 자신이 어떤 기여를 했는지 이야기하고 계시겠군요. 이 일은 뉴욕 시에서도 활발히 진행 중인 사안입니다.

얼마 전 창업을 했거나 혹은 지금 활발하게 운영되는 테크놀로지 기업을 소개하는 분의 모습도 그려집니다. 아마 우리 삶을 변화시키는 멋진 테크놀로지겠지요? 그 회사가 뉴욕에 있는 것이라면 금상첨화일 텐데요.

교사가 되신 분은 자신의 학교가 어떻게 오랜 기간 인종이나 민족 간에 존재해오던 학력차를 메워 나가고 있는지 설명할 수 있을 것입니다. 이 또한 뉴욕 시에서도 이뤄지기를 희망하는 내용입니다.

또 다른 어떤 분은 자신의 연구로 완치된 어떤 질환에 관해 이야기할 수도 있겠네요. 그런 분이라면, 저에게도 연락 주십시오. 제가 지원하는 자선사업 분야와도 많은 관련이 있으니까요.

물론 지금은 제 말이 정말일지 의문을 가지실 것입니다. 하지만 여러분의 인생행로가 얼마나 험하고 길든, 여기 케니언의 개발 사무국에서는 언젠가 여러분의 개인 사무실로 학교 발전 기금 모금 편지를 보낼 것이라는 걸 기억하세요!

여러분이 어떤 길을 걷든, 그리고 그 길이 대도시 혹은 지방 어느 곳으로 이어지든, 중요한 것은 그곳에서 실수하지 않는 것입니다. 이 나라의 미래는 여러분의 손에 달렸습니다. 우리는 여러분을 기다립니다.

제가 직원들에게 늘 하는 말을 여러분께도 해드려야겠네요. "일을 망치지 마십시오."

이제, 마무리를 하기 전에 몇 마디만 덧붙이겠습니다. 오늘날 취업 시장의 문이 좁다는 것은 다 아는 사실입니다. 하지만 낙담하지 마세요. 인내하는 자에게는 반드시 보상이 있을 것입니다.

열심히 노력할 마음만 있으면 여러분은 기회를 얻을 것입니다. 그리고 그곳에서 최선을 다 한다면 여러분의 노력은 보상받을 것입니다.

저 역시 특별한 인맥 하나 없는 가정에서 성장했다는 사실을 말씀 드리고 싶네요. 지금의 이 자리에 오기까지 수십 통의 편지를 쓰고, 수많은 전화를 걸고, 만나는 친구마다 어디 좋은 기회가 있으면 소개해 달라고 부탁했습니다.

이런 경험이 이제 막 대학을 졸업한 면접자들이 암 환자들을 돌보며, 중동 평화를 위한 운동을 하며, 훗날 미국 문학 선집에 이름을 올릴 작품을 쓰며 지난여름 방학을 보냈다고 이야기하는 것에 미소를 건네는 이유입니다.

그러나 이들보다 더 저의 마음을 끄는 지원자는 밤낮, 주말 할 것 없이 자동차 정비소나 건설 현장에서 일하며 학비와 가족 생활비를 벌었다고 이야기하는 청년들입니다.

이 세상에 성실한 노동을 따라갈 만한 것은 아무것도 없습니다. 성실하게 일할 준비가 돼 있다면, 그런 자세로 임할 열의가 있다면, 여러분은 잘 해낼 것입니다. 자, 그러니 오늘 밤은 코브 학생 식당에서 마지막으로 햄버거와 치즈 웨지를 먹으면서 열심히 일해 봅시다.

여러분이 나아갈 앞으로의 삶에서 인생이 그리 달콤한 것이 아니라고 느껴질 때는 이 말을 기억하세요.

"배움을 계속하고, 용기를 가지고 살아가면, 그리고 다른 이들보다 열심히 일한다면, 시간이 걸릴 뿐 그 열매를 반드시 손에 쥘 수 있을 것입니다. 버나드 농장의 구-질라처럼 탐스런 열매가요!"

다시 한 번 졸업을 축하드리며, 여러분의 앞날에 행운이 가득하길 기원합니다.

Christopher Nolan
Princeton 2015.06.01

Thank you. It's a tremendous to be here. I know we were all hoping to be outside. But in these magnificent surroundings, I for one am enjoying the feeling that President Eisgruber is about to get out the sorting hat. I'd never been to Princeton before and I arrived a day ago and had the opportunity to walk around and look at place and look at the town. And to call Princeton picturesque is to pay a compliment to the pictures of the world. Just walking down Nassau Street, the petrol stations looked like Edward Hopper paintings. I saw somebody taking their rubbish out and the rubbish was a sort of weathered orange crate broken up and a 1930's rusted fan and that was what they were putting out on the sidewalk. Even your trash is more beautiful.

So I'm supposed to stand here today and tell you that, you know, not to worry this wonderful environment that you've been in, that is indeed, you know, the envy of the world and the education that you've had, arguably, the envy of world and certainly the envy of Yale.

And I'm supposed to tell you that for the rest of your lives you're not going to be regretting the fact that you left here. All I can really say is that there is probably a reason twenty—five thousand alumni came back for the reunion this weekend. But at least you have that to look forward to. I was lucky enough to go to a university, University College London, that had a similarly impactful relationship with my life. That is to say I carry it with me everywhere I go. How important was it in my life? Well, my wife, Emma, who is here today, who is also my producer; we met on the first day of college. And we made our first feature film at UCL. So four kids, nine films, or nine kids, four films, I get confused. But lots of kids, lots of films later we're still carrying it with us as our experience.

Though, we were very sad to leave. We were sad at graduation. We were very melancholy as some of you will be. But we were ready to leave. We were ready to get out there. And we felt very much as if we had accumulated this sort of whole wheel of brie of knowledge. Of course, what I realized is that it's actually a Swiss cheese. And those gaps in there are the point. They're the important part because you're going to get out there and you're going to fill those gaps that you don't even know you had; those gaps in your knowledge. You're going to fill them with experience; some of it marvelous, some of it terrible. And you're going to learn that way. But what you have achieved here will see you through that. What you have achieved here, you haven't just learned a body of knowledge; you've learned how to learn. You've learned the value of learning. And I can say in all honesty, twenty years on I'm a much better student now than when I was in college. And I think the same will be true for most of you in truth.

You'll carry on learning. You'll carry on expanding. And most importantly, some of those gaps will be filled with the most precious thing of all; which is new thoughts, new ideas, things that are going to change the world. As a believer in the concept of inception, as believer in the idea that you can plant the seed of an idea that will grow into something more substantial over time, I do feel some responsibility to try and say something to you that will carry forward and might help you in some way.

So I thought back to the world of my graduation, when Emma and I were seating there twenty odd years ago and I thought about what were the problems of the world, what were the terrible things we faced. Racism, income inequality, warfare, I could go on but you know this list and the reason you know it is it's exactly the same today. And what that made think is well what have we been doing for the past twenty years, because if I'm going to give you any advice, I have to sort of take a bit of hard look about my generation' about what we have done.

And the truth is I think we have failed to address a lot of the fundamentals. Possibly for a good reason and that reason is I think we went out in the world believing that if we could connect with the world; if we could allow the free exchange of ideas across geographical boundaries, economics boundaries; if we could all talk these problems would go away. And unfortunately I think by now we have to acknowledge that we wrong. That's not the case. Communication is not everything. And so much of the resources; intellectual resources, financial resources; of my generation have gone into communication infrastructure and achieved wonderful things. But perhaps not as wonderful as we claim them to be. I mean barely a week goes by that I don't read some comparison between a new way of sharing videos or something and it's compared to the invention of the printing press. And you only have to say that aloud to realize how silly that is.

The long and the short of it is; well to give you an example, when I was flying out here I had an experience that I had with an increasing frequency. You get on an airplane, on a day flight, to take you across America and the shades are down because that they don't want the cabin to get too hot to save on air conditioning, good idea. Nobody lifts the shade as you take off. Nobody lifts the shade as you fly all the way across this amazing country. Nobody looks out the window. Everybody is there with their screen with whatever they are doing. I look out the window and people give me dirty looks because I'm interfering with the light on their screen. And not to imitate one of your previous class day speakers, Stephen Colbert, you can construe this as an insult to America, I mean we were flying over the Grand Canyon. I would go further than that. I would say it's an insult to reality.

Before I go any further, I have to acknowledge the irony that I am someone who made a film, half of which is set in a cabin of an airplane where people are dealing with realities within realities. So I've certainly had my part to play in this perhaps. But when you're flying in an airplane across this incredible country, you're enjoying one the great modern marvels; you're getting a perspective on America, on our landscape, on where we are, that no one's ever had before. And it speaks to the theme I want to introduce which is a respect for reality.

I feel that over the last couple of decades, I feel that over time, we started to view reality as the poor cousin to our dreams, in a sense. We've started to think of reality as this kind of gray pebble at the center of wonderful abstract thought that transcends it. And I want to make the case to you that our dreams, our virtual realities, these abstractions that we enjoy and surround ourselves with; they are subsets of reality. Inception had something to say about this. And I apologize to those of you who haven't seen because I'm about to spoil the ending of it for you. But at the end of the film, there's a spinning top, that's spinning, and if it falls or doesn't fall is the key idea. Is it a dream or is it reality? The way the end of that film worked, Leonardo Di Caprio's character Cobb; he was of with his kids, he was in his own subjective reality. He didn't care anymore, and that makes a statement. Perhaps, all levels of reality are equally valid. The camera moves of the spinning top just before the spinning top appears to be wobbling, it was cut to black.

I skip out of the back of the theater before people catch me, and there's a very, very strong reaction from the audience; usually a bit of a groan. But, the point is objectively, it matters to the audience in absolute terms; even though when I'm watching, it's fiction, a sort of virtual reality. But the question of whether that's a dream or whether it's real is the question I've been asked most about any of the films I've made. It matters to people enormously because that's the point about reality. Reality matters. It won't be transcended. We had a dream of being outside for this occasion; reality intervened and were in here.

We live in the real world and we deal in the real world. And I think what I was saying earlier about communications, it's time for something of a reframing. And it's something that you're generation could do that my generation can't. We are firmly imbedded in the belief that we have changed the world in all kinds of incredible ways and we have all kinds of ways of selling this to you, you know, we use fancy words likes disruption, which is essentially a form of a sort of economic nihilism where by you judge the value of a company by how much it can stop other companies from making money rather than what they can actually make themselves. That's there for those going into finance by the way. I'm trying to lay a little groundwork there. And we use words, slippery words, like algorithm. Okay, now when you hear someone use the word algorithm and they're not a mathematics professor or computer scientist, they're probably trying to obscure what it is they actually do; what they're company does. At the very least they're trying to evade any responsibility for what it is that they're company does or what it actually does. I would love for you to be suspicious of this.

I would love for you to look at fundamentals; what are we really doing in the world; what is the change that is being affected; how can we actually move the ball forward; progress in this way. Oscar Wilde once said, the old believe everything, the middle age suspect everything, the young know everything. You do know everything. I'm clearly in my suspicious phase and I love to impart some of that to you. I think there is an enormous amount of work to be done.

And in the great tradition of these speeches, I don't have to tell you how to do it. I just have to tell you that it's your problem now. And in the great tradition of these speeches, generally what happens is the speaker says something along the lines of "you need to chase your dreams." But I am not going to say that because I don't believe it. I don't want you to chase your dreams. I want you to chase your reality. I want you to understand that you chase your reality not at the expense of your dreams but as the foundation of your dreams. It's very very important that you take the elevated position that you have achieved over this four years, the advantages of what this fantastic education has conferred on you and you do everything you can with it, to improve the world, to improve reality. In whatever field you are going to go off to work in.

I think looking at fundamentals; looking at how people are really affected by what you do. I think you have limitless potential. And there's been a certain amount of talk about Batman. But nobody has pointed about the most important thing about Bruce Wayne which is, yes, he attended Princeton, but he didn't graduate. He didn't graduate so as of tomorrow, you are all already better than Batman! You do me a great honor by inviting me here to be a part of this very very important time in your lives. I'm so excited for you future. I'm so very grateful for inviting me here. And I wish you all the best tomorrow and indeed for the rest of your lives. Thank you very much.

Steve Jobs
Stanford University 2005.06.12

I am honored to be with you today at your commencement from one of the finest universities in the world. I never graduated from college. Truth be told, this is the closest I've ever gotten to a college graduation. Today I want to tell you three stories from my life. That's it. No big deal. Just three stories.

The first story is about connecting the dots.

I dropped out of Reed College after the first 6 months, but then stayed around as a drop-in for another 18 months or so before I really quit. So why did I drop out?

It started before I was born. My biological mother was a young, unwed college graduate student, and she decided to put me up for adoption. She felt very strongly that I should be adopted by college graduates, so everything was all set for me to be adopted at birth by a lawyer and his wife. Except that when I popped out they decided at the last minute that they really wanted a girl. So my parents, who were on a waiting list, got a call in the middle of the night asking: "We have an unexpected baby boy; do you want him?" They said: "Of course." My biological mother later found out that my mother had never graduated from college and that my father had never graduated from high school. She refused to sign the final adoption papers. She only relented a few months later when my parents promised that I would someday go to college.

And 17 years later I did go to college. But I naively chose a college that was almost as expensive as Stanford, and all of my working-class parents' savings were being spent on my college tuition. After six months, I couldn't see the value in it. I had no idea what I wanted to do with my life and no idea how college was going to help me figure it out. And here I was spending all of the money my parents had saved their entire life. So I decided to drop out and trust that it would all work out OK. It was pretty scary at the time, but looking back it was one of the best decisions I ever made. The minute I dropped out I could stop taking the required classes that didn't interest me, and begin dropping in on the ones that looked interesting.

It wasn't all romantic. I didn't have a dorm room, so I slept on the floor in friends' rooms, I returned coke bottles for the 5¢ deposits to buy food with, and I would walk the 7 miles across town every Sunday night to get one good meal a week at the Hare Krishna temple. I loved it. And much of what I stumbled into by following my curiosity and intuition turned out to be priceless later on. Let me give you one example:

Reed College at that time offered perhaps the best calligraphy instruction in the country. Throughout the campus every poster, every label on every drawer, was beautifully hand calligraphed. Because I had dropped out and didn't have to take the normal classes, I decided to take a calligraphy class to learn how to do this. I learned about serif and san serif typefaces, about varying the amount of space between different letter combinations, about what makes great typography great. It was beautiful, historical, artistically subtle in a way that science can't capture, and I found it fascinating.

None of this had even a hope of any practical application in my life. But ten years later, when we were designing the first Macintosh computer, it all came back to me. And we designed it all into the Mac. It was the first computer with beautiful typography. If I had never dropped in on that single course in college, the Mac would have never had multiple typefaces or proportionally spaced fonts. And since Windows just copied the Mac, it's likely that no personal computer would have them. If I had never dropped out, I would have never dropped in on this calligraphy class, and personal computers might not have the wonderful typography that they do. Of course it was impossible to connect the dots looking forward when I was in college. But it was very, very clear looking backwards ten years later.

Again, you can't connect the dots looking forward; you can only connect them looking backwards. So you have to trust that the dots will somehow connect in your future. You have to trust in something—your gut, destiny, life, karma, whatever. This approach has never let me down, and it has made all the difference in my life.

My second story is about love and loss.

I was lucky—I found what I loved to do early in life. Woz and I started Apple in my parents garage when I was 20. We worked hard, and in 10 years Apple had grown from just the two of us in a garage into a $2 billion company with over 4000 employees. We had just released our finest creation—the Macintosh—a year earlier, and I had just turned 30. And then I got fired. How can you get fired from a company you started? Well, as Apple grew we hired someone who I thought was very talented to run the company with me, and for the first year or so things went well. But then our visions of the future began to diverge and eventually we had a falling out. When we did, our Board of Directors sided with him. So at 30 I was out. And very publicly out. What had been the focus of my entire adult life was gone, and it was devastating.

I really didn't know what to do for a few months. I felt that I had let the previous generation of entrepreneurs down - that I had dropped the baton as it was being passed to me. I met with David Packard and Bob Noyce and tried to apologize for screwing up so badly. I was a very public failure, and I even thought about running away from the valley. But something slowly began to dawn on me—I still loved what I did. The turn of events at Apple had not changed that one bit. I had been rejected, but I was still in love. And so I decided to start over.

I didn't see it then, but it turned out that getting fired from Apple was the best thing that could have ever happened to me. The heaviness of being successful was replaced by the lightness of being a beginner again, less sure about everything. It freed me to enter one of the most creative periods of my life.

During the next five years, I started a company named NeXT, another company named Pixar, and fell in love with an amazing woman who would become my wife. Pixar went on to create the worlds first computer animated feature film, Toy Story, and is now the most successful animation studio in the world. In a remarkable turn of events, Apple bought NeXT, I returned to Apple, and the technology we developed at NeXT is at the heart of Apple's current renaissance. And Laurene and I have a wonderful family together.

I'm pretty sure none of this would have happened if I hadn't been fired from Apple. It was awful tasting medicine, but I guess the patient needed it. Sometimes life hits you in the head with a brick. Don't lose faith. I'm convinced that the only thing that kept me going was that I loved what I did. You've got to find what you love. And that is as true for your work as it is for your lovers. Your work is going to fill a large part of your life, and the only way to be truly satisfied is to do what you believe is great work. And the only way to do great work is to love what you do. If you haven't found it yet, keep looking. Don't settle. As with all matters of the heart, you'll know when you find it. And, like any great relationship, it just gets better and better as the years roll on. So keep looking until you find it. Don't settle.

My third story is about death.

When I was 17, I read a quote that went something like: "If you live each day as if it was your last, someday you'll most certainly be right." It made an impression on me, and since then, for the past 33 years, I have looked in the mirror every morning and asked myself: "If today were the last day of my life, would I want to do what I am about to do today?" And whenever the answer has been "No" for too many days in a row, I know I need to change something.

Remembering that I'll be dead soon is the most important tool I've ever encountered to help me make the big choices in life. Because almost everything—all external expectations, all pride, all fear of embarrassment or failure - these things just fall away in the face of death, leaving only what is truly important. Remembering that you are going to die is the best way I know to avoid the trap of thinking you have something to lose. You are already naked. There is no reason not to follow your heart.

About a year ago I was diagnosed with cancer. I had a scan at 7:30 in the morning, and it clearly showed a tumor on my pancreas. I didn't even know what a pancreas was. The doctors told me this was almost certainly a type of cancer that is incurable, and that I should expect to live no longer than three to six months. My doctor advised me to go home and get my affairs in order, which is doctor's code for prepare to die. It means to try to tell your kids everything you thought you'd have the next 10 years to tell them in just a few months. It means to make sure everything is buttoned up so that it will be as easy as possible for your family. It means to say your goodbyes.

I lived with that diagnosis all day. Later that evening I had a biopsy, where they stuck an endoscope down my throat, through my stomach and into my intestines, put a needle into my pancreas and got a few cells from the tumor. I was sedated, but my wife, who was there, told me that when they viewed the cells under a microscope the doctors started crying because it turned out to be a very rare form of pancreatic cancer that is curable with surgery. I had the surgery and I'm fine now.

This was the closest I've been to facing death, and I hope it's the closest I get for a few more decades. Having lived through it, I can now say this to you with a bit more certainty than when death was a useful but purely intellectual concept:

No one wants to die. Even people who want to go to heaven don't want to die to get there. And yet death is the destination we all share. No one has ever escaped it. And that is as it should be, because Death is very likely the single best invention of Life. It is Life's change agent. It clears out the old to make way for the new. Right now the new is you, but someday not too long from now, you will gradually become the old and be cleared away. Sorry to be so dramatic, but it is quite true.

Your time is limited, so don't waste it living someone else's life. Don't be trapped by dogma—which is living with the results of other people's thinking. Don't let the noise of others' opinions drown out your own inner voice. And most important, have the courage to follow your heart and intuition. They somehow already know what you truly want to become. Everything else is secondary.

When I was young, there was an amazing publication called The Whole Earth Catalog, which was one of the bibles of my generation. It was created by a fellow named Stewart Brand not far from here in Menlo Park, and he brought it to life with his poetic touch. This was in the late 1960's, before personal computers and desktop publishing, so it was all made with typewriters, scissors, and polaroid cameras. It was sort of like Google in paperback form, 35 years before Google came along: it was idealistic, and overflowing with neat tools and great notions.

Stewart and his team put out several issues of The Whole Earth Catalog, and then when it had run its course, they put out a final issue. It was the mid-1970s, and I was your age. On the back cover of their final issue was a photograph of an early morning country road, the kind you might find yourself hitchhiking on if you were so adventurous. Beneath it were the words: "Stay Hungry. Stay Foolish." It was their farewell message as they signed off. Stay Hungry. Stay Foolish. And I have always wished that for myself. And now, as you graduate to begin anew, I wish that for you.

Stay Hungry. Stay Foolish.

Thank you all very much.

Bill Gates
Harvard University 2007.06.07

President Bok, former President Rudenstine, incoming President Faust, members of the Harvard Corporation and the Board of Overseers, members of the faculty, parents, and especially, the graduates:

I've been waiting more than 30 years to say this: "Dad, I always told you I'd come back and get my degree." I want to thank Harvard for this timely honor. I'll be changing my job next year and it will be nice to finally have a college degree on my résumé.

I applaud the graduates today for taking a much more direct route to your degrees. For my part, I'm just happy that the Crimson has called me "Harvard's most successful dropout." I guess that makes me valedictorian of my own special class I did the best of everyone who failed.

But I also want to be recognized as the guy who got Steve Ballmer to drop out of business school. I'm a bad influence. That's why I was invited to speak at your graduation. If I had spoken at your orientation, fewer of you might be here today. Harvard was just a phenomenal experience for me. Academic life was fascinating. I used to sit in on lots of classes I hadn't even signed up for. And dorm life was terrific. I lived up at Radcliffe, in Currier House. There were always lots of people in my dorm room late at night discussing things, because everyone knew I didn't worry about getting up in the morning. That's how I came to be the leader of the antisocial group. We clung to each other as a way of validating our rejection of all those social people.

Radcliffe was a great place to live. There were more women up there, and most of the guys were science-math types. That combination offered me the best odds, if you know what I mean. This is where I learned the sad lesson that improving your odds doesn't guarantee success.

One of my biggest memories of Harvard came in January 1975, when I made a call from Currier House to a company in Albuquerque that had begun making the world's first personal computers. I offered to sell them software.

I worried that they would realize I was just a student in a dorm and hang up on me. Instead they said: "We're not quite ready, come see us in a month," which was a good thing, because we hadn't written the software yet. From that moment, I worked day and night on this little extra credit project that marked the end of my college education and the beginning of a remarkable journey with Microsoft.

What I remember above all about Harvard was being in the midst of so much energy and intelligence. It could be exhilarating, intimidating, sometimes even discouraging, but always challenging. It was an amazing privilege—and though I left early, I was transformed by my years at Harvard, the friendships I made, and the ideas I worked on.

But taking a serious look back, I do have one big regret. I left Harvard with no real awareness of the awful inequities in the world— the appalling disparities of health, and wealth, and opportunity that condemn millions of people to lives of despair. I learned a lot here at Harvard about new ideas in economics and politics. I got great exposure to the advances being made in the sciences.

But humanity's greatest advances are not in its discoveries—but in how those discoveries are applied to reduce inequity. Whether through democracy, strong public education, quality health care, or broad economic opportunity—reducing inequity is the highest human achievement.

I left campus knowing little about the millions of young people cheated out of educational opportunities here in this country. And I knew nothing about the millions of people living in unspeakable poverty and disease in developing countries.

It took me decades to find out.

You graduates came to Harvard at a different time. You know more about the world's inequities than the classes that came before. In your years here, I hope you've had a chance to think about how—in this age of accelerating technology—we can finally take on these inequities, and we can solve them.

Imagine, just for the sake of discussion, that you had a few hours a week and a few dollars a month to donate to a cause—and you wanted to spend that time and money where it would have the greatest impact in saving and improving lives. Where would you spend it?

For Melinda and for me, the challenge is the same: how can we do the most good for the greatest number with the resources we have.

During our discussions on this question, Melinda and I read an article about the millions of children who were dying every year in poor countries from diseases that we had long ago made harmless in this country. Measles, malaria, pneumonia, hepatitis B, yellow fever. One disease I had never even heard of, rotavirus, was killing half a million kids each year—none of them in the United States.

We were shocked. We had just assumed that if millions of children were dying and they could be saved, the world would make it a priority to discover and deliver the medicines to save them. But it did not. For under a dollar, there were interventions that could save lives that just weren't being delivered.

If you believe that every life has equal value, it's revolting to learn that some lives are seen as worth saving and others are not.

We said to ourselves: "This can't be true. But if it is true, it deserves to be the priority of our giving."

So we began our work in the same way anyone here would begin it. We asked: "How could the world let these children die?" The answer is simple, and harsh. The market did not reward saving the lives of these children, and governments did not subsidize it. So the children died because their mothers and their fathers had no power in the market and no voice in the system.

But you and I have both. We can make market forces work better for the poor if we can develop a more creative capitalism—if we can stretch the reach of market forces so that more people can make a profit, or at least make a living, serving people who are suffering from the worst inequities. We also can press governments around the world to spend taxpayer money in ways that better reflect the values of the people who pay the taxes.

If we can find approaches that meet the needs of the poor in ways that generate profits for business and votes for politicians, we will have found a sustainable way to reduce inequity in the world. This task is open-ended. It can never be finished. But a conscious effort to answer this challenge will change the world.

I am optimistic that we can do this, but I talk to skeptics who claim there is no hope. They say: "Inequity has been with us since the beginning, and will be with us till the end—because people just don't care." I completely disagree.

I believe we have more caring than we know what to do with. All of us here in this Yard, at one time or another, have seen human tragedies that broke our hearts, and yet we did nothing—not because we didn't care, but because we didn't know what to do. If we had known how to help, we would have acted.

The barrier to change is not too little caring; it is too much complexity. To turn caring into action, we need to see a problem, see a solution, and see the impact. But complexity blocks all three steps. Even with the advent of the Internet and 24-hour news, it is still a complex enterprise to get people to truly see the problems.

When an airplane crashes, officials immediately call a press conference. They promise to investigate, determine the cause, and prevent similar crashes in the future. But if the officials were brutally honest, they would say: "Of all the people in the world who died today from preventable causes, one half of one percent of them were on this plane. We're determined to do everything possible to solve the problem that took the lives of the one half of one percent."

The bigger problem is not the plane crash, but the millions of preventable deaths. We don't read much about these deaths. The media covers what's new—and millions of people dying is nothing new. So it stays in the background, where it's easier to ignore. But even when we do see it or read about it, it's difficult to keep our eyes on the problem. It's hard to look at suffering if the situation is so complex that we don't know how to help. And so we look away.

If we can really see a problem, which is the first step, we come to the second step: cutting through the complexity to find a solution.

Finding solutions is essential if we want to make the most of our caring. If we have clear and proven answers anytime an organization or individual asks "How can I help?," then we can get action—and we can make sure that none of the caring in the world is wasted. But complexity makes it hard to mark a path of action for everyone who cares—and that makes it hard for their caring to matter.

Cutting through complexity to find a solution runs through four predictable stages: determine a goal, find the highest-leverage approach, discover the ideal technology for that approach, and in the meantime, make the smartest application of the technology that you already have—whether it's something sophisticated, like a drug, or something simpler, like a bednet.

The AIDS epidemic offers an example. The broad goal, of course, is to end the disease. The highest-leverage approach is prevention. The ideal technology would be a vaccine that gives lifetime immunity with a single dose. So governments, drug
companies, and foundations fund vaccine research. But their work is likely to take more than a decade, so in the meantime, we have to work with what we have in hand—and the best prevention approach we have now is getting people to avoid risky behavior.

Pursuing that goal starts the four-step cycle again. This is the pattern. The crucial thing is to never stop thinking and working—and never do what we did with malaria and tuberculosis in the 20th century—which is to surrender to complexity and quit.

The final step—after seeing the problem and finding an approach—

is to measure the impact of your work and share your successes and failures so that others learn from your efforts. You have to have the statistics, of course. You have to be able to show that a program is vaccinating millions more children. You have to be able to show a decline in the number of children dying from these diseases. This is essential not just to improve the program, but also to help draw more investment from business and government.

But if you want to inspire people to participate, you have to show more than numbers; you have to convey the human impact of the work—so people can feel what saving a life means to the families affected. I remember going to Davos some years back and sitting on a global health panel that was discussing ways to save millions of lives. Millions! Think of the thrill of saving just one person's life—then multiply that by millions. Yet this was the most boring panel I've ever been on—ever. So boring even I couldn't bear it.

What made that experience especially striking was that I had just come from an event where we were introducing version 13 of some piece of software, and we had people jumping and shouting with excitement. I love getting people excited about software—but why can't we generate even more excitement for saving lives?

You can't get people excited unless you can help them see and feel the impact. And how you do that—is a complex question.

Still, I'm optimistic. Yes, inequity has been with us forever, but the new tools we have to cut through complexity have not been with us forever. They are new—they can help us make the most of our caring—and that's why the future can be different from the past.

The defining and ongoing innovations of this age—biotechnology, the computer, the Internet—give us a chance we've never had before to end extreme poverty and end death from preventable disease. Sixty years ago, George Marshall came to this commencement and announced a plan to assist the nations of post-war Europe. He said: "I think one difficulty is that the problem is one of such enormous complexity that the very mass of facts presented to the public by press and radio make it exceedingly difficult for the man in the street to reach a clear appraisement of the situation. It is virtually impossible at this distance to grasp at all the real significance of the situation."

Thirty years after Marshall made his address, as my class graduated without me, technology was emerging that would make the world smaller, more open, more visible, less distant. The emergence of low-cost personal computers gave rise to a powerful network that has transformed opportunities for learning and communicating.

The magical thing about this network is not just that it collapses distance and makes everyone your neighbor. It also dramatically increases the number of brilliant minds we can have working together on the same problem—and that scales up the rate of innovation to a staggering degree.

At the same time, for every person in the world who has access to this technology, five people don't. That means many creative minds are left out of this discussion—smart people with practical intelligence and relevant experience who don't have the technology to hone their talents or contribute their ideas to the world.

We need as many people as possible to have access to this technology, because these advances are triggering a revolution in what human beings can do for one another. They are making it possible not just for national governments, but for universities, corporations, smaller organizations, and even individuals to see problems, see approaches, and measure the impact of their efforts to address the hunger, poverty, and desperation George Marshall spoke of 60 years ago.

Members of the Harvard Family: Here in the Yard is one of the great collections of intellectual talent in the world.

What for?

There is no question that the faculty, the alumni, the students, and the benefactors of Harvard have used their power to improve the lives of people here and around the world. But can we do more? Can Harvard dedicate its intellect to improving the lives of people who will never even hear its name?

Let me make a request of the deans and the professors—the intellectual leaders here at Harvard: As you hire new faculty, award tenure, review curriculum, and determine degree requirements, please ask yourselves:

Should our best minds be dedicated to solving our biggest problems?

Should Harvard encourage its faculty to take on the world's worst inequities? Should Harvard students learn about the depth of global poverty... the prevalence of world hunger... the scarcity of clean water... the girls kept out of school... the children who die from diseases we can cure?

Should the world's most privileged people learn about the lives of the world's least privileged?

These are not rhetorical questions—you will answer with your policies.

My mother, who was filled with pride the day I was admitted here—never stopped pressing me to do more for others. A few days before my wedding, she hosted a bridal event, at which she read aloud a letter about marriage that she had written to Melinda. My mother was very ill with cancer at the time, but she saw one more opportunity to deliver her message, and at the close of the letter she said: "From those to whom much is given, much is expected."

When you consider what those of us here in this Yard have been given—in talent, privilege, and opportunity—there is almost no limit to what the world has a right to expect from us.

In line with the promise of this age, I want to exhort each of the graduates here to take on an issue—a complex problem, a deep inequity, and become a specialist on it. If you make it the focus of your career, that would be phenomenal. But you don't have to do that to make an impact. For a few hours every week, you can use the growing power of the Internet to get informed, find others with the same interests, see the barriers, and find ways to cut through them.

Don't let complexity stop you. Be activists. Take on the big inequities. It will be one of the great experiences of your lives. You graduates are coming of age in an amazing time. As you leave Harvard, you have technology that members of my class never had. You have awareness of global inequity, which we did not have. And with that awareness, you likely also have an informed conscience that will torment you if you abandon these people whose lives you could change with very little effort. You have more than we had; you must start sooner, and carry on longer.

Knowing what you know, how could you not?

And I hope you will come back here to Harvard 30 years from now and reflect on what you have done with your talent and your energy. I hope you will judge yourselves not on your professional accomplishments alone, but also on how well you have addressed the world's deepest inequities, on how well you treated people a world away who have nothing in common with you but their humanity. Good luck.

Joan Rowling
Harvard University 2008.06.05

President Faust, members of the Harvard Corporation and the Board of Overseers, members of the faculty, proud parents, and, above all, graduates.

The first thing I would like to say is 'thank you.' Not only has Harvard given me an extraordinary honour, but the weeks of fear and nausea I have endured at the thought of giving this commencement address have made me lose weight. A win-win situation! Now all I have to do is take deep breaths, squint at the red banners and convince myself that I am at the world's largest Gryffindor reunion.

Delivering a commencement address is a great responsibility; or so I thought until I cast my mind back to my own graduation. The commencement speaker that day was the distinguished British philosopher Baroness Mary Warnock. Reflecting on her speech has helped me enormously in writing this one, because it turns out that I can't remember a single word she said. This liberating discovery enables me to proceed without any fear that I might inadvertently influence you to abandon promising careers in business, the law or politics for the giddy delights of becoming a gay wizard.

You see? If all you remember in years to come is the 'gay wizard' joke, I've come out ahead of Baroness Mary Warnock. Achievable goals: the first step to self improvement.

Actually, I have wracked my mind and heart for what I ought to say to you today. I have asked myself what I wish I had known at my own graduation, and what important lessons I have learned in the 21 years that have expired between that day and this.

I have come up with two answers. On this wonderful day when we are gathered together to celebrate your academic success, I have decided to talk to you about the benefits of failure. And as you stand on the threshold of what is sometimes called 'real life', I want to extol the crucial importance of imagination.

These may seem quixotic or paradoxical choices, but please bear with me.

Looking back at the 21-year-old that I was at graduation, is a slightly uncomfortable experience for the 42-year-old that she has become. Half my lifetime ago, I was striking an uneasy balance between the ambition I had for myself, and what those closest to me expected of me.

I was convinced that the only thing I wanted to do, ever, was to write novels. However, my parents, both of whom came from impoverished backgrounds and neither of whom had been to college, took the view that my overactive imagination was an amusing personal quirk that would never pay a mortgage, or secure a pension. I know that the irony strikes with the force of a cartoon anvil, now.

So they hoped that I would take a vocational degree; I wanted to study English Literature. A compromise was reached that in retrospect satisfied nobody, and I went up to study Modern Languages. Hardly had my parents' car rounded the corner at the end of the road than I ditched German and scuttled off down the Classics corridor.

I cannot remember telling my parents that I was studying Classics; they might well have found out for the first time on graduation day. Of all the subjects on this planet, I think they would have been hard put to name one less useful than Greek mythology when it came to securing the keys to an executive bathroom.

I would like to make it clear, in parenthesis, that I do not blame my parents for their point of view. There is an expiry date on blaming your parents for steering you in the wrong direction; the moment you are old enough to take the wheel, responsibility lies with you. What is more, I cannot criticise my parents for hoping that I would never experience poverty. They had been poor themselves, and I have since been poor, and I quite agree with them that it is not an ennobling experience. Poverty entails fear, and stress, and sometimes depression; it means a thousand petty humiliations and hardships. Climbing out of poverty by your own efforts, that is indeed something on which to pride yourself, but poverty itself is romanticised only by fools.

What I feared most for myself at your age was not poverty, but failure.

At your age, in spite of a distinct lack of motivation at university, where I had spent far too long in the coffee bar writing stories, and far too little time at lectures, I had a knack for passing examinations, and that, for years, had been the measure of success in my life and that of my peers.

I am not dull enough to suppose that because you are young, gifted and well-educated, you have never known hardship or heartbreak. Talent and intelligence never yet inoculated anyone against the caprice of the Fates, and I do not for a moment suppose that everyone here has enjoyed an existence of unruffled privilege and contentment.

However, the fact that you are graduating from Harvard suggests that you are not very well-acquainted with failure. You might be driven by a fear of failure quite as much as a desire for success. Indeed, your conception of failure might not be too far from the average person's idea of success, so high have you already flown.

Ultimately, we all have to decide for ourselves what constitutes failure, but the world is quite eager to give you a set of criteria if you let it. So I think it fair to say that by any conventional measure, a mere seven years after my graduation day, I had failed on an epic scale. An exceptionally short-lived marriage had imploded, and I was jobless, a lone parent, and as poor as it is possible to be in modern Britain, without being homeless. The fears that my parents had had for me, and that I had had for myself, had both come to pass, and by every usual standard, I was the biggest failure I knew.

Now, I am not going to stand here and tell you that failure is fun. That period of my life was a dark one, and I had no idea that there was going to be what the press has since represented as a kind of fairy tale resolution. I had no idea then how far the tunnel extended, and for a long time, any light at the end of it was a hope rather than a reality.

So why do I talk about the benefits of failure? Simply because failure meant a stripping away of the inessential. I stopped pretending to myself that I was anything other than what I was, and began to direct all my energy into finishing the only work that mattered to me. Had I really succeeded at anything else, I might never have found the determination to succeed in the one arena I believed I truly belonged. I was set free, because my greatest fear had been realised, and I was still alive, and I still had a daughter whom I adored, and I had an old typewriter and a big idea. And so rock bottom became the solid foundation on which I rebuilt my life.

You might never fail on the scale I did, but some failure in life is inevitable. It is impossible to live without failing at something, unless you live so cautiously that you might as well not have lived at all ? in which case, you fail by default.

Failure gave me an inner security that I had never attained by passing examinations. Failure taught me things about myself that I could have learned no other way. I discovered that I had a strong will, and more discipline than I had suspected; I also found out that I had friends whose value was truly above the price of rubies.

The knowledge that you have emerged wiser and stronger from setbacks means that you are, ever after, secure in your ability to survive. You will never truly know yourself, or the strength of your relationships, until both have been tested by adversity. Such knowledge is a true gift, for all that it is painfully won, and it has been worth more than any qualification I ever earned.

So given a Time Turner, I would tell my 21—year—old self that personal happiness lies in knowing that life is not a check-list of acquisition or achievement. Your qualifications, your CV, are not your life, though you will meet many people of my age and older who confuse the two. Life is difficult, and complicated, and beyond anyone's total control, and the humility to know that will enable you to survive its vicissitudes.

Now you might think that I chose my second theme, the importance of imagination, because of the part it played in rebuilding my life, but that is not wholly so. Though I personally will defend the value of bedtime stories to my last gasp, I have learned to value imagination in a much broader sense. Imagination is not only the uniquely human capacity to envision that which is not, and therefore the fount of all invention and innovation. In its arguably most transformative and revelatory capacity, it is the power that enables us to empathise with humans whose experiences we have never shared.

One of the greatest formative experiences of my life preceded Harry Potter, though it informed much of what I subsequently wrote in those books. This revelation came in the form of one of my earliest day jobs. Though I was sloping off to write stories during my lunch hours, I paid the rent in my early 20s by working at the African research department at Amnesty International's headquarters in London.

There in my little office I read hastily scribbled letters smuggled out of totalitarian regimes by men and women who were risking imprisonment to inform the outside world of what was happening to them. I saw photographs of those who had disappeared without trace, sent to Amnesty by their desperate families and friends. I read the testimony of torture victims and saw pictures of their injuries. I opened handwritten, eye-witness accounts of summary trials and executions, of kidnappings and rapes.

Many of my co-workers were ex-political prisoners, people who had been displaced from their homes, or fled into exile, because they had the temerity to speak against their governments. Visitors to our offices included those who had come to give information, or to try and find out what had happened to those they had left behind.

I shall never forget the African torture victim, a young man no older than I was at the time, who had become mentally ill after all he had endured in his homeland. He trembled uncontrollably as he spoke into a video camera about the brutality inflicted upon him. He was a foot taller than I was, and seemed as fragile as a child. I was given the job of escorting him back to the Underground Station afterwards, and this man whose life had been shattered by cruelty took my hand with exquisite courtesy, and wished me future happiness.

And as long as I live I shall remember walking along an empty corridor and suddenly hearing, from behind a closed door, a scream of pain and horror such as I have never heard since. The door opened, and the researcher poked out her head and told me to run and make a hot drink for the young man sitting with her. She had just had to give him the news that in retaliation for his own outspokenness against his country's regime, his mother had been seized and executed.

Every day of my working week in my early 20s I was reminded how incredibly fortunate I was, to live in a country with a democratically elected government, where legal representation and a public trial were the rights of everyone.

Every day, I saw more evidence about the evils humankind will inflict on their fellow humans, to gain or maintain power. I began to have nightmares, literal nightmares, about some of the things I saw, heard, and read.

And yet I also learned more about human goodness at Amnesty International than I had ever known before.

Amnesty mobilises thousands of people who have never been tortured or imprisoned for their beliefs to act on behalf of those who have. The power of human empathy, leading to collective action, saves lives, and frees prisoners. Ordinary people, whose personal well-being and security are assured, join together in huge numbers to save people they do not know, and will never meet. My small participation in that process was one of the most humbling and inspiring experiences of my life.

Unlike any other creature on this planet, humans can learn and understand, without having experienced. They can think themselves into other people's places.

Of course, this is a power, like my brand of fictional magic, that is morally neutral. One might use such an ability to manipulate, or control, just as much as to understand or sympathise.

And many prefer not to exercise their imaginations at all. They choose to remain comfortably within the bounds of their own experience, never troubling to wonder how it would feel to have been born other than they are. They can refuse to hear screams or to peer inside cages; they can close their minds and hearts to any suffering that does not touch them personally; they can refuse to know.

I might be tempted to envy people who can live that way, except that I do not think they have any fewer nightmares than I do. Choosing to live in narrow spaces leads to a form of mental agoraphobia, and that brings its own terrors. I think the wilfully unimaginative see more monsters. They are often more afraid.

What is more, those who choose not to empathise enable real monsters. For without ever committing an act of outright evil ourselves, we collude with it, through our own apathy.

One of the many things I learned at the end of that Classics corridor down which I ventured at the age of 18, in search of something I could not then define, was this, written by the Greek author Plutarch: What we achieve inwardly will change outer reality.

That is an astonishing statement and yet proven a thousand times every day of our lives. It expresses, in part, our inescapable connection with the outside world, the fact that we touch other people's lives simply by existing.

But how much more are you, Harvard graduates of 2008, likely to touch other people's lives? Your intelligence, your capacity for hard work, the education you have earned and received, give you unique status, and unique responsibilities. Even your nationality sets you apart. The great majority of you belong to the world's only remaining superpower. The way you vote, the way you live, the way you protest, the pressure you bring to bear on your government, has an impact way beyond your borders. That is your privilege, and your burden.

If you choose to use your status and influence to raise your voice on behalf of those who have no voice; if you choose to identify not only with the powerful, but with the powerless; if you retain the ability to imagine yourself into the lives of those who do not have your advantages, then it will not only be your proud families who celebrate your existence, but thousands and millions of people whose reality you have helped change. We do not need magic to change the world, we carry all the power we need inside ourselves already: we have the power to imagine better.

I am nearly finished. I have one last hope for you, which is something that I already had at 21. The friends with whom I sat on graduation day have been my friends for life. They are my children's godparents, the people to whom I've been able to turn in times of trouble, people who have been kind enough not to sue me when I took their names for Death Eaters. At our graduation we were bound by enormous affection, by our shared experience of a time that could never come again, and, of course, by the knowledge that we held certain photographic evidence that would be exceptionally valuable if any of us ran for Prime Minister.

So today, I wish you nothing better than similar friendships. And tomorrow, I hope that even if you remember not a single word of mine, you remember those of Seneca, another of those old Romans I met when I fled down the Classics corridor, in retreat from career ladders, in search of ancient wisdom:

As is a tale, so is life: not how long it is, but how good it is, is what matters.

I wish you all very good lives.

Thank you very much.

Jeff Bezos
Princeton 2010.05.30

As a kid, I spent my summers with my grandparents on their ranch in Texas. I helped fix windmills, vaccinate cattle, and do other chores. We also watched soap operas every afternoon, especially "Days of our Lives." My grandparents belonged to a Caravan Club, a group of Airstream trailer owners who travel together around the U.S. and Canada. And every few summers, we'd join the caravan. We'd hitch up the Airstream to my grandfather's car, and off we'd go, in a line with 300 other Airstream adventurers. I loved and worshipped my grandparents and I really looked forward to these trips. On one particular trip, I was about 10 years old. I was rolling around in the big bench seat in the back of the car. My grandfather was driving. And my grandmother had the passenger seat. She smoked throughout these trips, and I hated the smell.

At that age, I'd take any excuse to make estimates and do minor arithmetic. I'd calculate our gas mileage—figure out useless statistics on things like grocery spending. I'd been hearing an ad campaign about smoking. I can't remember the details, but basically the ad said, every puff of a cigarette takes some number of minutes off of your life: I think it might have been two minutes per puff. At any rate, I decided to do the math for my grandmother. I estimated the number of cigarettes per days, estimated the number of puffs per cigarette and so on. When I was satisfied that I'd come up with a reasonable number, I poked my head into the front of the car, tapped my grandmother on the shoulder, and proudly proclaimed, "At two minutes per puff, you've taken nine years off your life!"

I have a very vivid memory of what happened next, and it was not what I expected. I expected to be applauded for my cleverness and arithmetic skills. "Jeff, you're so smart. You had to have made some tricky estimates, figure out the number of minutes in a year and do some division." That's not what happened. Instead, my grandmother burst into tears. I sat in the backseat and did not know what to do. While my grandmother was crying, my grandfather, who had been driving in silence, pulled over onto the shoulder of the highway. He got out of the car and came around and opened my door and waited for me to follow. Was I in trouble? My grandfather was a highly intelligent, quiet man. He had never said a harsh word to me, and maybe this was to be the first time? Or maybe he would ask that I get back in the car and apologize to my grandmother. I had no experience in this realm with my grandparents and no way to gauge what the consequences might be. We stopped beside the trailer. My grandfather looked at me, and after a bit of silence, he gently and calmly said, "Jeff, one day you'll understand that it's harder to be kind than clever."

What I want to talk to you about today is the difference between gifts and choices. Cleverness is a gift, kindness is a choice. Gifts are easy—they're given after all. Choices can be hard. You can seduce yourself with your gifts if you're not careful, and if you do, it'll probably be to the detriment of your choices.

This is a group with many gifts. I'm sure one of your gifts is the gift of a smart and capable brain. I'm confident that's the case because admission is competitive and if there weren't some signs that you're clever, the dean of admission wouldn't have let you in.

Your smarts will come in handy because you will travel in a land of marvels. We humans—plodding as we are—will astonish ourselves. We'll invent ways to generate clean energy and a lot of it. Atom by atom, we'll assemble small machines that will enter cell walls and make repairs. This month comes the extraordinary but also inevitable news that we've synthesized life. In the coming years, we'll not only synthesize it, but we'll engineer it to specifications. I believe you'll even see us understand the human brain. Jules Verne, Mark Twain, Galileo, Newton—all the curious from the ages would have wanted to be alive most of all right now. As a civilization, we will have so many gifts, just as you as individuals have so many individual gifts as you sit before me.

How will you use these gifts? And will you take pride in your gifts or pride in your choices?

I got the idea to start Amazon 16 years ago. I came across the fact that Web usage was growing at 2,300 percent per year. I'd never seen or heard of anything that grew that fast, and the idea of building an online bookstore with millions of titles—something that simply couldn't exist in the physical world—was very exciting to me. I had just turned 30 years old, and I'd been married for a year. I told my wife Mackenzie that I wanted to quit my job and go do this crazy thing that probably wouldn't work since most startups don't, and I wasn't sure what would happen after that. Mackenzie (also a Princeton grad and sitting here in the second row) told me I should go for it. As a young boy, I'd been a garage inventor. I'd invented an automatic gate closer out of cement-filled tires, a solar cooker that didn't work very well out of an umbrella and aluminium foil, baking-pan alarms to entrap my siblings. I'd always wanted to be an inventor, and she wanted me to follow my passion.

I was working at a financial firm in New York City with a bunch of very smart people, and I had a brilliant boss that I much admired. I went to my boss and told him I wanted to start a company selling books on the Internet. He took me on a long walk in Central Park, listened carefully to me, and finally said, "That sounds like a really good idea, but it would be an even better idea for someone who didn't already have a good job." That logic made some sense to me, and he convinced me to think about it for 48 hours before making a final decision. Seen in that light, it really was a difficult choice, but ultimately, I decided I had to give it a shot. I didn't think I'd regret trying and failing. And I suspected I would always be haunted by a decision to not try at all. After much consideration, I took the less safe path to follow my passion, and I'm proud of that choice.

Tomorrow, in a very real sense, your life—the life you author from scratch on your own—begins.

How will you use your gifts? What choices will you make?

Will inertia be your guide, or will you follow your passions?

Will you follow dogma, or will you be original?

Will you choose a life of ease, or a life of service and adventure?

Will you wilt under criticism, or will you follow your convictions?

Will you bluff it out when you're wrong, or will you apologize?

Will you guard your heart against rejection, or will you act when you fall in love?

Will you play it safe, or will you be a little bit swashbuckling?

When it's tough, will you give up, or will you be relentless?

Will you be a cynic, or will you be a builder?

Will you be clever at the expense of others, or will you be kind?

I will hazard a prediction. When you are 80 years old, and in a quiet moment of reflection narrating for only yourself the most personal version of your life story, the telling that will be most compact and meaningful will be the series of choices you have made. In the end, we are our choices. Build yourself a great story. Thank you and good luck!

Sheryl Sandberg
清华大学 **2015.06.27**

I am honored to be here today to address Dean Yingyi Qian, Tsinghua University School of Economics and Management's distinguished faculty, proud family members, supportive friends, and most importantly, the class of 2015. Unlike my boss, Mark Zuckerberg, I do not speak Chinese. For that I apologize. But he did ask me to pass along this message—zhuhe. I am thrilled to be here to congratulate this magnificent class on your graduation.

When Dean Qian invited me to speak today, I thought, come talk to a group of people way younger and cooler than I am? I can do that. I do that every day at Facebook, since Mark is 15 years younger than I am and many of our employees are more his contemporaries than mine. I like being surrounded by young people, except when they say to me, "What was it like being at university without a mobile phone?" or worse, "Sheryl, can you come here? We need to see what old people think of this feature."

I graduated from college in 1991 and business school in 1995. This was not that long ago. But I can tell you: the world has changed an awful lot in just 25 years. My business school class tried to have our school's first online class. We had to pass out a list of screen names because it was unthinkable to put your real name on the internet. And it did not work because the system kept crashing—it just wasn't possible for 90 people to communicate at once online.

But for a few brief moments in between crashes, we glimpsed the future—a future where technology would connect us to our colleagues, our relatives, our friends. The world we live in today is one I could not have imagined when I was sitting where you are. And 25 years from now, you will have helped shape your generation's world.

As graduates of Tsinghua, you will be leaders not just in China, but globally. China is a world leader in terms of educational attainment and economic growth. It is not just political and business leaders that recognize the importance of China. Many American parents realize it as well; the hardest schools to get into in the San Francisco Bay area where I live are those that teach Chinese.

But the fact is countries don't lead: People lead.

As you graduate today, you start your path toward leadership. What kind of leader will you be? How much impact on others will you have? What will be your mark on the world?

At Facebook, we have posters on our walls to remind us to think big—to challenge ourselves to do more each and every day. There are important leadership lessons reflected in these posters—and today, I want to cover four of them that I think can be meaningful for you.

First, FORTUNE FAVORS THE BOLD.

Facebook exists because Mark believed that the world would be a better place if people could use technology to connect as individuals. He believed it so much that he dropped out of Harvard College to pursue that mission and he fought to hold onto it over the years. What Mark did was not lucky. It was bold.

It's unusual to find your passion as early as Mark. It took me far longer to figure out what I wanted to do. When I was sitting in a graduation robe, I could not have considered a job at Facebook because the internet did not exist—and Mark was only 11 years old. I thought I would only ever work for the government or a philanthropic organization because I believed these institutions made the world a better place while companies only worked towards profits. But when I was working at the US Treasury Department, I saw from afar how much impact technology companies were having on the world and I changed my mind. So when my government job ended, I decided to move to Silicon Valley.

In retrospect, this seems like a shrewd move. But in 2001, it was questionable at best. The tech bubble had burst. Large companies were doing massive layoffs and small companies were going out of business. I gave myself four months to find a job. It took almost a year. In one of my first interviews, a tech company CEO said to me, "I took this meeting as a favor to a friend but I would never hire someone like you—people from the government can't work in technology."

Eventually I persuaded someone to hire me, and fourteen years later, I still love working in tech. It was not my original plan but I got there—eventually.

I hope if you find yourself on one path but longing for something else, you find a way to get there. And if that isn't right, try again. Try until you find something that stirs your passion, a job that matters to you and matters to others. It's a luxury to combine passion and contribution. It's also a clear path to happiness.

Second, FEEDBACK IS A GIFT.

At Facebook, I knew that the most important determinant of my performance would be my relationship with Mark. When I joined, I asked Mark for a commitment that he would give me feedback every week so that anything that bothered him would be aired and discussed quickly. Mark not only said yes but immediately added that he wanted it to be reciprocal. For the first few years, we stuck to this routine and met every Friday afternoon to voice concerns big and small. As the years went by, sharing honest reactions became part of our relationship and we now do so in real time rather than waiting for the end of the week.

Getting feedback from your boss is one thing, but it's every bit as important to get feedback from those who work for you. This is not an easy thing to do as employees are often eager to please those above them and don't want to criticize or question their higher-ups.

One of my favorite examples of this comes from Wall Street. In 1990, Bob Rubin became the CEO of Goldman Sachs. At the end of his first week, he looked at Goldman's books and noticed large investments in gold. He asked someone why . The answer? "That was you, sir." "Me?" he replied. Apparently, the day before he had been walking around on the trading floor and he commented to someone that "gold looks interesting." This got repeated as "Rubin likes gold" and someone spent hundreds of millions of dollars to make the new boss happy.

On a smaller scale, I have faced a similar challenge. When I joined Facebook, one of my tasks was to build the business side of the company—but without destroying the engineering-driven culture that made Facebook great. So one of the things I tried to do was discourage people from doing formal PowerPoint presentations for meetings with me. At first, I asked nicely. Everyone ignored me and kept doing their presentations. So about two years in, I said, "OK, I usually hate rules but I now have a rule: no more PowerPoint in my meetings."

About a month later I was about to address our global sales team, when someone said to me, "Before you get on that stage, you really should know everyone's pretty upset about the no PowerPoint with clients thing." I was shocked. I had never banned these presentations for clients! I just did not want them in meetings with me. How could we present to our clients without PowerPoint? So I got on the stage and said, "One, I meant no PowerPoint with me. And two, next time you hear a bad idea—like not doing proper client presentations—speak up. Even if you think it is what I have asked for, tell me I am wrong!"

A good leader recognizes that most employees won't feel comfortable challenging authority, so it falls upon authority to solicit feedback. I learned from my PowerPoint mistake. I now ask my colleagues "What could I do better?" And I always thank the person who has the guts to answer me honestly, often by praising them publicly. I firmly believe that you lead best when you walk side-by-side with your colleagues. When you don't just talk but you also listen.

Third, NOTHING IS SOMEONE ELSE'S PROBLEM.

When I started my career, I observed people in leadership roles and thought, "They're so lucky. They have so much control." So imagine my surprise when I took a course in business school on leadership and was told that as you get more senior, you are more dependent on other people. At the time, I thought my professors were wrong.

They were right. I am dependent on my sales team...not the other way around. If they fall short, it is my mistake. As a leader, what I can accomplish is not just what I can do myself but what everyone on my team does.

Companies in every country operate in ways that are right for their cultures. But I believe that there are some principles of leadership that are universal—and one of those is that it is better to inspire than to direct. Yes, people will do what their bosses tell them to do in most organizations. But great leaders do not just want to secure compliance.

They want to elicit genuine enthusiasm, complete trust, and real dedication. They don't just win the minds of their teams, they win their hearts. If they believe in your organization's mission and they believe in you, they will not only do their daily tasks well, but they will do them with true passion.

No one won more hearts than my beloved husband Dave Goldberg who passed away suddenly two months ago. Dave was a truly inspiring leader. He was kind. He was generous. He was thoughtful. He raised the level of performance of everyone around him. He did it as CEO of SurveyMonkey, an amazing company that he helped build. He did it for me and for our children.

A friend of ours named Bill Gurley, a leading venture capitalist in Silicon Valley, wrote a post where he urged others to "Be Like Dave." Bill wrote, "Dave showed us all exactly what being a great human being looks like… But it was never frustrating because Dave's greatness was not competitive or threatening, it was gentle, inspirational, and egoless. He was the quintessential standard for the notion of leading by example."

Harvard Business School Professor Frances Frei has said "Leadership is about making others better as a result of your presence and making sure that impact lasts in your absence." Like Dave, you can do this for others over the course of your career.

Fourth, LEAN IN.

As the Chinese proverb holds—"women hold up half the sky." This is quoted all over the world and women have a special role in China's history and present.

When the world has gathered to discuss the status and advancement of women, we've done it here in Beijing. In 1995, the Beijing Declaration and Platform for Action—which called for women's full and equal participation in life and decision-making—was adopted by 189 governments. Last year, on the 20th anniversary of that historic declaration, leaders again gathered here to mobilize around what has become known as the promise of Beijing: equality for women and men.

Yet while we all acknowledge the importance and strength of

women, when we look at leadership roles in every country, they are overwhelmingly held by men. In almost every country in the world —including the United States and China—less than 6% of the top companies are run by women. Women hold fewer leadership roles in every industry. This means that when it comes to making the decisions that affect all us, women's voices are not heard equally.

There are many reasons for the gender leadership gap—outright discrimination, greater responsibilities at home, a lack of flexibility in the workplace, and importantly, our stereotypical expectations. While cultures differ all over the globe, our stereotypes of men and women are remarkably similar. Although the status of women is changing and evolving in China and many parts of the world, traditional expectations and stereotypes linger. To this day, in the US, in China, and everywhere, men are expected to lead, be assertive, succeed. Women are expected to share, be communal, acquiesce to others. We expect leadership from boys and men. But when a little girl leads, we call her "bossy" in English, or qiang shi in Chinese.

Other social barriers also hold women back. Women are often excluded from professional networks—like Guanxi—and both formal and informal socializing that is critical for job advancement. This is also true in the United States, where men often chose to mentor other men instead of women.

I believe that the world would be a better place if men ran half our homes and women ran half our institutions—and the good news is that we can change the stereotypes and get to real equality. We can support women who lead in the workforce. We can find more balance in the home by fathers helping mothers with housekeeping and childrearing; more equal marriages are happier and more active fathers raise more successful children. We can walk up to someone who calls a little girl "bossy," and say instead, "That little girl is not bossy. That little girl has executive leadership skills."

And I want to make this very clear—equality is not just good for women. It's good for everyone. Female participation in the workforce is a major driver of economic growth. Companies that recognize the full talents of the entire population outperform those that do not.

AliBaba CEO Jack Ma, who stood here last year, has said that "one of the secret sauces for Alibaba's success is that we have a lot of women… without women, there would be no Alibaba." Women hold 40 percent of all jobs at Alibaba and 35 percent of senior positions—far more than most companies anywhere in the world.

Great leaders don't just develop people like them, they develop everyone. If you want to be a great leader, you will develop the women —as well as the men—at your companies and on your teams.

Our peers can help us develop, too. When Lean In was published in 2013, we launched LeanIn.org, a nonprofit with a mission to empower all women to achieve their ambitions. LeanIn.Org helps form Lean In Circles, small peer groups who met regularly to share and learn together. There are now over 23,000 circles in more than 100 countries.

The first international Lean In Circle I ever met with was in Beijing—a group of young professional women who gathered to support each other's professional ambitions and challenge the idea of "shengnu," leftover women. In the past 2 years, they have built a network of Circles throughout China from working professionals to university students—women and men who come together to support equality. One of these Circles is at Tsinghua, and I met with them earlier this morning. I was inspired by their passion for their studies and their careers. As one member told me, "it was when I first joined Lean In Tsinghua that I began to fully understand the Chinese proverb, A just cause enjoys abundant support."

I believe your generation will do a better job than mine at fixing the problem of gender inequality. So we turn to you. You are the promise for a more equal world.

Today is a day of celebration. A day to celebrate your accomplishments, the hard work that brought you to this moment.

This is a day of gratitude. A day to thank the people who helped you get here—the people who nurtured you, taught you, cheered you on and dried your tears. Today is a day of reflection. A day to think about what kind of leader you want to be.

I believe that you are the future leaders, not only of China but of the world. And for each of you, I wish four things:

1. That you are bold and have good fortune. Fortune favors the bold.
2. That you give and get the feedback you need. Feedback is a gift.
3. That you empower everyone. Nothing is somebody else's problem.
4. That you support equality. Lean In!

Congratulations!

Arianna Huffington
Sarah Lawrence College 2011.05.20

President Lawrence, Board of Trustees, members of the faculty—proud parents, family, and friends, and above all the graduating class of 2011, I'm deeply honored and grateful that you have invited me to be a part of such a seminal moment in your lives. The fact that I have two daughters in college—one a senior next year, the other a sophomore—makes this all the more meaningful for me.

This is the most magical, incredible place. I was here last night for dinner at the president's beautiful home, and I met an alum who had been here together with her mother—at the same time! No, they did not share a room. I met a trustee who is a second generation man in this college. I met a student graduating today who is leaving for Paris and has already written her memoir. There were surprises around every corner, and as you can imagine, I did not want to leave.

You are very lucky to have President Lawrence, a James Joyce scholar, at the helm of your school. Actually, it's a little known fact that my original idea when I launched The Huffington Post in 2005 was to call it Huffington's Wake. It was going to be full of puns and allusions to Greek mythology. And it was going to have a blog by Leopold Bloom and Stephen Daedalus. Nobody was actually going to read it, but everyone was going to pretend to have read it.

So you made it! Congratulations! And I know it doesn't matter, and it's not as important as everything else, but you look amazing!

If you look at the world you are graduating into, it's a split screen world. And depending on what part of the screen you are looking at, you will have a dramatically different perception of what the world looks like and it will alter everything you think about the present—and especially about the future.

On one half of the screen: the old world is exploding in a pre-scientific, almost medieval eruption of irrationality and anger, where nothing can be known for certain, facts don't matter, and truth can be nullified by assertion.

It's a world in which the head of the IMF, who was on course to become president of France, is arrested on charges of attempted rape; a world in which the former governor of California had to admit to having a child with his housekeeper ten years ago. (As an aside, don't these stories make you long for more women leaders? When was the last time a woman leader was accused of rape?)

It's also a world in which we have 70 percent of people in this country who think we are on the wrong track. In which the American Dream is fading, with almost 25 million Americans unemployed or underemployed. And in which for the first time, total outstanding student loan debt will be higher than total credit card debt—going over $1 trillion. And the percentage of young adults moving back in with mom and dad has jumped to a staggering 34 percent.

And it's also a world in which we have senators and presidential candidates who don't believe in evolution and who think that global warming is a myth, a world in which politicians don't just have their own set of ideas but their own set of facts.

But there is another world, and that's the world you're creating. While the media are obsessing over Donald Trump's presidential run or Kim Kardashian's latest boyfriend, your generation is busy creating another world. On this part of the split screen there is an explosion of creativity, innovation, empathy, and compassion. You are the most connected and engaged generation in history. And you are asking the big questions and contemplating the cosmic riddles about why we're here and what life is really about.

In the 1990s I wrote a book called The Fourth Instinct, which explored the instinct that takes us beyond our first three—our impulses for survival, sex, and power—and drives us to expand the boundaries of our caring to include our communities and the world around us. That instinct is just as vital as the other three but we rarely give it the same kind of attention.

Which is unfortunate because these days—and especially since the economic meltdown—the role empathy plays in our lives has only grown more important. In fact, in this time of economic hardship, political instability, and rapid technological change, empathy is the one quality we most need if we're going to survive and flourish in the 21st century.

Just before he died, Jonas Salk defined the transition we're in as moving from Epoch A (based on survival and competition) to Epoch B (based on collaboration and meaning). During this seismic shift in our world, in which values are changing, the most important thing that we are missing is not IQ, but wisdom. That's why I love your school's motto—Wisdom With Understanding. Because nothing matters as much.

Wherever you look in the world, there are brilliant leaders in business, media, and politics making terrible decisions every day. What they're lacking is not intelligence but wisdom. Because leadership, after all, is seeing the icebergs before the Titanic hits them.

In the third century, before even Twitter existed, the philosopher Plotinus described three different sources of knowledge: opinion, science, and illumination.

Illumination—or wisdom—is precisely what we most need today. Part of wisdom is recognizing that there is a purpose to our life that may not be immediately obvious as our life unfolds. Things—especially the biggest heartbreaks—often only make sense as we look back, not as we are experiencing them.

I remember, for example, in my 20s, when I fell in love with a man whom I had not met. I fell in love with his writing. His name was Bernard Levin, and he was writing for the London Times. I would literally cut out his columns, underline them, and learn them by heart. When I finally met him, I was petrified and tongue-tied. Nevertheless, he invited me to dinner, and I prepped for the date not by going to the hair dresser but by reading everything he was writing. I read every detail about Northern Ireland. Of course, Northern Ireland never came up on the date...... and we ended up being together for seven years. Then I hit 30 and I desperately wanted to have children. He wanted to have cats. So I did something that I was terrified to do: I left the man I deeply loved. And basically everything that's happened in my life—my children, my books, The Huffington Post, the fact that I'm here speaking in front of you today—is because a man wouldn't marry me.

Remember that, okay? In life, the things that go wrong are often the very things that lead to other things going right. Or as Max Teicher, who is graduating today, put it to me last night: he was bumped from an art class he really wanted to be in because there were already too many kids enrolled, but because of that he ended up in a philosophy class he really loved. So, to quote Max, "by getting unlucky, I actually got lucky."

A key component of Wisdom is Fearlessness, which is not the absence of fear, but rather not letting our fears get in the way. I remember one of the low points in my life, when my second book was rejected by 37 publishers. By about rejection 25, you would have thought I might have said, "hey, you know, there's something wrong here. Maybe I should be looking at a different career."

Instead, I remember running out of money and walking, depressed, down St. James Street in London and seeing a Barclays Bank. I walked in and, armed with nothing but a lot of chutzpah, I asked to speak to the manager and asked him for a loan. Even though I didn't have any assets, the banker—whose name was Ian Bell—gave me a loan. It changed my life, because it meant I could keep things together for another 13 rejections.

And then I got an acceptance. In fairytales there are helpful animals that come out of nowhere to help the hero or heroine through a dark and difficult time, often helping them find a way out of the forest. Well, in life too, there are helpful animals disguised as human beings— like Ian Bell, to whom I still send a Christmas card every year. So, very often, the difference between success and failure is perseverance. It's how long can we keep going until success happens. It's getting up one more time than we fall down.

Of the many things my mother taught me—including the delightful notion that "Angels fly because they take themselves lightly"—the one that's proved most useful in my life is the understanding that failure is not the opposite of success, it's an integral part of success.

And that means not letting the fears in our heads get in our way. Not letting that voice of doubt, which I call the obnoxious roommates living in your heads, have the last word. Because, as Montaigne said, "There were many terrible things in my life, but most of them never happened."

I work with great engineers every day, creating amazing apps. But I think what we really need is a killer app that gauges the state of our mind, body, and spirit and automatically offers the exact steps we need to take to realign ourselves and course correct. Call it a GPS for the soul.

I love the tradition at Sarah Lawrence in its early women-only days of "productive leisure." Students occupied themselves each week with activities such as gardening, crafts, tap dancing, observing stars and French conversation.

The notion of productive leisure is more important than ever in our hyper-connected, always-on world. I call it unplugging and recharging.

When my mother died, I realized that she and I had been different in one key way: She lived in the rhythm of a timeless world, a child's rhythm; I lived in the hectic, often unnatural rhythm of the modern world. While I had the sense every time I looked at my watch that it was later than I thought, she lived in a world where there were no impersonal encounters, where a trip to the farmer's market happily filled half a day, where there was always enough time for wonder at how lovely the rosemary looked next to the lavender. In fact, going through the market with her was like walking through the Louvre with an art connoisseur—except that you could touch and smell these still lifes. It would be a real blessing if you can integrate that timeless rhythm into your hectic, everyday lives.

As Nicholas Carr wrote, "there needs to be time for efficient data collection and time for inefficient contemplation, time to operate the machine and time to sit idly in the garden." There's not a lot of garden left in the world you're heading into—so, when you find it, stop and savor the stillness. Do not miss your life by multitasking.

A key, and often-overlooked aspect of recharging is also one of the most obvious: getting enough sleep. There is nothing that negatively affects my productivity and efficiency more than lack of sleep. After years of burning the candle on both ends, my eyes have been opened to the value of getting some serious shuteye.

And in the macho boys' club atmosphere that dominates many offices, women too often feel they have to overcompensate by working harder, longer, and later. In fact, lack of sleep has become a sort of virility symbol. I was once out to dinner with guy who kept bragging about how he only needed four hours of sleep a night. I wanted to tell him that he'd be much more interesting if he'd gotten five.

Sleep and productive leisure can be keys to tapping into our wisdom—as is making our lives about something more than ourselves.

In a study on the roots of altruism, psychologist Dr. Ervin Staub analyzed men and women who had risked their lives during WW2 to protect Jews hiding from the Nazis. "Goodness," he wrote, "like evil, often begins in small steps. " Small steps that frequently lead to much larger commitments—and can have ever-widening positive reverberations through our communities.

But of course it seems that all of you have already discovered this at Sarah Lawrence, with many of you serving in many different ways: at the Early Childhood Center, at a "Right to Write" prison program, at an art exhibition in the Yonkers public library, doing theater outreach in public schools, working on affordable housing and with the homeless, etc, etc. And I would love to invite all of you to write on The Huffington Post about what you're doing, because it inspires others and puts the spotlight on the good that's being done.

Marketers, who pride themselves on being ahead of the curve, are already tapping into our growing collective desire to do good. I was sitting in a hotel room the other night, when a commercial grabbed my attention. It began with somber piano music, followed by a voice-over: "Millions of people," it said, "everyone out for themselves... can this really be the only way?" We then see images of various people doing the right thing, helping someone push-start a broken down car, tired fire fighters after fighting a blaze. The commercial ends with the tag line: "Here's to doing the right thing," And do you know what that commercial was for? Chivas whiskey.

If Chivas whiskey feels that altruism is a good way to sell scotch, you know there's something in the zeitgeist.

This moment in history demands that we stop waiting on others—especially others living in Washington—to solve the problems and right the wrongs of our times. So as you are leaving this beautiful campus behind, please don't wait for leaders on a white horse to save us. Instead, turn to the leader in the mirror. Tap into your own leadership potential because the world desperately needs you. And that means daring to take risks and to fail, as many times as it takes, along the way to success—and, more important, to re-making the world. And to do it all with more balance, more joy, more sleep, and more gratitude. Thank you so much.

Robert De Niro
New York University 2015.05.22

Dean Green, deans, university leadership, faculty, staff, parents, friends, and the 2015 class of New York University Tisch School of the arts. Thank you for inviting me to celebrate with you today. Tisch School graduates, you made it and you're fucked.

Think about that. The graduates from the College of Nursing, they all have jobs. The graduates from the College of Dentistry; fully employed. The Leonard N. Stern School of Business graduates, they're covered. The School of Medicine graduates, each one will get a job. The proud graduates of NYU School of Law, they're covered and if they're not, who cares? They're lawyers. The English majors are not a factor. They'll be home writing their novels. Teachers, they'll all be working. Shitty jobs lousy pay, yeah, but still working. The graduates in accounting; they all have jobs.

Where does that leave you? Envious of those accountants? I doubt
it. They had a choice. Maybe they were passionate about accounting,
but I think it's more likely that they used reason and logic and common
sense to reach for a career that could give them the expectation
of success and stability. Reason, logic, common sense at the Tisch
School of Arts? Are you kidding me? But you didn't have to do that
choice, did you? You discovered a talent, developed an ambition and
recognized your passion. When you feel that, you can't fight it. You
just go with it. When it comes to the arts, passion should always trump
common sense. You aren't just following dreams, you're reaching for
your destiny. You're a dancer, a singer, a choreographer, a musician, a
filmmaker, a writer, a photographer, a director, a producer, an actor,
an artist. Yeah, you're fucked. The good news is that's not a bad place
to start. Now that you've made your choice or rather succumbed to
it, your path is clear. Not easy, but clear. You have to keep working.
It's that simple. You got through Tisch, that's a big deal. Or, to put it
another way; you got through Tisch, big deal.

Well, it's a start. On this day of triumphantly graduating, a new door
is opening for you; a door to a lifetime of rejection. It's inevitable. It's
what graduates call the real world. You'll experience it, auditioning
for a part or a place in a company. It'll happen to you when looking
for backers for a project. You'll feel it when doors close on you while
you're trying to get attention for something you've written or when
you're looking for a directing or choreography job. How do you
cope with it? I hear that Valium and Vicodin work. Eh, I don't know.
You can't be too relaxed and do what we do. And you don't want to
block the pain too much. Without the pain, what will we talk about?
Though, I would make an exception for having a couple of drinks
if hypothetically you had to speak to a thousand graduates and their
families at a commencement ceremony. Excuse me. Rejection might
sting, but my feeling is that often, it has very little to do with you.
When you're auditioning or pitching, the director or producer or
investor may have someone different in mind. That's just how it is.
That happened recently when I was auditioning for the role of Martin

Luther King in Selma, which was too bad because I could've played the hell out of that part. I felt it was written for me. But the director had something different in mind, and you know she was right. It seems the director is always right. Don't get me wrong. David Oyelowo was great. I don't think I would've cast a Brit.

I've got two more stories; these really happened. I read for seven times. The first two of the three times I read for the role of Henry Wiggen, the part eventually played by Michael Moriarty. I read for the director. I read for the producer. Then they had me back to read for another part, the role of Bruce Pearson. I read for the director. I read for the producer. I read for the producer and his wife. I read for all of them together. Another time I was auditioning for a play. They kept having me back. I was pretty sure I had the part, and then they went with the name. I hated losing the job, but I understood. I could've just as easily lost the job to another no-name actor, and I also would've understood. It's just not personal. It could really be nothing more than the director having a different type in mind. You'll get a lot of direction in your career, some of it from directors, some from studio heads, some from money people, some from writers, though usually they'll try to keep the writers out at a distance, and some from your fellow artists. I love writers by the way. I keep them on the set all the time. Listen to all of it, and listen to yourself.

I'm mostly going to talk about these ideas in movie actor terms but I think this applies to all of you. You'll find comparable situations in all the disciplines. The way the director gets to be right is you help him or her be right. You may start out with different ideas. The director will have a vision. You will have ideas about your character. When you're a young actor starting out, your opinions will not be trusted as much as they will later on in your career. You've been hired because the director saw something in your audition, your reading, and you that fit their concept. You may be given the opportunity to try it your way but the final decision will be the director's. Later in your career, where there is a body of work to refer to, there may be more trust from the director but it's pretty much the same thing. You may have more opportunities to try it your way and may think the director has agreed that your take is the best but if it's a movie you will be nowhere near the editing room where the director makes the final decision. It's best when you can work it out together

As an actor you always want to be true to your character and be true to yourself. But the bottom line is you got the part and that's very important. As a director or a producer you also have to be true to yourself and to the work. A film, a dance, a play; they're not chances where artists get to play and express their individuality. They're works of art that depend on the contributions and the collaboration of a group of artists. And it's a big group. It includes production, costume designers, directors of photography, makeup and hair, stage managers, assistant directors, choreographers, etcetera, etcetera; many more than I can name now. Everyone plays an important part, an essential part. A director or producer, choreographer or company artistic directors; these are powerful positions but the power doesn't come from the title, the power comes from trust, respect, vision, work, and again collaboration. You'll probably be harder on yourself than any director. I'm not going to tell you to go easy on yourself; I assume you didn't pick this life because you thought it would be easy. You may have to answer to a director for a job but you also have to answer to yourself. This could create conflicts for you. You want to play the role your way and the director has a different idea. Discuss it with the director. Maybe there's a compromise. There always should be the space to try it both ways but don't make a but don't make a production out of it. Because it's not a democracy. On the set or on the stage, someone has to make the final decision. Someone has to put it all together. That's the director. So don't be obdurate. No one is going to see you do it in the quote unquote right way if you're not on the stage on in the movie. I can answer the question that's on all of your minds right now. Yes, it's too late to change your major to director.

While preparing for my role today, I asked a few Tisch students for suggestions for this speech. The first thing they said is keep it short and they said it's okay to give a little advice, it's kind of expected, and no one will mind. And then they said to keep it short. It's difficult for me to come with advice for you who have already set upon your life's work, but I can tell you some other things I tell my own children. First, whatever you do, don't go to Tisch School of the Arts. Get an accounting degree instead. Then I contradict myself, and as corny as it sounds, I tell them don't be afraid to fail. I urge them to take chances, to keep an open mind, to welcome new experiences and new ideas. I tell them that if you don't go, you'll never know. You just have to be bold and go out there and take your chances. I tell them that if they go into the arts, I hope they find a nurturing and challenging community of likeminded individuals, a place like Tisch. If they find themselves with a talent and a burning desire to be in the performing arts, I tell them when you collaborate, you try to make everything better, but you're not responsible for the entire project, only your part in it. You'll find yourself in movies or dance pieces or plays or concerts that turn out in the eyes of critics and audiences to be bad, but that's not on you because you will put everything into everything you do. You won't judge the characters you play, and you shouldn't be distracted by judgments on the works you're in. Whether you work for Ed Wood, Federico Fellini, or Martin Scorsese, your commitment and your process will be the same. By the way, there will be times when your best isn't your good enough. There can be many reasons for this, but as long as you give your best you'll be okay

Did you get straight A's in school? If so, good for you. Congratulations. But in the real world you'll never get straight A's again. There are ups and there are downs. And what I want to say to you today is that it's okay. Instead of rocking caps and gowns today, I can see all of you graduating today in custom TSOA T-shirts. On the back is printed, "Rejection, it isn't personal." And on the front; your motto, your mantra, your battle cry, "Next!"

You didn't get that part, that's my point, "Next!"

You'll get the next one, or the next one after that.

You didn't get that waiter's job at the White Oak tavern, "Next!"

You'll get the next one, or you'll get the next gig tending bar at Joseph's

You didn't get into Julliard? "Next!" You'll get into Yale or Tisch.

You guys like that joke, so it's okay.

272
273

No, of course choosing Tisch is like choosing the arts. It isn't your first choice; it's your only choice. I didn't attend Tisch or for that matter any college, or my senior year of high school or most of the junior year. Still I've felt like part of the Tisch community for a long time. I grew up in the same neighborhood as Tisch. I've worked for a lot of people who have attended Tisch, including Marty (Martin) Scorsese, class of 64. As you learn your craft together you come to trust each other and depend on each other. This encourages taking creative risks, because you all have the sense that you're in it together. It's no surprise that we often work with the same people over and over. I did eight pictures with Marty, and plan to do more. He did about twenty five with his editor, Thelma Schoonmaker, who he met at Tsich when she worked on a student film in the summer of 63. Other directors; Cassavetes, Fellini, Hitchcock, came back to the same collaborators over and over, almost like a repertoire company. And now David O Russell and Wes Anderson are continuing that tradition. Treasure the associations and friendships and working relationships with the people in your classes in your early work. You never know what might come from them. There could be a major creative shift or a small detail that could make a major impression. In Taxi Driver, Marty and I wanted Travis Bickle to cut his hair into a mohawk. An important character detail, but I couldn't do it because I needed long hair forThe Last Tycoonthat was starting right after Taxi Driver, and we knew a false mohawk would look, well, false. So we were kicking it around one day at lunch and we decided to give it one shot with the very best makeup artist at the time, Dick Smith. If you saw the movie, you'll know that it worked. And by the way, now you know it wasn't real. Friendships, good working relationships, collaboration, you just never know what's going to happen when you get together with your creative friends. Marty Scorsese was here last year to speak to the 2014 graduates. And now here I am, here we are, on Friday, at a kind of super-sized version of one of Alison's student lounge hangout sessions. You're here to pause and celebrate your accomplishments so far, as you move on to a rich and challenging future. And me, I'm here to hand out my picture and resume to the directing and producing graduates

I'm excited and honored to be in a room full of young creators who make me hopeful about the future of the performing and media arts. I know you're going to make it, all of you. Break a leg!

Next!

Thank you.

Natalie Portman
Harvard University 2015.05.27

Hello, class of 2015. I am so honored to be here today. Dean Khurana, faculty, parents, and most especially graduating student, thank you so much for inviting me. The senior class committee, it's generally one of the most exciting things I've ever been asked to do. I have to admit, primarily because I can't deny it, as it was leaked in the Wikileaks release of the Sony hack that when I was invited I replied and I directly quote my own e-mail, "Wow, this is so nice! I'm going to need some funny ghost writers, any ideas?" This initial first response, now blessedly public, was from the knowledge that in my class day we were lucky enough to have Will Ferrell as class day. And many of us, hung over or freshly high, mainly wanted to laugh.

So I have to admit that today even twelve years after graduating, I'm still insecure about my own worthiness. I have to remind myself today you are here for a reason. Today, I feel much like I did when I came to Harvard yard as a freshman in 1999, when you guys were to my continued shock and horror still in kindergarten. I felt like there had been some mistake, that I wasn't smart enough of to be in this company, and that every time I opened my mouth I would have to prove that I wasn't just a dumb actress.

So I start with an apology. This won't be very funny. I'm not a comedian and I didn't get a ghost writer. But I am here to tell you today Harvard is giving you all diplomas tomorrow. You are here for a reason. Sometimes your insecurities and your inexperience may lead you to embrace other people's expectations, standards, or values, but you can harness that inexperience to carve out your own path, one that is free of the burden of knowing how things are supposed to be; a path that is defined by its own particular set of reasons.

The other day I went to an amusement park with my soon to be four year old son and I watched him play arcade games. He was incredibly focused throwing his ball at the target. Jewish mother that I am, I skipped twenty steps and was already imagining him as a major league player. With what his aim and his arm and his concentration, but then I realized that he was playing to trade in these tickets for the crappy plastic toys. The prize was much more exciting than the game to get it. I of course wanted to urge to take joy in the challenge of the game; the improvement upon practice, the satisfaction of doing something well, and even the feeling the accomplishment when achieving the game's goals.

But all of these aspects were shaded by the little ten cent plastic man with sticky stretchy blue arms that adhered to the walls. That, that was the prize. In a child's nature we see many of our own innate tendencies. I saw myself in him, and perhaps you do too. The prizes serve as false idols everywhere. Prestige, wealth, fame, power, you will be exposed to many of these if not all. Of course, part of why I was invited to come speak today, beyond my being a proud alumn is that I accrued some coveted toys in my life. Including a not so plastic, a not so crappy one; an Oscar.

So we bump up against a common trope, I think, of the commencement address. People who have achieved a lot, telling you that the fruits of achievement are not always to be trusted but I think that contradiction can reconciled and is in fact instructive. Achievement is wonderful when you know why you're doing it and when you don't know it can be a terrible trap.

I went to a public high school on Long Island, Syosset High School. Whoo, hello Syosset. The girls I went to high school with had Prada bags and ironed hair and they spoke with an accent, I had who had moved there at age 9 from Connecticut, mimicked to fit in. Florida oranges, chocolate cherries. Since I'm ancient and the Internet was just starting when I was in high school, people didn't pay that much attention to the fact that I was an actress. I was mainly known at school for having a backpack bigger than I was and having whiteout on my hands as I hated seeing anything crossed out in my notebooks. I was voted for my senior yearbook, most likely to be a contestant on Jeopardy or code for nerdiest

When I got to Harvard, just after the release of Star Wars Episode 1, I knew I would be starting over in terms of how people viewed me. I feared people would assume I gotten in just for being famous and that they would think that I was not worthy of the intellectual rigor here. And they would have not been far from the truth. When I came here I had never written a ten page before. I'm not even sure if I had written a five page paper. I was alarmed and intimidated by the calm eyes of fellow students who came here from Dalton or Exeter who thought compared to high school the work load here was easy.

I was completely overwhelmed and thought that reading a thousand pages a week was unimaginable. That writing a fifty page thesis was just something I could never do. I had no idea how to declare my intentions. I couldn't even articulate them to myself. I've been acting since I was eleven but I thought acting was too frivolous and certainly not meaningful. I came from a family of academics and was very concerned in being taken seriously. In contrast to my inability to declare myself on my first day of orientation, freshman year. Five separate students introduced themselves to me by saying, "I'm going to be president. Remember I told you that." Their names for the record were Bernie Sanders, Mark Rubio, Ted Cruise, Barrack Obama, and Hillary Clinton.

In all seriousness, I believed every one of them. Their bearing and self-confidence alone seemed proof of their prophecy where I couldn't shake my self-doubt. I only got in because I was famous. This was how others saw me and how I saw myself. Driven by these insecurities, I decided that I was going to find something to do at Harvard that was serious and meaningful; that would change the world and make it a better place. At the age of eighteen I had already been acting for seven years and assumed I'd find a more serious and profound path in college.

So freshman fall I decided to take neurobiology and advanced modern Hebrew literature because I was serious and intellectual. Needless to say I should have both. I got Bs for your information and to this day every Sunday I burn a small effigy to the pagan gods of grade inflation. But as I was fighting my way through "allat bez shua" in Hebrew the difference mechanisms of neural response I saw friends around me writing papers on sailing and pop culture magazines and professors teaching classes on fairy tales of the Matrix.

I realized that seriousness for seriousness' sake was its own kind of trophy, and a dubious one, a pose I sought to counter some half-imagined argument about who I was. There was a reason I was an actor, I love what I do. And I saw from my peers and mentors that, that was not only an acceptable reason it was the best reason. When I got to my graduation, and sitting where you sit today, after four years of trying to get excited about something else, I admitted to myself that I couldn't wait to go back to and make more films.

I wanted to tell stories, to imagine lives of others and help others do the same. I had found or perhaps reclaimed my reason. You have a prize now or at least you will tomorrow. The prize is a Harvard degree on your hand. But what is your reason behind it. My Harvard degree represents for me the curiosity and invention that were encouraged here, the friendships I sustained, the way Professor Graham told me not to describe that a wave light hit a flower but rather the shadow that the flower cast, the way Professor Scaree talked about theater as a transformative religious force, or how Professor Kathleen showed how much visual cortex were activated just by imagining.

Now granted, these things don't necessarily help me answer the most common question I'm asked. What designer are you wearing? What's your fitness regime? Any makeup tips? But I have never since been embarrassed to myself as what I might have previously have thought a stupid question. My Harvard degree and other awards are emblems of the experiences which led me to them. The wood paneled lecture halls, the colorful fall leaves, the hot vanilla at Toscanini's, reading great novel in over stuffed library chairs, running through the dining halls screaming "Ooh Aah! City steps, city steps, city steps." Wooo hoooo!

It's easy now to romanticize my time here, but I had some very difficult times here too. Some combination of being nineteen, dealing with my first heartbreak, taking birth control pills that have since been taken off the market for their depressive side effects and spending too much time missing daylight during winter months, which led me to some pretty dark moments, particularly during sophomore year. There were several occasions I started crying in meetings with professors, overwhelmed with what I was supposed to pull off when I could barely get myself out of the bed in the morning.

Moments when I took on my motto for school work, "Done, not good." If only I could finish my work even if it took eating a jumbo pack of sour patch kids to get me through a single ten page paper. I felt that I had accomplished a great feat. I'd repeat to myself, "Done, not good." A couple of years ago I went to Tokyo with my husband and I ate at the most remarkable sushi restaurant. I don't even eat fish. I'm vegan so that tells you how good it was even when it was just vegetables this sushi was the stuff you dream about. The restaurant had six seats. My husband and I marveled at how anyone can make rice so superior to all other rice. We wondered why didn't make a bigger restaurant and be the most popular place in town. Out local friends explained to us all the best restaurants in Tokyo are that small and do only one type of dish. Sushi, or tempura, or teriyaki, because they want to do that thing well and beautifully. And it's not about quantity. It's about taking pleasure in the perfection and beauty of the particular.

I'm still learning now, that it's about good and maybe never done. That the joy and work ethic and virtuosity we bring to the particular can impart a singular type of enjoyment to those we give to and of course to ourselves. In my professional life, it also took me time to find my own reasons for doing my work. The first film I was in came out in 1994. Again, appallingly, the year most of you were born. I was thirteen years old upon the film's release. And I can still quote what the New York Times said about me verbatim, "Miss Portman poses better than she acts." The film had a universally tepid critical response and went on to bomb commercially. That film was called The Professional or Leon in Europe. And today, twenty years and thirty five films later, it is still the film people approach me about the most to tell me how much they loved it, how much it moved them, and how it's their favorite movie.

I feel luck that my first experience releasing a film was initially such a disaster by all standard measures. I learned early that my meaning had to be from the experience of making the film and the possibility of connecting with individuals rather than the foremost trophies in the industry, financial and critical success and also that the initial reactions could be false predictors of you work's ultimate legacy. I started choosing only jobs that I was passionate about. And from which I knew I would gain meaningful experiences. This thoroughly confused everyone around me; agents, producers, and audiences alike. I made Goya's Ghosts, a foreign independent film, and studied art history visiting the Prado every day for four months, as I read about Goya and the Spanish Inquisition. I made V for Vendetta, a studio action movie, for which I learned everything I could about freedom fighters who otherwise might be called terrorists. I made Your Highness a pothead comedy with Danny McBride and laughed for three months straight.

I was able to own my meaning and not have it determined by box office receipts or prestige. By the time I got around to making Black Swan, the experience was entirely my own. I felt immune to the worst things any one could say or write about me, and to whether an audience felt like going to see my movie or not. It was instructive for me to see that ballet dancers, for ballet dancers, one your technique gets to a certain level the only that separates you from the others is your quirks or even your flaws. One ballerina was famous for how she turned slightly off balance. You can never be the best technically. Someone will always have a higher jump or more beautiful line. The only thing you can be the best at is developing your own self.

Authoring your very own experience was very much like was what Black Swan itself was about. I worked with Darren Aronofsky, the film's director, to change my last line in the movie to, "it was perfect," because my character Nina is only artistically successful when perfection and pleasure for herself not when she's trying to be perfect in the eyes' of others. So when Black Swan was successful financially and I began receiving accolades I felt honored and grateful to have connected with people. But the true core of my meaning, I had early established. And I needed it to be independent of people's reactions to me. People told me that Black Swan was an artistic risk.

A scary challenge, to try to portrait a professional ballet dancer but it didn't feel like courage or daring that drew me to it. I was so oblivious to my own limits that I did things that I was woefully unprepared to do. And so the very inexperience in college that made me feel insecure and made me want to play by others' rules, now was making me actually takes risks, I didn't even realize were risks. When Darren asked me if I could do ballet I told him that I was basically ballerina which by the way I whole heartedly believed. When it quickly became clear in preparing for the film that I was maybe fifteen years away from being a ballerina, it made me work a million times harder. Of course the magic of cinema and body doubles helped the final effect. But the point is if I had known my own limitations, I never would have taken the risk, and the risk led to one my greatest artistic and personal experiences. And that I not only felt completely free I also met my husband during filming.

Similarly I just directed my first film, A Tale of Love and Darkness, and was quite blind to the challenges ahead of me. The film is a period film, completely in Hebrew in which I also act with an eight year old child as a co-star. All of these are challenges that I should've been terrified of as I was completely unprepared for them but my complete ignorance as to my own limitations looked like confidence and got me into the director's chair. Once there I had to figure it all out and my belief that I could handle these things contrary to all evidence of my ability to do so was half the battle. The other half was very hard work. The experience was the deepest and most meaningful one of my career. Now clearly, I'm not urging you to go perform heart surgery without the knowledge to do so. Making movies admittedly has less drastic consequences than in most professions, and allows for a lot of effects that make up for mistakes.

The thing I'm saying is make use of the fact that you don't doubt yourself too much right now. As we get older we get more realistic and that includes about our own abilities or lack thereof and that realism does us no favors. People always talk about diving into things you're afraid of. That never worked for me, if I'm afraid I run away and I probably urge my child to do the same. Fear protects us in many ways. What has served me is diving into my own obliviousness being more confident than I should have be which everyone tends to decry in American kids and those of us who have been grade inflated and ego inflated. Well it can be a good thing if it makes you try things you've never might have tried. You're inexperience is an asset and will allow you to think in original unconventional ways.

Accept your lack of knowledge, and use it as your asset. I know a famous violinist who told me that he can't compose because he knows too many pieces so when he starts thinking of a note an existing piece immediately comes to mind. Just starting out, one of your biggest strengths is not knowing what things are supposed to be. You can compose freely because your mind isn't cluttered with too many pieces and you don't take for granted the way things are. The only way you know how to things is your own way. You'll hear we'll go on to achieve great things. There's no doubt about that each time you set out to do something new, you're inexperience will either lead you down a path where you will conform to someone else's values or you can forge your own path even if you don't realize that's what you're doing.

If your reasons are your own, your path, even if it's a strange and clumsy path, will be wholly yours, and you will control the rewards of what you do by making your internal life fulfilling. At risk of sounding like a Miss America contestant the most fulfilling feeling things that I have experiences have truly been the human interactions; spending time with women and village banks in Mexico, with FINCA Microfinance Organization, meeting young women who were the first and only in their communities to attend secondary school in rural Kenya with Free The Children group that builds sustainable schools in developing countries, checking with gorilla conservation in Rwanda. It's a cliché because it's true that helping others end up helping you more than anyone. Getting out of your own concerns and caring about someone else's life for a while reminds you that you are not the center of the universe.

And that in ways we are generous or not, we can change the course of someone's life even at work the small feats of kindness, crew members, directors, fellow actors have shown me have had the most lasting impact. And of course, first and foremost the center of my world is the love I share with my family and friends. I wish for you that your friends will be with you through it all. As my friends from Harvard have been together since we graduated. My friends from school are still very close. We have nursed each other through heartaches and danced at each other's weddings. We held each other at funerals and rocked each other's new babies. We worked together on projects; helped each other get jobs and thrown parties for when we quit bad ones. And now our children are creating a second generation of friendship. As we look at them toddling together haggard and disheveled working parents that we are. Grab the good people around you and don't let them go. The biggest asset that this school offers you is a group of peers that will be both your family and your school for life.

I remember always being pissed at the spring here in Cambridge tricking us into remembering a sunny yard full of laughing Frisbee throwers after eight months of dark frigid library dwelling. It was like the school had managed to turn on the good weather as a last memory we should keep in mind that would make us want to come back. But as I get farther away from my years here I know that the power of this school is much deeper than weather control. It changed the very questions I was asking. To quote one of my favorite thinkers Abraham Joshua Heschel, "To be or not to be is not the question, the vital question is how to be and how not to be." Thank you. I can't wait to see how you do all the beautiful things you will do.

Oprah Winfrey
Harvard University 2013.05.30

Oh my goodness! I'm at Harvard! Wow! To President Faust, my fellow honorans, Carl, that was so beautiful, thank you so much, and James Rothenberg, Stephanie Wilson, Harvard faculty, with a special bow to my friend Dr. Henry Lewis Gates. All of you alumni, with a special bow to the Class of '88, your hundred fifteen million dollars. And to you, members of the Harvard class of 2013! Hello!

I thank you for allowing me to be a part of the conclusion of this chapter of your lives and the commencement of your next chapter. To say that I'm honored doesn't even begin to quantify the depth of gratitude that really accompanies an honorary doctorate from Harvard. Not too many little girls from rural Mississippi have made it all the way here to Cambridge. And I can tell you that I consider today as I sat on the stage this morning getting teary for you all and then teary for myself, I consider today a defining milestone in a very long and a blessed journey. My one hope today is that I can be a source of some inspiration. I'm going to address my remarks to anybody who has ever felt inferior or felt disadvantaged, felt screwed by life, this is a speech for the Quad.

Actually I was so honored I wanted to do something really special for you. I wanted to be able to have you look under your seats and there would be free master and doctor degrees but I see you got that covered already. I will be honest with you. I felt a lot of pressure over the past few weeks to come up with something that I could share with you that you hadn't heard before because after all you all went to Harvard, I did not. But then I realized that you don't have to necessarily go to Harvard to have a driven obsessive Type A personality. But it helps. And while I may not have graduated from here I admit that my personality is about as Harvard as they come. You know my television career began unexpectedly. As you heard this morning I was in the Miss Fire Prevention contest. That was when I was 16 years old in Nashville, Tennessee, and you had the requirement of having to have red hair in order to win up until the year that I entered. So they were doing the question and answer period because I knew I wasn't going to win under the swimsuit competition. So during the question and answer period the question came "Why, young lady, what would you like to be when you grow up?" And by the time they got to me all the good answers were gone. So I had seen Barbara Walters on the "Today Show" that morning so I answered, "I would like to be a journalist. I would like to tell other people's stories in a way that makes a difference in their lives and the world." And as those words were coming out of my mouth I went whoa! This is pretty good! I would like to be a journalist. I want to make a difference. Well I was on television by the time I was 19 years old. And in 1986 I launched my own television show with a relentless

determination to succeed at first. I was nervous about the competition and then I became my own competition raising the bar every year, pushing, pushing, pushing myself as hard as I knew. Sound familiar to anybody here? Eventually we did make it to the top and we stayed there for 25 years.

The "Oprah Winfrey Show" was number one in our time slot for 21 years and I have to tell you I became pretty comfortable with that level of success. But a few years ago I decided, as you will at some point, that it was time to recalculate, find new territory, break new ground. So I ended the show and launched OWN, the Oprah Winfrey Network. The initials just worked out for me. So one year later after launching OWN, nearly every media outlet had proclaimed that my new venture was a flop. Not just a flop, but a big bold flop they call it. I can still remember the day I opened up USA Today and read the headline "Oprah, not quite standing on her OWN." I mean really, USA Today? Now that's the nice newspaper! It really was this time last year the worst period in my professional life. I was stressed and I was frustrated and quite frankly I was actually I was embarrassed. It was right around that time that President Faust called and asked me to speak here and I thought you want me to speak to Harvard graduates? What could I possibly say to Harvard graduates, some of the most successful graduates in the world in the very moment when I had stopped succeeding? So I got off the phone with President Faust and I went to the shower. It was either that or a bag of Oreos. So I chose the shower. And I was in the shower a long time and as I was in the shower the words of an old hymn came to me. You may not know it. It's "By and by, when the morning comes." And I started thinking about when the morning might come because at the time I thought I was stuck in a hole. And the words came to me "Trouble don't last always" from that hymn, "this too shall pass." And I thought as I got out of the shower I am going to turn this thing around and I will be better for it. And when I do, I'm going to go to Harvard and I'm going to speak the truth of it! So I'm here today to tell you I have turned that network around!

And it was all because I wanted to do it by the time I got to speak to you all so thank you so much. You don't know what motivation you were for me, thank you. I'm even prouder to share a fundamental truth that you might not have learned even as graduates of Harvard unless you studied the ancient Greek hero with Professor Nagy. Professor Nagy as we were coming in this morning said, "Please Ms. Winfrey, walk decisively."

I shall walk decisively.

This is what I want to share. It doesn't matter how far you might rise. At some point you are bound to stumble because if you're constantly doing what we do, raising the bar. If you're constantly pushing yourself higher, higher the law of averages not to mention the Myth of Icarus predicts that you will at some point fall. And when you do I want you to know this, remember this: there is no such thing as failure. Failure is just life trying to move us in another direction. Now when you're down there in the hole, it looks like failure. So this past year I had to spoon feed those words to myself. And when you're down in the hole, when that moment comes, it's really okay to feel bad for a little while. Give yourself time to mourn what you think you may have lost but then here's the key, learn from every mistake because every experience, encounter, and particularly your mistakes are there to teach you and force you into being more who you are. And then figure out what is the next right move. And the key to life is to develop an internal moral, emotional G.P.S. that can tell you which way to go. Because now and forever more when you Google yourself your search results will read "Harvard, 2013". And in a very competitive world that really is a calling card because I can tell you as one who employs a lot of people when I see "Harvard" I sit up a little straighter and say, "Where is he or she? Bring them in." It's an impressive calling card that can lead to even more impressive bullets in the years ahead:

lawyer, senator, C.E.O., scientist, physicist, winners of Nobel and Pulitzer Prizes or late night talk show host. But the challenge of life I have found is to build a résumé that doesn't simply tell a story about what you want to be but it's a story about who you want to be. It's a résumé that doesn't just tell a story about what you want to accomplish but why. A story that's not just a collection of titles and positions but a story that's really about your purpose. Because when you inevitably stumble and find yourself stuck in a hole that is the story that will get you out. What is your true calling? What is your dharma? What is your purpose? For me that discovery came in 1994 when I interviewed a little girl who had decided to collect pocket change in order to help other people in need. She raised a thousand dollars all by herself and I thought, well if that little 9-year-old girl with a bucket and big heart could do that, I wonder what I could do? So I asked for our viewers to take up their own change collection and in one month, just from pennies and nickels and dimes, we raised more than three million dollars that we used to send one student from every state in the United States to college. That was the beginning of the Angel Network.

And so what I did was I simply asked our viewers, "Do what you can wherever you are, from wherever you sit in life. Give me your time or your talent your money if you have it." And they did. Extend yourself in kindness to other human beings wherever you can. And together we built 55 schools in 12 different countries and restored nearly 300 homes that were devastated by hurricanes Rita and Katrina. So the Angel Network—I have been on the air for a long time— but it was the Angel Network that actually focused my internal G.P.S. It helped me to decide that I wasn't going to just be on TV every day but that the goal of my shows, my interviews, my business, my philanthropy all of it, whatever ventures I might pursue would be to make clear that what unites us is ultimately far more redeeming and compelling than anything that separates me. Because what had become clear to me, and I want you to know, it isn't always clear in the beginning because as I said I had been on television since I was 19 years old. But around '94 I got really clear. So don't expect the clarity to come all at once, to know your purpose right away, but what became clear to me was that I was here on Earth to use television and not be used by it; to use television to illuminate the transcendent power of our better angels. So this Angel Network, it didn't just change the lives of those who were helped, but the lives of those who also did the helping. It reminded us that no matter who we are or what we look like or what we may believe, it is both possible and more importantly it becomes powerful to come together in common purpose and common effort. I saw something on the "Bill Moore Show" recently that so reminded me of this point. It was an interview with David and Francine Wheeler. They lost their 7-year-old son, Ben, in the Sandy Hook tragedy. And even though gun safety legislation to strengthen background checks had just been voted down in Congress at the time that they were doing this interview they talked about how they refused to be discouraged. Francine said this, she said, "Our hearts are broken but our spirits are not. I'm going to tell them what it's like to find a conversation about change that is love, and I'm going to do that without fighting them." And then her husband David added this, "You simply cannot demonize or vilify someone who doesn't agree with you, because the minute you do that, your discussion is over. And we cannot do that any longer. The problem is too enormous. There has to be some way that this darkness can be banished with light." In our political system and in the media we often see the reflection of a country that is polarized, that is paralyzed and is self-interested. And yet, I know you know the truth. We all know that we are better than the cynicism and the pessimism that is regurgitated throughout Washington and the 24-hour cable news cycle. Not my channel, by the way. We understand that the vast majority of people in this country believe in stronger background checks because they realize that we can uphold the Second Amendment and also reduce the violence that is robbing us of our children. They don't have to be incompatible.

And we understand that most Americans believe in a clear path to citizenship for the 12,000,000 undocumented immigrants who reside in this country because it's possible to both enforce our laws and at the same time embrace the words on the Statue of Liberty that have welcomed generations of huddled masses to our shores. We can do both.

And we understand. I know you do because you went to Harvard. There are people from both parties, and no party, [who] believe that indigent mothers and families should have access to healthy food and a roof over their heads and a strong public education because here in the richest nation on Earth, we can afford a basic level of security and opportunity. So the question is, what are we going to do about it? Really, what are you going to do about it? Maybe you agree with these beliefs. Maybe you don't. Maybe you care about these issues and maybe there are other challenges that you, Class of 2013, are passionate about.

Maybe you want to make a difference by serving in government. Maybe you want to launch your own television show. Or maybe you simply want to collect some change. Your parents would appreciate that about now. The point is your generation is charged with this task of breaking through what the body politic has thus far made impervious to change. Each of you has been blessed with this enormous opportunity of attending this prestigious school. You now have a chance to better your life, the lives of your neighbors and also the life of our country. When you do that let me tell you what I know for sure. That's when your story gets really good. Maya Angelou always says, "When you learn, teach. When you get, give. That my friends is what gives your story purpose and meaning." So you all have the power in your own way to develop your own Angel Network and in doing so, your class will be armed with more tools of influence and empowerment than any other generation in history. I did it in an analog world. I was blessed with a platform that at its height reached nearly 20,000,000 viewers a day. Now here in a world of Twitter and Facebook and YouTube and Tumblr, you can reach billions in just seconds. You're the generation that rejected predictions about your detachment and your disengagement by showing up to vote in record numbers in 2008. And when the pundits said, they said they talked about you, they said you'd be too disappointed, you'd be too dejected to repeat that same kind of turnout in 2012 election and you proved them wrong by showing up in even greater numbers. That's who you are.

This generation, your generation I know, has developed a finely honed radar for B.S. Can you say "B.S." at Harvard? The spin and phoniness and artificial nastiness that saturates so much of our national debate.

I know you all understand better than most that real progress requires authentic—an authentic way of being, honesty, and above all empathy. I have to say that the single most important lesson I learned in 25 years talking every single day to people, was that there is a common denominator in our human experience. Most of us, I tell you we don't want to be divided. What we want, the common denominator that I found in every single interview, is we want to be validated. We want to be understood. I have done over 35,000 interviews in my career and as soon as that camera shuts off everyone always turns to me and inevitably in their own way asks this question "Was that okay?" I heard it from President Bush, I heard it from President Obama. I've heard it from heroes and from housewives. I've heard it from victims and perpetrators of crimes. I even heard it from Beyonce and all of her Beyonceness. She finishes performing, hands me the microphone and says, "Was that okay?" Friends and family, yours, enemies, strangers in every argument in every encounter, every exchange I will tell you, they all want to know one thing: was that okay? Did you hear me? Do you see me? Did what I say mean anything to you? And even though this is a college where Facebook was born my hope is that you would try to go out and have more face-to-face conversations with people you may disagree with.

That you'll have the courage to look them in the eye and hear their point of view and help make sure that the speed and distance and anonymity of our world doesn't cause us to lose our ability to stand in somebody else's shoes and recognize all that we share as a people. This is imperative, for you as an individual, and for our success as a nation. "There has to be some way that this darkness can be banished with light," says the man whose little boy was massacred on just an ordinary Friday in December. So whether you call it soul or spirit or higher self, intelligence, there is I know this, there is a light inside each of you, all of us, that illuminates your very human beingness if you let it. And as a young girl from rural Mississippi I learned long ago that being myself was much easier than pretending to be Barbara Walters. Although when I first started because I had Barbara in my head I would try to sit like Barbara, talk like Barbara, move like Barbara and then one night I was on the news reading the news and I called Canada "Can-a-da," and that was the end of me being Barbara. I cracked myself up on TV. Couldn't start laughing and my real personality came through and I figured out, oh gee, I can be a much better Oprah than I could be a pretend Barbara.I know that you all might have a little anxiety now and hesitation about leaving the comfort of college and putting those Harvard credentials to the test. But no matter what challenges or setbacks or disappointments you may encounter along the way, you will find true success and happiness if you have only one goal, there really is only one, and that is this: to fulfill the highest most truthful expression of yourself as a human being. You want to max out your humanity by using your energy to lift yourself up, your family and the people around you. Theologian Howard Thurman said it best. He said, "Don't ask yourself what the world needs. Ask yourself what makes you come alive and then go do that, because what the world needs is people who have come alive." The world needs… People like Michael Stolzenberg from Fort Lauderdale. When Michael was just 8 years old Michael nearly died from a bacterial infection that cost him both of his hands and both of his feet. And in an instant, this vibrant little boy became a quadruple amputee and his life was changed forever. But in losing who he once was Michael discovered who he wanted to be. He refused to sit in that wheelchair all day and feel sorry for himself so with prosthetics he learned to walk and run and play again. He joined his middle school lacrosse team and last month when he learned that so many victims of the Boston Marathon bombing would become new amputees, Michael decided to banish that darkness with light. Michael and his brother, Harris, created Mikeysrun.com to raise $1 million for other amputees — by the time Harris runs the 2014 Boston Marathon. More than 1,000 miles away from here these two young brothers are bringing people together to support this Boston community the way their community came together to support Michael. And when this 13-year-old man was asked about his fellow amputees he said this, "First they will be sad. They're losing something they will never get back and that's scary. I was scared. But they'll be okay. They just don't know that yet."

We might not always know it. We might not always see it, or hear it on the news or even feel it in our daily lives, but I have faith that no matter what, Class of 2013, you will be okay and you will make sure our country is okay. I have faith because of that 9-year-old girl who went out and collected the change. I have faith because of David and Francine Wheeler, I have faith because of Michael and Harris Stolzenberg, and I have faith because of you, the network of angels sitting here today. One of them Khadijah Williams, who came to Harvard four years ago. Khadijah had attended 12 schools in 12 years, living out of garbage bags amongst pimps and prostitutes and drug dealers; homeless, going in to department stores, Wal-Mart in the morning to bathe herself so that she wouldn't smell in front of her classmates, and today she graduates as a member of the Harvard Class of 2013.

From time to time you may stumble, fall, you will for sure, count on this, no doubt, you will have questions and you will have doubts about your path. But I know this, if you're willing to listen to, be guided by, that still small voice that is the G.P.S. within yourself, to find out what makes you come alive, you will be more than okay. You will be happy, you will be successful, and you will make a difference in the world. Congratulations Class of 2013. Congratulations to your family and friends. Good luck, and thank you for listening. Was that okay?

Barack Obama
Barnard College of Columbia University 2012.05.14

Thank you so much. Thank you. Please, please have a seat. Thank you.

Thank you, President Spar, trustees, President Bollinger. Hello,

Class of 2012! Congratulations on reaching this day. Thank you for the honor of being able to be a part of it.

There are so many people who are proud of you—your parents, family, faculty, friends—all who share in this achievement. So please give them a big round of applause. To all the moms who are here today, you could not ask for a better Mother's Day gift than to see all of these folks graduate.

I have to say, though, whenever I come to these things, I start thinking about Malia and Sasha graduating, and I start tearing up and it's terrible. I don't know how you guys are holding it together.

I will begin by telling a hard truth: I'm a Columbia college graduate. I know there can be a little bit of a sibling rivalry here. But I'm honored nevertheless to be your commencement speaker today—although I've got to say, you set a pretty high bar given the past three years. Hillary Clinton, Meryl Streep, Sheryl Sandberg—these are not easy acts to follow.

But I will point out Hillary is doing an extraordinary job as one of the finest Secretaries of State America has ever had. We gave Meryl the Presidential Medal of Arts and Humanities. Sheryl is not just a good friend; she's also one of our economic advisers. So it's like the old saying goes—keep your friends close, and your Barnard commencement speakers even closer. There's wisdom in that.

Now, the year I graduated—this area looks familiar the year I graduated was 1983, the first year women were admitted to Columbia. Sally Ride was the first American woman in space. Music was all about Michael and the Moonwalk.

No Moonwalking. No Moonwalking today.

We had the Walkman, not iPods. Some of the streets around here were not quite so inviting. Times Square was not a family destination. So I know this is all ancient history. Nothing worse than commencement speakers droning on about bygone days. But for all the differences, the Class of 1983 actually had a lot in common with all of you. For we, too, were heading out into a world at a moment when our country was still recovering from a particularly severe economic recession. It was a time of change. It was a time of uncertainty. It was a time of passionate political debates.

You can relate to this because just as you were starting out finding your way around this campus, an economic crisis struck that would claim more than 5 million jobs before the end of your freshman year. Since then, some of you have probably seen parents put off retirement, friends struggle to find work. And you may be looking toward the future with that same sense of concern that my generation did when we were sitting where you are now.

Of course, as young women, you're also going to grapple with some unique challenges, like whether you'll be able to earn equal pay for equal work; whether you'll be able to balance the demands of your job and your family; whether you'll be able to fully control decisions about your own health.

And while opportunities for women have grown exponentially over the last 30 years, as young people, in many ways you have it even tougher than we did. This recession has been more brutal, the job losses steeper. Politics seems nastier. Congress more gridlocked than ever. Some folks in the financial world have not exactly been model corporate citizens.

No wonder that faith in our institutions has never been lower, particularly when good news doesn't get the same kind of ratings as bad news anymore. Every day you receive a steady stream of sensationalism and scandal and stories with a message that suggest change isn't possible; that you can't make a difference; that you won't be able to close that gap between life as it is and life as you want it to be.

My job today is to tell you don't believe it. Because as tough as things have been, I am convinced you are tougher. I've seen your passion and I've seen your service. I've seen you engage and I've seen you turn out in record numbers. I've heard your voices amplified by creativity and a digital fluency that those of us in older generations can barely comprehend. I've seen a generation eager, impatient even, to step into the rushing waters of history and change its course.

And that defiant, can-do spirit is what runs through the veins of American history. It's the lifeblood of all our progress. And it is that spirit which we need your generation to embrace and rekindle right now.

See, the question is not whether things will get better—they always do. The question is not whether we've got the solutions to our challenges—we've had them within our grasp for quite some time. We know, for example, that this country would be better off if more Americans were able to get the kind of education that you've received here at Barnard—if more people could get the specific skills and training that employers are looking for today.

We know that we'd all be better off if we invest in science and technology that sparks new businesses and medical breakthroughs; if we developed more clean energy so we could use less foreign oil and reduce the carbon pollution that's threatening our planet.

We know that we're better off when there are rules that stop big banks from making bad bets with other people's money and when insurance companies aren't allowed to drop your coverage when you need it most or charge women differently from men. Indeed, we know we are better off when women are treated fairly and equally in every aspect of American life—whether it's the salary you earn or the health decisions you make.

We know these things to be true. We know that our challenges are eminently solvable. The question is whether together, we can muster the will—in our own lives, in our common institutions, in our politics—to bring about the changes we need. And I'm convinced your generation possesses that will. And I believe that the women of this generation—that all of you will help lead the way.

It's the easy thing to say. But it's true. It is—in part, it is simple math. Today, women are not just half this country; you're half its workforce. More and more women are out-earning their husbands. You're more than half of our college graduates, and master's graduates, and PhDs. So you've got us outnumbered.

After decades of slow, steady, extraordinary progress, you are now poised to make this the century where women shape not only their own destiny but the destiny of this nation and of this world.

But how far your leadership takes this country, how far it takes this world—well, that will be up to you. You've got to want it. It will not be handed to you. And as someone who wants that future—that better future—for you, and for Malia and Sasha, as somebody who's had the good fortune of being the husband and the father and the son of some strong, remarkable women, allow me to offer just a few pieces of advice. That's obligatory. Bear with me.

My first piece of advice is this: Don't just get involved. Fight for your seat at the table. Better yet, fight for a seat at the head of the table.

It's been said that the most important role in our democracy is the role of citizen. And indeed, it was 225 years ago today that the Constitutional Convention opened in Philadelphia, and our founders, citizens all, began crafting an extraordinary document. Yes, it had its flaws—flaws that this nation has strived to protect (perfect) over time. Questions of race and gender were unresolved. No woman's signature graced the original document—although we can assume that there were founding mothers whispering smarter things in the ears of the founding fathers. I mean, that's almost certain.

What made this document special was that it provided the space—the possibility—for those who had been left out of our charter to fight their way in. It provided people the language to appeal to principles and ideals that broadened democracy's reach. It allowed for protest, and movements, and the dissemination of new ideas that would repeatedly, decade after decade, change the world—a constant forward movement that continues to this day.

Our founders understood that America does not stand still; we are dynamic, not static. We look forward, not back. And now that new doors have been opened for you, you've got an obligation to seize those opportunities.

You need to do this not just for yourself but for those who don't yet enjoy the choices that you've had, the choices you will have. And one reason many workplaces still have outdated policies is because women only account for 3 percent of the CEOs at Fortune 500 companies. One reason we're actually refighting long-settled battles over women's rights is because women occupy fewer than one in five seats in Congress.

Now, I'm not saying that the only way to achieve success is by climbing to the top of the corporate ladder or running for office—although, let's face it, Congress would get a lot more done if you did. That I think we're sure about. But if you decide not to sit yourself at the table, at the very least you've got to make sure you have a say in who does. It matters.

Before women like Barbara Mikulski and Olympia Snowe and others got to Congress, just to take one example, much of federally—funded research on diseases focused solely on their effects on men. It wasn't until women like Patsy Mink and Edith Green got to Congress and passed Title IX, 40 years ago this year, that we declared women, too, should be allowed to compete and win on America's playing fields. Until a woman named Lilly Ledbetter showed up at her office and had the courage to step up and say, you know what, this isn't right, women weren't being treated fairly—we lacked some of the tools we needed to uphold the basic principle of equal pay for equal work.

So don't accept somebody else's construction of the way things ought to be. It's up to you to right wrongs. It's up to you to point out injustice. It's up to you to hold the system accountable and sometimes upend it entirely. It's up to you to stand up and to be heard, to write and to lobby, to march, to organize, to vote. Don't be content to just sit back and watch.

Those who oppose change, those who benefit from an unjust status quo, have always bet on the public's cynicism or the public's complacency. Throughout American history, though, they have lost that bet, and I believe they will this time as well. But ultimately, Class of 2012, that will depend on you. Don't wait for the person next to you to be the first to speak up for what's right. Because maybe, just maybe, they're waiting on you.

Which brings me to my second piece of advice: Never underestimate the power of your example. The very fact that you are graduating, let alone that more women now graduate from college than men, is only possible because earlier generations of women—your mothers, your grandmothers, your aunts—shattered the myth that you couldn't or shouldn't be where you are.

I think of a friend of mine who's the daughter of immigrants. When she was in high school, her guidance counselor told her, you know what, you're just not college material. You should think about becoming a secretary. Well, she was stubborn, so she went to college anyway. She got her master's. She ran for local office, won. She ran for state office, she won. She ran for Congress, she won. And lo and behold, Hilda Solis did end up becoming a secretary—she is America's Secretary of Labor.

So think about what that means to a young Latina girl when she sees a Cabinet secretary that looks like her. Think about what it means to a young girl in Iowa when she sees a presidential candidate who looks like her. Think about what it means to a young girl walking in Harlem right down the street when she sees a U.N. ambassador who looks like her. Do not underestimate the power of your example.

This diploma opens up new possibilities, so reach back, convince a young girl to earn one, too. If you earned your degree in areas where we need more women—like computer science or engineering—reach back and persuade another student to study it, too. If you're going into fields where we need more women, like construction or computer engineering—reach back, hire someone new. Be a mentor. Be a role model.

Until a girl can imagine herself, can picture herself as a computer programmer, or a combatant commander, she won't become one. Until there are women who tell her, ignore our pop culture obsession over beauty and fashion and focus instead on studying and inventing and competing and leading, she'll think those are the only things that girls are supposed to care about. Now, Michelle will say, nothing wrong with caring about it a little bit. You can be stylish and powerful, too. That's Michelle's advice.

And never forget that the most important example a young girl will ever follow is that of a parent. Malia and Sasha are going to be outstanding women because Michelle and Marian Robinson are outstanding women. So understand your power, and use it wisely.

My last piece of advice—this is simple, but perhaps most important: Persevere. Persevere. Nothing worthwhile is easy. No one of achievement has avoided failure—sometimes catastrophic failures. But they keep at it. They learn from mistakes. They don't quit.

You know, when I first arrived on this campus, it was with little money, fewer options. But it was here that I tried to find my place in this world. I knew I wanted to make a difference, but it was vague how in fact I'd go about it. But I wanted to do my part to do my part to shape a better world.

So even as I worked after graduation in a few unfulfilling jobs here in New York—I will not list them all—even as I went from motley apartment to motley apartment, I reached out. I started to write letters to community organizations all across the country. And one day, a small group of churches on the South Side of Chicago answered, offering me work with people in neighborhoods hit hard by steel mills that were shutting down and communities where jobs were dying away.

The community had been plagued by gang violence, so once I arrived, one of the first things we tried to do was to mobilize a meeting with community leaders to deal with gangs. And I'd worked for weeks on this project. We invited the police; we made phone calls; we went to churches; we passed out flyers. The night of the meeting we arranged rows and rows of chairs in anticipation of this crowd. And we waited, and we waited. And finally, a group of older folks walked in to the hall and they sat down. And this little old lady raised her hand and asked, "Is this where the bingo game is?" It was a disaster. Nobody showed up. My first big community meeting—nobody showed up.

And later, the volunteers I worked with told me, that's it; we're quitting. They'd been doing this for two years even before I had arrived. They had nothing to show for it. And I'll be honest, I felt pretty discouraged as well. I didn't know what I was doing. I thought about quitting. And as we were talking, I looked outside and saw some young boys playing in a vacant lot across the street. And they were just throwing rocks up at a boarded building. They had nothing better to do—late at night, just throwing rocks. And I said to the volunteers, "Before you quit, answer one question. What will happen to those boys if you quit? Who will fight for them if we don't? Who will give them a fair shot if we leave?

And one by one, the volunteers decided not to quit. We went back to those neighborhoods and we kept at it. We registered new voters, and we set up after-school programs, and we fought for new jobs, and helped people live lives with some measure of dignity. And we sustained ourselves with those small victories. We didn't set the world on fire. Some of those communities are still very poor. There are still a lot of gangs out there. But I believe that it was those small victories that helped me win the bigger victories of my last three and a half years as President.

And I wish I could say that this perseverance came from some innate toughness in me. But the truth is, it was learned. I got it from watching the people who raised me. More specifically, I got it from watching the women who shaped my life.

I grew up as the son of a single mom who struggled to put herself through school and make ends meet. She had marriages that fell apart; even went on food stamps at one point to help us get by. But she didn't quit. And she earned her degree, and made sure that through scholarships and hard work, my sister and I earned ours. She used to wake me up when we were living overseas—wake me up before dawn to study my English lessons. And when I'd complain, she'd just look at me and say, "This is no picnic for me either, buster." And my mom ended up dedicating herself to helping women around the world access the money they needed to start their own businesses—she was an early pioneer in microfinance. And that meant, though, that she was gone a lot, and she had her own struggles trying to figure out balancing motherhood and a career. And when she was gone, my grandmother stepped up to take care of me.

She only had a high school education. She got a job at a local bank. She hit the glass ceiling, and watched men she once trained promoted up the ladder ahead of her. But she didn't quit. Rather than grow hard or angry each time she got passed over, she kept doing her job as best as she knew how, and ultimately ended up being vice president at the bank. She didn't quit.

And later on, I met a woman who was assigned to advise me on my first summer job at a law firm. And she gave me such good advice that I married her. And Michelle and I gave everything we had to balance our careers and a young family. But let's face it, no matter how enlightened I must have thought myself to be, it often fell more on her shoulders when I was traveling, when I was away. I know that when she was with our girls, she'd feel guilty that she wasn't giving enough time to her work, and when she was at her work, she'd feel guilty she wasn't giving enough time to our girls. And both of us wished we had some superpower that would let us be in two places at once. But we persisted. We made that marriage work.

And the reason Michelle had the strength to juggle everything, and put up with me and eventually the public spotlight, was because she, too, came from a family of folks who didn't quit—because she saw her dad get up and go to work every day even though he never finished college, even though he had crippling MS. She saw her mother, even though she never finished college, in that school, that urban school, every day making sure Michelle and her brother were getting the education they deserved. Michelle saw how her parents never quit. They never indulged in self-pity, no matter how stacked the odds were against them. They didn't quit.

Those are the folks who inspire me. People ask me sometimes, who inspires you, Mr. President? Those quiet heroes all across this country—some of your parents and grandparents who are sitting here—no fanfare, no articles written about them, they just persevere. They just do their jobs. They meet their responsibilities. They don't quit. I'm only here because of them. They may not have set out to change the world, but in small, important ways, they did. They certainly changed mine.

So whether it's starting a business, or running for office, or raising a amazing family, remember that making your mark on the world is hard. It takes patience. It takes commitment. It comes with plenty of setbacks and it comes with plenty of failures.

But whenever you feel that creeping cynicism, whenever you hear those voices say you can't make a difference, whenever somebody tells you to set your sights lower—the trajectory of this country should give you hope. Previous generations should give you hope. What young generations have done before should give you hope. Young folks who marched and mobilized and stood up and sat in, from Seneca Falls to Selma to Stonewall, didn't just do it for themselves; they did it for other people.

That's how we achieved women's rights. That's how we achieved voting rights. That's how we achieved workers' rights. That's how we achieved gay rights. That's how we've made this Union more perfect.

And if you're willing to do your part now, if you're willing to reach up and close that gap between what America is and what America should be, I want you to know that I will be right there with you. If you are ready to fight for that brilliant, radically simple idea of America that no matter who you are or what you look like, no matter who you love or what God you worship, you can still pursue your own happiness, I will join you every step of the way.

Now more than ever—now more than ever, America needs what you, the Class of 2012, has to offer. America needs you to reach high and hope deeply. And if you fight for your seat at the table, and you set a better example, and you persevere in what you decide to do with your life, I have every faith not only that you will succeed, but that, through you, our nation will continue to be a beacon of light for men and women, boys and girls, in every corner of the globe.

So thank you. Congratulations. God bless you. God bless the United States of America.

Barack Obama
Ohio State University 2013.05.05

Well, thank you so much. Everybody, please be seated. Thank you, Dr. Gee, for the wonderful introduction. I suspect the good President may have edited out some other words that were used to describe me. I appreciate that. But I'm going to let Michelle know of all the good comments.

To the Board of Trustees; Congresswoman Beatty; Mayor Coleman; and all of you who make up The Ohio State University for allowing me to join you—it is an incredible honor.

And most of all, congratulations, Class of 2013! And of course, congratulations to all the parents, and family, and friends and faculty here in the Horseshoe—this is your day as well. I've been told to ask everybody, though, please be careful with the turf. Coach Meyer has big plans for this fall.

I very much appreciate the President's introduction. I will not be singing today.

It is true that I did speak at that certain university up north a few years ago. But, to be fair, you did let President Ford speak here once—and he played football for Michigan! So everybody can get some redemption.

In my defense, this is my fifth visit to campus in the past year or so. One time, I stopped at Sloppy's to grab some lunch. Many of you—Sloppy's—I know. It's Sunday and I'm coming off a foreign trip. Anyway, so I'm at Sloppy's and many of you were still eating breakfast. At 11:30 a.m. On a Tuesday. So, to the Class of 2013, I will offer my first piece of advice: Enjoy it while you can. Soon, you will not get to wake up and have breakfast at 11:30 a.m. on Tuesday. And once you have children, it gets even earlier.

But, Class of 2013, your path to this moment has wound you through years of breathtaking change. You were born as freedom forced its way through a wall in Berlin, tore down an Iron Curtain across Europe. You were educated in an era of instant information that put the world's accumulated knowledge at your fingertips. And you came of age as terror touched our shores; and an historic recession spread across the nation; and a new generation signed up to go to war.

So you've been tested and you've been tempered by events that your parents and I never imagined we'd see when we sat where you sit. And yet, despite all this, or perhaps because of it, yours has become a generation possessed with that most American of ideas—that people who love their country can change it for the better. For all the turmoil, for all the times you've been let down, or frustrated at the hand that you've been dealt, what I have seen—what we have witnessed from your generation—is that perennial, quintessentially American value of optimism; altruism; empathy; tolerance; a sense of community; a sense of service—all of which makes me optimistic for our future.

Consider that today, 50 ROTC cadets in your graduating class will become commissioned officers in the Army, Navy, Air Force, and Marines. A hundred and thirty of your fellow graduates have already served—some in combat, some on multiple deployments. Of the 98 veterans earning bachelor's degrees today, 20 are graduating with honors, and at least one kept serving his fellow veterans when he came home by starting up a campus organization called Vets4Vets. And as your Commander-in-Chief, I could not be prouder of all of you.

Consider that graduates of this university serve their country through the Peace Corps, and educate our children through established programs like Teach for America, startups like Blue Engine, often earning little pay for making the biggest impact. Some of you have already launched startup companies of your own. And I suspect that those of you who pursue more education, or climb the corporate ladder, or enter the arts or science or journalism, you will still choose a cause that you care about in your life and will fight like heck to realize your vision.

There is a word for this. It's citizenship. And we don't always talk about this idea much these days—citizenship—let alone celebrate it. Sometimes, we see it as a virtue from another time, a distant past, one that's slipping from a society that celebrates individual ambition above all else; a society awash in instant technology that empowers us to leverage our skills and talents like never before, but just as easily allows us to retreat from the world. And the result is that we sometimes forget the larger bonds we share as one American family.

But it's out there, all the time, every day—especially when we need it most. Just look at the past year. When a hurricane struck our mightiest city, and a factory exploded in a small town in Texas, we saw citizenship. When bombs went off in Boston, and when a malevolent spree of gunfire visited a movie theater, a temple, an Ohio high school, a 1st grade classroom in Connecticut, we saw citizenship. In the aftermath of darkest tragedy, we have seen the American spirit at its brightest.

We've seen the petty divisions of color and class and creed replaced by a united urge to help each other. We've seen courage and compassion, a sense of civic duty, and a recognition we are not a collection of strangers; we are bound to one another by a set of ideals and laws and commitments, and a deep devotion to this country that we love.

And that's what citizenship is. It's at the heart of our founding—that as Americans, we are blessed with God-given talents and inalienable rights, but with those rights come responsibilities—to ourselves, and to one another, and to future generations.

Now, if we're being honest with ourselves, as you've studied and worked and served to become good citizens, the fact is that all too often the institutions that give structure to our society have, at times, betrayed your trust. In the run-up to the financial crisis, too many on Wall Street forgot that their obligations don't end with what's happening with their shares. In entertainment and in the media, ratings and shock value often trump news and storytelling.

In Washington—well, this is a joyous occasion, so let me put it charitably—I think it's fair to say our democracy isn't working as well as we know it can. It could do better. And so those of us fortunate enough to serve in these institutions owe it to you to do better every single day.

And I've been thinking a lot lately about how we can keep this idea of citizenship in its fullest sense alive at the national level—not just on Election Day, not just in times of tragedy, but all the days in between. And perhaps because I spend a lot of time in Washington, I'm obsessed with this issue because that sense of citizenship is so sorely needed there. And I think of what your generation's traits—compassion and energy, and a sense of selflessness—might mean for a democracy that must adapt more quickly to keep up with the speed of technological and demographic, and wrenching economic change.

I think about how we might perpetuate this notion of citizenship in a way that another politician from my home state of Illinois, Adlai Stevenson, once described patriotism not as "short, frenzied outbursts of emotion, but the tranquil and steady dedication of a lifetime." That's what patriotism is. That's what citizenship is.

Now, I don't pretend to have all the answers. I'm not going to offer some grand theory on a beautiful day like this—you guys all have celebrating to do. I'm not going to get partisan, either, because that's not what citizenship is about. In fact, I'm asking the same thing of you that President Bush did when he spoke at this commencement in 2002: "America needs more than taxpayers, spectators, and occasional voters," he said. "America needs full-time citizens." And as graduates from a university whose motto is "Education for Citizenship," I know all of you get that this is what you've signed up for. It's what your country expects of you.

So briefly, I'll ask for two things from the Class of 2013: to participate, and to persevere. After all, your democracy does not function without your active participation. At a bare minimum, that means voting, eagerly and often—not having somebody drag you to it at 11:30 a.m. when you're having breakfast. It means knowing who's been elected to make decisions on your behalf, and what they believe in, and whether or not they delivered on what they said they would. And if they don't represent you the way you want, or conduct themselves the way you expect, if they put special interests above your own, you've got to let them know that's not okay. And if they let you down often enough, there's a built-in day in November where you can really let them know it's not okay.

But participation, your civic duty, is more than just voting. You don't have to run for office yourself—but I hope many of you do, at all levels, because our democracy needs you. And I promise you, it will give you a tough skin. I know a little bit about this. President Wilson once said, "If you want to make enemies, try to change something."

And that's precisely what the Founders left us—the power, each of us, to adapt to changing times. They left us the keys to a system of self-government, the tools to do big things and important things together that we could not possibly do alone—to stretch railroads and electricity and a highway system across a sprawling continent. To educate our people with a system of public schools and land-grant colleges, including The Ohio State University. To care for the sick and the vulnerable, and provide a basic level of protection from falling into abject poverty in the wealthiest nation on Earth. To conquer fascism and disease; to visit the Moon and Mars; to gradually secure our God-given rights for all of our citizens, regardless of who they are, or what they look like, or who they love.

We, the people, chose to do these things together—because we know this country cannot accomplish great things if we pursue nothing greater than our own individual ambition.

Unfortunately, you've grown up hearing voices that incessantly warn of government as nothing more than some separate, sinister entity that's at the root of all our problems; some of these same voices also doing their best to gum up the works. They'll warn that tyranny is always lurking just around the corner. You should reject these voices. Because what they suggest is that our brave and creative and unique experiment in self-rule is somehow just a sham with which we can't be trusted.

We have never been a people who place all of our faith in government to solve our problems; we shouldn't want to. But we don't think the government is the source of all our problems, either. Because we understand that this democracy is ours. And as citizens, we understand that it's not about what America can do for us; it's about what can be done by us, together, through the hard and frustrating but absolutely necessary work of self-government. And, Class of 2013, you have to be involved in that process.

The founders trusted us with this awesome authority. We should trust ourselves with it, too. Because when we don't, when we turn away and get discouraged and cynical, and abdicate that authority, we grant our silent consent to someone who will gladly claim it. That's how we end up with lobbyists who set the agenda; and policies detached from what middle-class families face every day; the well—connected who publicly demand that Washington stay out of their business—and then whisper in government's ear for special treatment that you don't get.

That's how a small minority of lawmakers get cover to defeat something the vast majority of their constituents want. That's how our political system gets consumed by small things when we are a people called to do great things—like rebuild a middle class, and reverse the rise of inequality, and repair the deteriorating climate that threatens everything we plan to leave for our kids and our grandkids.

Class of 2013, only you can ultimately break that cycle. Only you can make sure the democracy you inherit is as good as we know it can be. But it requires your dedicated, and informed, and engaged citizenship. And that citizenship is a harder, higher road to take, but it leads to a better place. It's how we built this country—together.

It's the question that President Kennedy posed to the nation at his inauguration. It's the dream that Dr. King invoked. It does not promise easy success or immediate progress—but it has led to success, and it has led to progress. And it has to continue with you.

Which brings me to the second thing I ask of all of you—I ask that you persevere. Whether you start a business, or run for office, or devote yourself to alleviating poverty or hunger, please remember that nothing worth doing happens overnight. A British inventor named Dyson went through more than 5,000 prototypes before getting that first really fancy vacuum cleaner just right. We remember Michael Jordan's six championships; we don't remember his nearly 15,000 missed shots. As for me, I lost my first race for Congress, and look at me now—I'm an honorary graduate of The Ohio State University.

The point is, if you are living your life to the fullest, you will fail, you will stumble, you will screw up, you will fall down. But it will make you stronger, and you'll get it right the next time, or the time after that, or the time after that. And that is not only true for your personal pursuits, but it's also true for the broader causes that you believe in as well.

So you can't give up your passion if things don't work right away. You can't lose heart, or grow cynical if there are twists and turns on your journey. The cynics may be the loudest voices—but I promise you, they will accomplish the least. It's those folks who stay at it, those who do the long, hard, committed work of change that gradually push this country in the right direction, and make the most lasting difference.

So whenever you feel that creeping cynicism, whenever you hear those voices saying you can't do it, you can't make a difference, whenever somebody tells you to set your sights lower—the trajectory of this great nation should give you hope. What generations have done before you should give you hope. Because it was young people just like you who marched and mobilized and stood up and sat in to secure women's rights, and voting rights, and workers' rights, and gay rights—often at incredible odds, often at great danger, often over the course of years, sometimes over the tranquil and steady dedication of a lifetime—and they never got acknowledged for it, but they made a difference.

And even if their rights were already secured, there were those who fought to secure those same rights and opportunities for others. And that should give you some hope.

Where we're going should give you hope. Because while things are still hard for a lot of people, you have every reason to believe that your future is bright. You're graduating into an economy and a job market that is steadily healing. The once-dying American auto industry is on pace for its strongest performance in 20 years—something that means everything to many communities in Ohio and across the Midwest. Huge strides in domestic energy, driven in part by research at universities like this one, have us on track to secure our own energy future. Incredible advances in information and technology spurred largely by the risk-takers of your generation have the potential to change the way we do almost everything.

There is not another country on Earth that would not gladly change places with the United States of America. And that will be true for your generation just as it was true for previous generations.

So you've got a lot to look forward to, but if there's one certainty about the decade ahead, it's that things will be uncertain. Change will be a constant, just as it has been throughout our history. And, yes, we still face many important challenges. Some will require technological breakthroughs or new policy insights. But more than anything, what we will need is political will—to harness the ingenuity of your generation, and encourage and inspire the hard work of dedicated citizens. To repair the middle class, to give more families a fair shake, to reject a country in which only a lucky few prosper because that's antithetical to our ideals and our democracy—all of this is going to happen if you are involved, because it takes dogged determination—the dogged determination of our citizens.

To educate more children at a younger age, and to reform our high schools for a new time, and to give more young people the chance to earn the kind of education that you did at The Ohio State University, and to make it more affordable so young people don't leave with a mountain of debt—that will take the care and concern of citizens like you.

To build better roads and airports and faster Internet, and to advance the kinds of basic research and technology that's always kept America ahead of everybody else—that will take the grit and fortitude of citizens.

To confront the threat of climate change before it's too late—that requires the idealism and the initiative of citizens.

To protect more of our kids from the horrors of gun violence—that requires the unwavering passion, the untiring resolve of citizens. It will require you.

Fifty years ago, President Kennedy told the class of 1963 that "our problems are manmade—therefore, they can be solved by man. And man can be as big as he wants." We're blessed to live in the greatest nation on Earth. But we can always be greater. We can always aspire to something more. That doesn't depend on who you elect to office. It depends on you, as citizens, how big you want us to be, how badly you want to see these changes for the better.

And look at all that America has already accomplished. Look at how big we've been. I dare you, Class of 2013, to do better. I dare you to dream bigger.

And from what I've seen of your generation, I'm confident that you will. And so I wish you courage, and compassion, and all the strength that you will need for that tranquil and steady dedication of a lifetime.

Thank you. God bless you, and God bless these United States of America.

Michelle Obama
Eastern Kentucky University 2013.05.11

MRS. OBAMA: Thank you so much. Oh, my goodness. Good evening. Thank you. I am just overwhelmed. And as an honorary degree holder, it is now my pleasure to say, Go Colonels!

I want to start by thanking President Whitlock for that very kind introduction, but more importantly, for his decades of service to this university and to this country. And it is my honor to be here on your last commitment. And I also want to thank your wife and your family, because I know that they have served right along with you. So congratulations. I am so glad to be here today.

I also want to recognize Governor Beshear and his wife and dear friend of ours, Jane, as well as Richmond Mayor Jim Barnes, who is here; all of the elected officials we have with us tonight; also the University Singers for those beautiful selections—just gifted individuals. And I don't want to leave out Candace for her very inspiring remarks. And to the 14 men and women who just became the newest officers in the United States Army—yes.

And of course, I want to join in in recognizing all of these beautiful people in the stands today—the family members who supported you all every step of the way. And since tomorrow is what?

I'm sure everybody is on their jobs, right? Got flowers ordered, everything? I want to give a special greeting to my fellow moms, and congratulate you for successfully coming out on the other side of adolescence in one piece. You've done it. You have succeeded in raising college graduates. I welcome any advice you have on how you got it right.

But most of all—yes, indeed, to the moms, and the grandmoms, and the godmoms, and all the mom figures in our lives who keep us going. Thank you all.

But most of all, I want to congratulate the stars of today's show— the EKU Class of 2013! Yes! You all should proud, very proud. As the president said, this is a true milestone in life. And I can only imagine the mix of emotions that you must be feeling at this moment—the unbridled joy, the unmistakable sense of utter relief.

You all went through so much to make it to this day—the highs and the lows, the triumphs, the challenges, the celebrations, the devastations—and I'm not just talking about your love lives, either. I'm talking about all those papers you poured your heart into; all those caffeine-fueled all-nighters; those moments of anxiety as you set out on your own, looking to find new friends you clicked with and a new community to call your own.

And for so many of you, I know that graduating from college was not a foregone conclusion. Some of you came from high schools that don't send a lot of kids to college. Some of you had to work full time so that you could not only pay for your degree, but also support your family. And so many of you, as I have seen, are first in your families to graduate from college.

So I know you faced all kinds of doubts and uncertainties when you first showed up on this campus. And I know a little bit about that from my own experiences.

As you've heard, my parents were working folks who never earned a degree past high school. They didn't have a lot of money, so sending me and my brother to school was a huge sacrifice for them. The vast majority of our tuition came from loans and grants, but let me tell you, every month, my father would write out his small check. He was determined to pay his portion of that tuition right on time, even if it meant taking out loans when he fell short.

See, what our parents had to offer us was a whole lot of love. And while we could always call home and talk through the ups and downs of our lives with our parents, the truth is they couldn't give us a lot more than that. They couldn't give us a lot of guidance when it came to choosing classes and professors, or finding internships and jobs.

So when I first set foot on college, my campus, it was all a bit of a mystery to me. And honestly, in the back of my mind, I couldn't shake the voices from some of the people at my high school who told me that I could never make it at the school I'd chosen.

When I first set foot on campus, oh, it all seemed so big and overwhelming. I didn't even know where to start—how to pick out the right classes, how to even find the right buildings. So I began to think that maybe all those doubters might have been right.

I didn't even know how to furnish my own dorm room. I saw all these other kids moving in all sorts of couches and lamps and decorations for their rooms, but when I unpacked my belongings, I realized that I didn't even have the right size sheets for my bed—mine were way too short. So that first night, I stretched the sheets down as far as they could go, then I draped the covers over the foot of my bed so when I crawled into bed my legs were sticking out past the sheets, rubbing up against that cold, plastic mattress. And I slept that way for the entire freshman year.

But when you come from a family like mine, that's what you do. You make the most of what you've got. You use all that good common sense and you don't make excuses. You work hard, and you always finish what you start. And no matter what, you give everybody a fair shake, and when somebody needs a hand, you offer yours.

See, those were the gifts my parents gave me—their values. And I quickly learned that those gifts were far more valuable than money or connections. Because once I got to college, I found that when I applied all those values to my studies, I was able to set—develop an entirely new set of skills that I would use for the rest of my life—skills like resilience, problem solving, time management.

I learned to turn stumbles and missteps into sources of motivation. A week with three tests and two papers wasn't a reason to stress out, but a reason to plan. A negative comment from a professor in class wasn't a reason to shut down, but a reason to ask even more questions. Most importantly, I realized that what really mattered wasn't how much money my parents made or what those people in my high school said about me. What mattered was what was in my mind and what was in my heart. So my four years in school gave me the confidence to know that if I could make it on a college campus, I could make it anywhere.

So graduates, this day is huge for kids like us—it's huge. So you should be incredibly proud. And I hope that you never lose sight of what brought you to this day —— those values that you came here with, and those skills and talents you developed while you were here. Because when you pair those two things together, you will be prepared for whatever comes next.

And that brings me to an important question: What does come next?

As I thought about the journey you all are about to embark upon, it reminded me of a conversation I had with my daughter Malia—she's my oldest. This conversation we had when she was 10 years old. We were talking about college and her future, and I told her—I always tell my kids, I said, once you graduate from college, you cannot come back home again—cannot. Now, of course I was joking, but I still don't want here to know that. But her response—she took it in—was one I'll never forget. She said, well, Mom, where do you go after college? She said, I mean, literally, the day after you graduate? She said, because you're not in school, and you can't come home, so where do you go?

Now, I hope that all of you have an answer for that question today, and hopefully nobody is sleeping out in The Ravine. But I think there was also something profound about her question. Where are you going to go? And so today, in the spirit of my daughter's question, I want to pose a few questions of my own as you begin the next chapter of your lives.

And my first question is: Who are you going to be? And if you'll notice, I'm not asking what are you going to do, but who are you going to be? I'm asking you about how you plan to live your life every day. How are you going to respond when you don't get that job you had your heart set on?

For all of you who are going on to be teachers, what are you going to do if the students in your class next year just don't respond to your lessons? For all of you going into business, how will you react when your boss gives you a goal that feels way too high?

These are the moments that define us—not the day you get the promotion, not the day you win teacher of the year, but the times that force you to claw and scratch and fight just to get through the day; the moments when you get knocked down and you're wondering whether it's even worth it to get back up. Those are the times when you've got to ask yourself, who am I going to be?

And I want to be clear, this isn't just some vague platitude about building character. In recent years, we've actually been seeing a growing body of research that shows that skills like resilience and conscientiousness can be just as important to your success as your test scores, or even your IQ.

For instance, West Point cadets who scored high on things like grit and determination were more likely to complete basic training than those who ranked high on things like class rank, SAT scores, and physical fitness. So what we're seeing is that if you're willing to dig deep, if you're willing to pick yourself up when you fall, if you're willing to work and work until your weaknesses become your strengths, then you'll develop a set of skills that you can mold and apply to any situation you encounter, any job you might have, any crisis you might confront.

But you've got to make that choice—who are you going to be? And then once you answer that question, I want you to answer a second question, and that is: How are you going to take those skills and experiences that you've gained and use them to serve others?

Here at Eastern, you have an extraordinary culture of service. Many of you spent your spring break volunteering in places like New Orleans and Washington D.C. Your journalism society donated all the money they had raised for a trip to a regional conference to a newspaper that had been hit by a tornado.

Altogether, EKU students volunteered 107,000 hours of service, earning you a place on my husband the President's Higher Education Community Service Honor Roll. And on top of all of that, you have also given back to our country by opening your arms and welcoming our nation's veterans into your community. And everyone here is involved in that—everyone.

The administration awards college credit for military experience. Faculty members reach out to veterans in their classrooms. Students donate to the veterans' book exchange every semester. So it is no wonder that two out of the last three years, Military Times EDGE magazine has named you the nation's number one four-year school for our veterans. So you all should be very proud of this community.

But graduates, you can't stop serving once you leave here. Whether you've worn our country's uniform or not, we're all called to serve and to give back to those around us. And you don't have to travel across the globe or even across the country to find ways to serve. All you have to do is take a look around your own community.

Are there kids in your neighborhood who could use a mentor? Can you volunteer with an organization that serves military families? Can you pick up a few extra cans of vegetables and donate them to a food bank? I mean, these may seem so small, but they really make a difference. Because when you've worked hard and done well, as I said, the least you can do is reach back and give a hand to somebody else who could use that help. We can all find a way to open our arms and welcome folks around us into our lives and our communities.

And that leads me to my third question: Who are you going to include in your life?

The EKU community's outreach to veterans offers part of the answer to this question. Now, just imagine what it's like for these veterans to go from combat to campus. Just put yourself in their shoes for one second—one minute you're wearing a rucksack, carrying a firearm, and facing gunfire in the middle of the desert; the next minute you're wearing a backpack, carrying a textbook, and hanging out at Powell Corner. Your friends from the platoon are scattered across the country. Most of the people you see on a day-to-day basis have never experienced and could never imagine the things you've experienced. It would be so easy to feel isolated, like no one understands, like you're an outsider.

But here at Eastern, you didn't let that happen. Instead, you reached out to these men and women. You made sure they felt comfortable and welcomed. And you've seen that your community has become stronger, even more vibrant because these men and women, because they are part of this community.

So graduates, think about how this will apply to your own lives in the future. As you move on, you're going to come across all kinds of people from all different places and faiths and walks of life. And you can choose to pass them by without a word, or you can choose to reach out to them, no matter who they are or where they come from or what ideas they might have.

That's what's always made this country great—embracing the diversity of experience and opinion that surrounds us everywhere we go. So I encourage you all—seek it out. Don't just spend time with people your own age—go to the local senior center and talk with folks who have a little life experience under their belts. You would be amazed at the wisdom they have to offer.

Try visiting a different congregation every once in a while; you might just hear something in the sermon that stays with you. If you're a Democrat, spend some time talking to a Republican. And if you're a Republican, have a chat with a Democrat. Maybe you'll find some common ground, maybe you won't. But if you honestly engage with an open mind and an open heart, I guarantee you'll learn something. And goodness knows we need more of that, because we know what happens when we only talk to people who think like we do—we just get more stuck in our ways, more divided, and it gets harder to come together for a common purpose.

But here's the thing, graduates—as young people, you all can—you can get past all that. You've got the freedom of an open mind, and thanks to today's technology, you're connected to each other and to the world like never before.

So you can either choose to use those opportunities to continue fighting the fights that we've been locked in for decades, or you can choose to reject those old divisions and embrace folks with a different point of view. And if you do that, the latter, who knows where it might take you—more importantly, where it might take our country.

So those are my three questions: Who do you want to be? How will you serve others? And who will you include in your lives? And let me just share just a little secret before I end—as someone who has hired and managed hundreds of young people over the course of my career, the answers to those questions, believe me, are far more important than you can ever imagine.

Whether it was during my time as a lawyer, as an administrator at a university, a nonprofit manager, even now as First Lady, I've never once asked someone I was interviewing to explain a test score or a grade in a class—never. I've never once made a hire just because someone went to an Ivy League school instead of a state school—never. What I have looked for is what kind of person you are. Are you a hard worker? Are you reliable? Are you open to other viewpoints? Have you stepped outside of your own self-interest to serve others? Have you found a way to serve our country, whether in uniform or in your community?

Again and again, I've seen that those are the qualities that I want on my team, because those are the qualities that move our businesses and schools and our entire country forward. And just understand this— those are the qualities that you all already embody. They're the values you learned from your parents, from the communities you grew up in. They're the skills you developed here at EKU as you worked so hard to make it to this day.

And today, more than ever before, that's what the world needs. We need more people like you. So after you've come this far, after all of the ups and downs, I hope that it is no longer a question of whether or not you can make it in this world, but how and where you're going to make your mark.

And that brings me back to Malia's original question: Where are you going to go?

Graduates of this university have gone on to become generals in our military, some of our nation's best CEOs and educators and law enforcement officers. Let me tell—Abraham Lincoln was a Kentucky kid; so were Muhammad Ali, George Clooney, Diane Sawyer.

So, graduates, make no mistake—you can go anywhere you choose. So be proud, and never, ever doubt yourselves. Walk boldly on that road ahead, no matter where it takes you. And please spread those values everywhere you go. We need it more than ever before.

So congratulations again, graduates. It has been a true pleasure. Best of luck on the road ahead. I love you all.

The 14th Dalai Lama
Tulane University 2013.05.18

Respected president of the famous university and other teachers and professors and, especially, young brothers and sisters who are achieving results of serious work—and perhaps occasionally some important examinations have happened where you might have lost your sleep. I myself, when I've seen the importance of examinations, I am sometimes a little bit nervous. But now you have really achieved the result of hard work of your study. I am also impressed with your students here while you study, you are also engaged with helping other people, serving other people—that is wonderful. I think that the very purpose of education is something—a meaningful life—in order to become a meaningful life is to take care of another's wellbeing then you feel 'ah, my life is now something meaningful.' Just think of one's self [in the] worst case—exploit others, bully others, cheat others. Deep down inside you don't feel happy.

So, therefore, I believe the very purpose of life is happy life—happiness. For the simple reason—our existence is very much based upon hope. No guarantee that our future is something good, but we simply exist on hope. Hope means something good, something better. Therefore, once lost hope and completely demoralized, that mental attitude itself shortens your life, hurts your physical life, and then things become difficult. Despite difficulties, always keep optimism. 'I can overcome these difficulties.' That mental attitude itself will bring inner strength and self-confidence.

But also that way you can carry your conduct more honestly, more truthfully, more trustworthily. That brings trust. Trust brings friendship. We are social animals. We need friends. And also in the world, many problems—one individual cannot solve these things. Cooperation not only in your community, but on the global level. Like global warming—these problems—we need worldwide cooperation and effort. For that, trust and friendship are essential. I think that if two people are distant from one another, it's difficult to expect some type of cooperation. The basis of cooperation is trust, friendship, so I appreciate that you

318
319

I heard you mention your own state and your own nation—that's wonderful and as it should be. But at the same time, America, the greatest democratic country, you should look at the whole world—the global level. Actually I'm often telling people that America is the leading nation of the free world—very important. Think on the global level. In order to create a sense of global responsibility, it is extremely important to develop a concept of oneness of humanity. Seven billion human beings—we are part of that. Seven billion people are happy as well as the major positive environment, then everyone gets a benefit. If on a global level, seven billion people are facing some type of difficulties, individuals cannot escape that.

As far as formal education is concerned, I am someone who hasn't attended class even for a single day. My knowledge compared to your knowledge is almost zero—nothing. It may not be very, very appropriate to tell you but according to my own experience, there are many problems on the global level and the national level—even on the community level. Many of these problems are actually our own creation. Natural disasters - these are beyond our control, but many problems are essentially our own creation. Logically, for these problems that we have created, we must have the ability to overcome these problems or to reduce these problems because these are man-made problems. If it is a problem created by some other [cause], then it is difficult to solve by human beings. But this is not the case; therefore, I offer to tell you, particularly to you young people now here—educated, fresh, bright - you have a long future.

Now I, not only myself but my generation (the professors—we are of the same generation, the generation of the 20th century), so our century already gone. So we of the generation of the 20th century are gradually saying 'bye, bye.' Now you—whose generation is age below 20, 30—you truly are the generation of the 21st century. The 20th century, in spite of many encouraging achievements, marvelous achievements, but that century almost became the century of bloodshed—the century of violence. Some historians say that 200 million people killed through violence. That immense violence, included a nuclear weapon, nuclear bomb. If really created a better shape of the world, some may say 'worthwhile'—some justification. Now that's not the case. Therefore, now this century, we are just in the beginning, about 13 years passed—87 years yet to come. So, therefore, the future is open. Our behavior can really make a new shape of the world. So generation of the 21st century, think more on the global level and try to create a more peaceful world. This means a more compassionate world. So the sense of concern for others will be there—respect for others' life. There, then, no room to use violence because you respect others' life, you love others. How can a person who has that type of motivation, that type of mental attitude, use force to eliminate them? Impossible. So, therefore, a peaceful world means a compassionate world irrespective whether a believer or non-believer.

Biologically we are equipped—we have this potential. Young children, as soon as they are born, already receive immense affection from our mother, care. And for two years, our survival is completely dependent upon our mother's care, mother's milk. That's everybody. We begin our life that way. So early in our life, we receive an immense amount of affection from others. So that seeps here, seeps in our blood—the potential of affection to others. So biologically we are equipped with a sense of concern of others' well-being. And secondly, we are social animals. So biologically we need a sense of concern for others' wellbeing. I think that an extreme selfish attitude, self-centered attitude gradually—these basic human values become more prominent and then the education of the brain further develops and society's culture, materialistic culture—and that is the culture of a little bit competition. And that way aggressiveness further develops. That's why seven billion human beings—right from the beginning more compassionate. But gradually that not much active. Aggressiveness, suspicion, distrust, bullying or cheating nowadays, then becomes stronger.

I think that we can reduce these things through education, through fairness, but not necessarily through prayer, not necessarily through religious faith but simply use common sense. Everyone wants a happy life, happy family, happy community. Real happiness has to do with emotion, not money. Therefore, now, please young brothers and sisters, pay some attention about our inner values. Then the brilliance of your brain and warm-heartedness come together. Your education, your knowledge then become constructive. If among the students really bright, but if you neglect about warm—heartedness, eventually some of you truly will become troublemakers on this planet. Education alone sometimes creates more problems.

Individuals themselves not always the happy one—always 'worry, worry, worry.' Loneliness, scared. When we meet this person—fear, distrust. Result—lonely feeling. That is against basic human nature. So please pay some attention, some knowledge on how to create inner peace. Through inner peace, all your profession, knowledge, can be constructive. All professional knowledge headed by [selfishness], motivated by anger, hatred, suspicion, then your knowledge becomes destructive. That much my own experience and also by observing others—that is something that an old person has better knowledge because of age. We have a lot of different experiences. So, therefore, when I meet some old, longtime friend, many cases express to me 'Your face not much changed. Still looks young. What is secret about that?' I have nothing. Ok, that's too much. There is more ceremony. I do not want to spoil that.

So in anyway, now our hope is lying on your shoulders. Please think seriously on how to build a happy century, a peaceful century. This is what I think. Then, of course, I would like to express my congratulations for your graduation. Then also I want [to tell you this]. Until now some way other people taking care, some kind of routine, more or less protected. Now you start your real life. There could be more complicated difficulties. Then you should not—due to small incidents—demoralize. This is really the source of failure. In spite of difficulties, you must keep optimism and self-confidence. This is very important. That I wanted to share with you.

And then, whenever I receive an honorary degree, I always think what a great honor and I feel very happy. I must thank you. Usually without much effort, some degree is given to me—is wonderful. Thank you very much. So I promise, my senior brothers and sisters, young brothers and sisters, my age is already nearly 78—I will last another ten years, 88, and most probably another 10 years, 98—so I promise my body, speech and mind dedicated to the wellbeing of others. That I will carry. That kind of thinking. That kind of commitment. Hopefully your honorary degree may not spoil. Thank you. Bye bye.

Michael Bloomberg
Kenyon College 2013.05.18

Good morning, faculty, family, students, friends—Lords and Ladies all! Ryan, thank you for that kind introduction, and thank you, Provost Samhat and President Nugent for giving me such a warm welcome today.

Some students suggested I call the President 'The Nooge' but that doesn't seem dignified. Don't worry, Madame President: The New York tabloids call me "Bloomy." And that's when they're being nice.

This is my first day at Kenyon and I'm told that when you first get here, you're supposed to stand up and sing the college song in front of everyone and they boo you. Well, I'm happy to do that. I've been practicing, I know the words but today isn't about me. It's about you, the graduates. The Great Class of 2013!

Today, I salute you, graduates but not merely for your academic achievements, though they have been many. As Rutherford B. Hayes, Class of 1842, said: 'The honor of success is increased by the obstacles which are to be surmounted.'

You have done a remarkable job overcoming every obstacle on the way to your diploma and I've heard about a few of them:

You overcame swine flu freshman year. You overcame Middle Path in mud and snow and ice. You overcame living in New-Apps and having an 8:10 A.M. economics class in Ascension.

You survived comps. You survived the closing of Middle Ground. You survived tornado alerts every Friday and power blackouts every winter! I don't suppose we'll have one today but, from what I understand, things get pretty wild when they do.

But you survived it all and here you are.

However, while this is a very special weekend for the graduates, before imparting some indispensable words of wisdom that you are sure to remember for the rest of your life, I'd like to say something about another important group here today.

They are sitting out there this morning, beaming proudly and not even thinking about what it cost to get to this day or what happens if you can't get a job and have to move back home.

I'm talking about your parents and relatives—let's give them a big hand. They deserve it!

Now, knowing that there'd be such a distinguished crowd here, I felt compelled to do my research before I spoke today. I really wanted to understand the Kenyon experience.

So this morning, I had hoped to visit the 'Kack'—home of the nationally ranked men's and women's swimming teams! And also the Jasper Tennis Center—home of the soon-to-be National Champion Men's Tennis team!

I had planned to go inside the upside-down tree. I wanted to walk into Pierce and not step on the college seal. (I didn't want to jinx this speech.)

I wanted to head over to The Cove—and eat some Mac and Cheese wedges. I hear the atmosphere is very, what's the right word, colorful?

I wanted to go to Sunset Point and sit on a bench, then go to the Beta Rock over in South Quad—although my health commissioner back at home advised me not to sit on that.

Most of all and can you blame me? I was hoping to see Gourd-zilla!

I wanted to do all of that before coming here but instead, I spent the entire morning looking for parking!

I had no idea how hard it is to park on this campus. I think I'm way out in South Lot 2. The only reason I made it here on time is that I sent out an 'All-Stu' to get a lift and here I am.

So: I'm not quite as prepared for today as you graduates are, but that's okay because today is about looking forward as you commence a new phase in your life.

And as you do, what's most important is not what you are able to remember from your classes.

Over time, you will forget most of the books you read, the equations you memorized, the studies you analyzed, the papers you wrote, the tests you took.

That's inevitable—it happens to all of us.

What's important is not remembering what you've learned; it's realizing how much more there still is to learn.

Some of you will continue your formal education. Some may go back to school down the road. And some of you never want to sit in a classroom again for the rest of your lives! Regardless: don't let your education end here.

In a few minutes, you will become a graduate but I hope that, for the rest of your life, you will remain a student.

Your capacity to learn is the greatest asset you have in life. Never give it up and never sell it short.

Every day, I take a Spanish lesson. I read widely. I listen to people who have unique insights. And most importantly—I ask questions.

Don't ever be afraid to ask a question.

The most powerful word in the English language is 'Why'—because there is nothing so powerful as an open mind. Whatever path you choose in life—whether it involves scientific discovery, technological innovation, entrepreneurial activity, public service, artistic expression, public service, or anything else—be a lifelong student.

Because the day you stop learning is the day you start dying.

The world is full of people who have stopped learning and who think they've got it all figured out. You've no doubt met some of them already and you'll meet plenty more.

Their favorite word is 'No.' They will give you a million reasons why something can't be done or shouldn't be done.

Don't listen to them—don't be deterred by them—and don't become one of them. Not if you want to fulfill your potential—and not if you want to change the world for the better.

Back in 2001, when I was considering running for mayor, people told me: 'Don't do it. You'll never win. The media will tear you apart. You don't know the first thing about politics.'

And that was just my family.

But one person said to me: 'If you can picture yourself giving a concession speech, then why not go for it?'

That was the best advice I received—and I followed it.

In order to succeed, you must first be willing to fail and you must have the courage to go for it anyway.

If I could wish one thing for all of you graduates today, it would be this: Live courageously. Live courageously. Don't play it safe.

I'm not talking about climbing the water tower or swimming in the river or wearing something crazy to 'Shock Your Mom.'

I'm saying: Take risks and take charge. Don't let others decide your future for you. And don't wait for opportunity to knock.

A former Kenyon student—the comic genius Jonathan Winters, who died last month—once said: 'If your ship doesn't come in, swim out to meet it.'

Have the courage to act on your hopes; don't be paralyzed by your fears. Have the courage to think for yourself and to believe in your ideas.

That kind of courage lies at the heart of human invention and progress and the lack of it lies at the heart of our political problems today.

Last year, about 125 miles northeast of this campus, a 17-year student opened fire in his high school cafeteria, killing three people and seriously wounding others.

It was national news for a day or two. Then came mass shootings in Pittsburgh, Miami, Oakland, Tulsa, Seattle, Wilmington, Aurora, Milwaukee, Texas A&M, Minneapolis, Brookfield, Portland.

After each one, those in Washington just shrugged.

Then, Sandy Hook Elementary School in Newtown, Connecticut.

20 children, six faculty members all gunned down.

As a parent, it was just unthinkable. After Newtown, President Obama and some congressional leaders finally stood up and said: Something must be done.

I did everything I could to support them and to push Congress to act. But our efforts weren't enough to pass a piece of legislation—

requiring background checks for all gun purchases—that 90 percent of Americans agree with including more than 80 percent of gun owners.

Why?

I believe it comes down to one word: courage.

Too many members of Congress did not have the courage to stand up to the increasingly extremist view of the NRA's Washington lobbyists.

Many of them feared that voting for a common sense policy would lead to someone challenging them in a party primary or hurt their chances to win their party's nomination to higher office.

They would have done well to remember the words of Kenyon's Rutherford B. Hayes, who said at his inaugural: 'He serves his party best who serves his country best.'

Instead, we have a federal law that prohibits criminals and the mentally ill from buying guns and we have a Congress that doesn't have the courage to enforce it through a comprehensive background check system.

As a result, 33 innocent people are murdered with guns every day. That's 12,000 Americans every year.

Since you graduates first signed the Matriculation Oath as freshman, more than 40,000 Americans have been murdered with guns.

That's nearly as many Americans as we lost in combat during the entire Vietnam War.

Congress's failure to act is Washington at its worst but I would not be fighting for change if I didn't believe we could win.

In fact, I believe we will win sooner or later. Because I believe in all of you.

Your generation—more than any other, at least since the 1960's is reshaping society in fundamental ways by making your values known and your voices heard.

I've seen how powerful that can be. In New York, the voices of young people—some of them too young to vote—played a crucial role in passing a law legalizing same-sex marriage and it passed with bi-partisan support.

Here in Ohio, the son of a Republican senator who had the courage to come out led his father to change his view of gay marriage and it gave him the courage to speak out.

Individual courage combined with collective action and teamwork changes the world.

Nine years ago, voters here in Ohio passed a constitutional amendment banning same-sex marriage. But because so many young people are speaking up and organizing make no mistake: its days are numbered.

When all of you return for your 10-year reunion and hopefully well before that amendment will belong to history's scrap heap.

I can already hear some of the conversations at that reunion.

Some of you may be talking about how you worked on the campaign that elected our first woman president.

Some of you may be talking about how you've helped pioneer sustainability initiatives that are allowing us to win the battle against climate change which we are working hard to do in New York City.

Some of you may be talking about the tech companies you've started or are working for hopefully in New York City which are changing the way we live our lives.

Some of you may be talking about the schools you work in that are erasing the achievement gap that has existed for far too long between racial and ethnic groups and I'm glad to report we've made important progress on that in New York City.

Some of you may be talking about diseases you have helped to eradicate, something that I've strongly supported through my philanthropy.

And I predict that all of you will be talking about how—no matter how far off the beaten path your life's trajectory has taken you the Kenyon Development Office is still able to get its fundraising letters to you!

But whatever path you choose and whether it leads you to a big city or a small town, make no mistake: the future of the country is in your hands. We are counting on you.

So I will leave you with the words I tell everyone I hire: Don't screw it up.

Now, before I close, let me just say: I know that today's job market is not easy. Don't get discouraged. Persistence always pays off, sooner or later.

If you are willing to work hard, you will find work. And if you continue to work hard, you will find opportunities that are rewarding.

I can only tell you that I came from a family with no connections and no contacts.

I wrote letters. I called. I asked friends to keep their ears open for opportunities.

That's probably why today, if I interview a recent college grad who tells me he or she spent the summer curing cancer, bringing peace to the Middle East, and writing the Great American Novel—I'm impressed.

But I'm more likely to hire the person who spent his or her summer working days, nights, and weekends for an auto-body shop or a construction company in order to pay tuition or help with family bills.

There is no substitute for hard work in this life—and if you're willing to do it, if you're eager to do it, you'll do just fine.

So tonight, when it gets to be Cove o'clock, have one last Mac and Cheese, then get to work.

And in the months and years ahead when life isn't all cookie pies, hash brown triangles, and market dogs remember:

Keep learning, live courageously, work harder than everyone else and if you do, the fruits of your labor will be as plentiful and bountiful as Gourd-zilla!

Congratulations and best of luck!